Martin Walser
Jakob Augstein

DAS LEBEN WORTWÖRTLICH

Ein Gespräch

Rowohlt

1. Auflage Dezember 2017
Copyright © 2017 by Rowohlt Verlag GmbH, Reinbek bei Hamburg
Abbildungen: Bundesarchiv Berlin,
Akte R 3001/159688
Satz Nyte PostScript, InDesign
Gesamtherstellung CPI books GmbH,
Leck, Germany
ISBN 978 3 498 00680 8

«Ich ersticke an den Schönheiten der Welt. Wenn mich die steigende Wiese nichts anginge, wenn mir egal wäre, wer an mir vorbei fährt, wenn ich nicht alles an mich reißen möchte, was es gibt, wär alles gut. So aber ...»

Martin Walser, Tagebucheintrag 24.3.1976

INHALT

1.

Im Roman ist die Lüge wunderbar

Über dieses Buch

Lieber Martin, wir machen ein Buch zusammen. Ein Abenteuer. Was für ein Buch wird es denn werden?

Jedes Buch ist ein Abenteuer. Dieses hier stelle ich mir wie ein Gespräch vor, das wir in einem kleinen Saal miteinander führen. Da sitzen vielleicht hundert Leute und hören uns zu. In so einem Saal, das erlebe ich ja andauernd bei meinen Lesungen, da bin ich jeweils imstande, so zu reagieren, dass die Leute das Gefühl haben, sie erfahren etwas, was sie sonst nicht erfahren. Sie können lachen, sie werden unterhalten. Darauf kommt es an. Dann bin ich lebendig. Wir ertasten, worüber wir sprechen können. Aber, Jakob, wir werden uns natürlich immer an der Grenze zur Indiskretion bewegen.

Ist das ein Problem?

Es wird Stellen der Verletzlichkeit geben, die jeder Rezensent benutzen kann, wie er will. Wenn wir unser Gespräch ganz offen führen, werden wir auch ganz offen sein, ganz ungeschützt. Ich habe das erlebt, als der letzte Band der Tagebücher erschien. Jeder Depp kann sich auf uns stürzen.

Niemand muss sachlich bleiben. Je nachdem, ob uns einer
mag oder nicht, wird er so oder so mit uns verfahren. Das
trifft natürlich mehr mich als dich.

Du bist nach all den Jahren noch so verletzlich?

Was hat das mit den Jahren zu tun? Glaubst du, es wird mit
den Jahren erträglicher, verletzt zu werden? Da muss ich
dich leider enttäuschen. Ich war in meinem ganzen Leben
gegen nichts so empfindlich wie gegen Machtausübung.
Kritik ist Machtausübung, und Macht bedeutet Verletzung.
Ein anderer sagt dir: Du darfst nicht sein, wie du bist.

*Glaubst du denn, dass die Journalisten und die Kritik dar-
auf warten, dir zu schaden?*

Ich habe eine Notiz in meinen Tagebüchern, die lautet: «Ich
leide an Verfolgungswahn, und das ist das Einzige, was mich
von meinen Verfolgern unterscheidet.»

*Was meinst du, warum werden die Leute dieses Buch lesen
wollen?*

Wollen? Das ist eine märchenhafte Formulierung. Ich glaube nicht, dass sie es lesen wollen. Sagen wir lieber, das Buch
wird erscheinen, und es wird Leute geben, die sich dafür
interessieren. Wir sind da ganz und gar abhängig von den
Gerüchten und Tatsächlichkeiten des sogenannten Literaturbetriebs.

Was wird die Leute an diesem Buch interessieren?

Also, wenn ich jetzt darauf antwortete, wäre meine Antwort eine reine Höflichkeitsphrase, als hielte ich deine Frage für sinnvoll.

Du hältst sie für unsinnig.

Wenn ich einen Roman schreibe, dann denke ich nicht daran, ob die Leute ihn lesen und warum. Also, wenn ich einen Roman schreibe, habe ich eine Ahnung, und ich versuche, schreibend dieser Ahnung nachzukommen. Dann erfahre ich, das ist immer überraschend, ob positiv oder negativ, wie viele Einstellungen und Erlebnisarten und Stimmungen es geben kann für die Aufnahme eines Buches. Beim Schreiben aber denke ich darüber nicht nach. Es gibt vielleicht einen unter tausend Augenblicken, in dem ich sagen kann: Ich habe bei einem Satz daran gedacht, wie der wohl gelesen werden wird. Und dann bin ich gleich wieder darüber hinweg. Ich sage dir mal ein Beispiel. Im «Springenden Brunnen» lautet der erste Satz: «Solange etwas ist, ist es nicht das, was es gewesen sein wird.» Als ich diesen Satz hingeschrieben habe, das weiß ich noch genau, da habe ich mir so halbpolemisch gedacht: «Ach, wenn Frau Sowieso aus Markdorf diesen Satz lesen wird, dann schlägt sie das Buch zu.» Aber wenn ich sehe, wie sich das Buch verkauft hat, muss ich feststellen: Ich habe Frau Sowieso aus Markdorf unrecht getan.

Wo wir gerade bei ersten Sätzen sind: Wie fängt man einen Roman an?

Du weißt, der Roman wird «Ehen in Philippsburg» heißen oder «Halbzeit». Und dann beginnst du zu schreiben. Und wenn es nicht der richtige Ton ist, dann merkst du das sehr schnell. «Ehen in Philippsburg» habe ich zweimal völlig neu angefangen, dann erst stimmte der Ton. Beim zweiten Roman war es noch deutlicher. Ich kam aus Amerika zurück, 1958 war das, im September, und ich war ganz erfüllt vom Schreibenwollen. Ich habe sofort begonnen und drei Wochen lang geschrieben, geschrieben, geschrieben. Ich wollte mich durch das Weiterschreiben davon überzeugen, den Ton bereits gefunden zu haben. Dabei wusste ich: Das ist es noch nicht. Trotzdem, immer weiter geschrieben und geschrieben. Drei Wochen lang. Und dann habe ich alles weggeworfen. Und habe neu angefangen – und der Ton war da. Ich muss übrigens zugeben, der erste Satz im «Springenden Brunnen» ...

... «*Solange etwas ist, ist es nicht das, was es gewesen sein wird*» ...

... das war ursprünglich nicht der Anfangssatz. Der stand vielleicht auf der dritten Seite. Das habe ich dann zum Anfang gemacht.

In manchen ersten Sätzen steckt die gesamte Geschichte. Zum Beispiel im «Fliehenden Pferd»: «Der Zufall führte zwei Ehepaare im Urlaub zusammen.»

Der erste Satz von «Einhorn» heißt: «Ich liege, ja, ich liege.» Und schon läuft das. Wenn der Ton richtig ist, muss ich nachher erstaunlich wenig korrigieren.

*Bei dir heißt es im «Dreizehnten Kapitel»: «Jeder Roman
ist ein Sachbuch. Ein Sachbuch der Seele.» Es spielt darum
vielleicht keine Rolle, was es ist, was wir hier verfassen, ein
Roman, ein Sachbuch. Vielleicht ist es eine Autobiographie?
Du hast nie eine geschrieben.*

Und ich würde nie eine Autobiographie schreiben. Das
zwingt zu einer mir unangenehmen Art von Lüge. Die Lüge
im Roman ist wunderbar. Sie ist eine Variation der Wahrheit. Aber die Lüge in den Memoiren, die möchte ich nicht.
Also ziehe ich es vor, einen Roman zu schreiben. Jeder Roman ist eine Autobiographie, ein Selbstporträt des Autors
zum Zeitpunkt des Schreibens. Anders als aus meinen Erfahrungen heraus kann ich gar nicht schreiben. Ich bin als
Autor wirklichkeitsgesättigt. Was es aus meinem Leben zu
erzählen gibt, das habe ich natürlich alles schon einmal gesagt. Aber die Vergangenheit verwandelt sich immerzu. Die
eigene Kindheit zum Beispiel spielt zu verschiedenen Zeiten
immer wieder eine neue Rolle.

*Mal angenommen, du würdest dich dafür interessieren,
was die Leute lesen wollen, was wäre es dann?*

Wir müssen natürlich auf einzelne Personen zu sprechen
kommen.

*Werden wir tratschen, auf hohem Niveau? Das ist gut. Die
Leute lieben Tratsch.*

Du sagst das mit einer beunruhigenden Freude. Aus dir
spricht die Medienlust. Aber gut, nimm einmal den Schirr-

macher, meine ganze Geschichte mit Schirrmacher und wie
sie geendet ist, zeugt von meiner Naivität. Aber für die kann
ich nichts. Da war einer der Tagebuch-Bände erschienen,
und im Literarischen Colloquium in Berlin fand die erste
Lesung statt. Der Verlag hat mich gefragt, wen ich gerne da-
beihätte. Da habe ich gesagt: Ladet doch den Schirrmacher
ein. In der FAZ war ja damals – das war nun allerdings lange
vor seiner Zeit – die schlimme Kritik von Reich-Ranicki
erschienen, und es sollte an dem Abend um das Tagebuch
gehen, in dem Reich-Ranicki dauernd vorkommt. Seine
Vernichtungskritik, die übertitelt war «Jenseits der Literatur», mit der er mich aus der Literatur vertreiben wollte, mir
die Literatur verbieten wollte. Aber gut, ich dachte, wir laden den Schirrmacher ein, weil ich fest angenommen habe,
dass er nun nach so vielen Jahren eine andere Haltung zu
der Frage haben würde, ob diese Kritik eine akzeptable Art
und Weise war, in einer Zeitung über ein Buch zu schreiben.
Und dann sagt er, wie sehr er es bedauere, dass heute keine
solchen Kritiken mehr erscheinen. Das war für mich eine
Riesenenttäuschung.

Gut, Frank Schirrmacher. Wer sonst?

Unseld natürlich. Ich war immer auf seiner Seite. Auch damals, als die Lektoren um eine Verfassung gerungen haben,
die ihnen Mitsprache und was weiß ich nicht noch für Rechte einräumen sollte. Das war Mode zu jener Zeit. Da habe ich
ihn unterstützt und gesagt: Ihr wollt eine Verfassung, aber
dann ist jemand anderes der Chef, oder ihr alle seid es, und
dann bin ich von dem Neuen abhängig – oder von euch. Ich
tausche eine Abhängigkeit, die ich kenne, nicht gegen eine,

die ich noch nicht kenne. Das war mehr als ein Freundschaftsdienst.

Dann sollten wir also über Freundschaft reden. Ob es so etwas gibt. Und was das eigentlich ist. Wer wird sonst noch auftauchen?

Uwe Johnson natürlich. Der hat am Ende ja in Sheerness gewohnt und war, wie man so sagt, alkoholabhängig. Er hatte dann, glaube ich, eine Flasche Wein, die ging nur schwer auf, und wegen der Anstrengung ist ihm ein Aneurysma geplatzt. Der Uwe, das war jemand, mit dem konnte man leicht Krach bekommen. Ich bin vielleicht noch am besten mit ihm ausgekommen. Dann Max Frisch. Das war eine so vorsichtige Freundschaft, der konnte nichts passieren.

Peter Hamm?

Solange er mich brauchen konnte, war er ein Freund. Als er mich nicht mehr brauchte, wurde er feindselig.

Reich-Ranicki?

Kritiker sollten weder Freund noch Feind sein.

Günter Grass?

Problemreich.
   Als er starb, schrieb ich:
   Jetzt
   Jetzt. Es ist vorbei.

Jetzt. Es war einmal.

Jetzt. Günter. Günter. Günter.

Jetzt. Ich habe immer gedacht

Jetzt. Du streitbarster Freund

Jetzt. Wir blieben zusammen.

Jetzt. Auf einmal

Jetzt. Nichts mehr.

Jetzt. Deutschland, trauere.

Rudolf Augstein?

Rudolf? Für mich eine vorbildliche Existenz. Und mir hoch-
willkommen, weil er, wie ich, gegen die deutsche Teilung
war. Einer der wenigen Intellektuellen, die nicht opportunistisch waren. Unsere Beziehung war immer politisch bedingt. Ich war eben froh, dass es ihn gab.

*Mir fällt auf, dass es bisher lauter Männer sind. Es ist kei-
ne Frau dabei. Wir müssen doch auch über Frauen reden,
oder?*

Nur zu gern. Also! Der entscheidende Unterschied: Frau-
en sind mir nicht als Machtausübende begegnet. Und jede
Begegnung war mehr als nur sachlich. Wenn zum Beispiel
Felicitas von Lovenberg eine Kritik schrieb, dann war das,
bei aller kritischen Klarheit, nie feindselig. Genauso bei Iris
Radisch. Sie lassen den, den sie kritisieren, am Leben. Sonst
aber, du schreibst ein Buch «Jenseits der Liebe», Reich-
Ranicki überschreibt seine Kritik: «Jenseits der Literatur».
Da bist du hinausgeworfen. Iris Radisch überschreibt eine
Kritik »Amoklauf der Liebe». Das ist eine reine Genau-

igkeitsleistung ohne Stimmungsmache! Natürlich gibt es auch Kritikerinnen, die imitieren die Scharfrichterei. Aber wenn du mit Thea Dorn über dein Buch diskutierst, darfst du staunen, was ihr alles einfällt. Sie erlöst dich sozusagen aus deiner existenziellen Monotonie. Oder Ingeborg Bachmann, wo auch immer man sie traf, sie war eine Steigerung des Daseins. Als ich in Texas von ihrem furchtbaren Tod erfuhr, notierte ich ins Tagebuch:

1. 11. 1973
Ingeborg Bachmann
Wink der Idiotin mit dem Bleimund
und Fleischfelsenkinn, ausdrucksvoll
objektiv: hier ist eine gestorben
die unseren Feinsinn teilte und
weiter ging. Wer war denn nicht ihr Freund.
Also gut. Also gut. Also gut.
Persönlich sag ich, sagt jeder, jetzt
werden die Tage noch schneller
vergehn. Aber bitte. Aber bitte.
In meinem ältesten Anzug geh ich
glaub ich zu ihrer Beerdigung
und schau: meine Anzüge alle
sind neu und würden objektiv
ausdrücken, wo ich noch überall
hingehen will nach der Beerdigung.
Rasier dich oder rasier dich nicht
du wirst dein Gesicht in die Zeitung pressen
die dir Veronika reicht.

30.11.1973
Blutend aus erdachten Wunden,
Eis lutschend in der Parksonne,
die Seele voll vom Comicstripmodell.
Könnten wir nicht weiterfahren ins
Bachmannland, wo keine Zimmer bestellt sind?
Was blüht uns denn hier noch als
dann und wann ein besiegtes Kind.
Und Frauen, die weder Kritikerinnen sind noch
Kolleginnen? Liebe, ist das ein Thema?

Das ist schwierig.

Sicher ist das schwierig. Aber wir sollten über die Liebe reden, und wie soll das gehen, wenn wir nicht über Frauen reden?

Für Liebe als Hauptwort bin ich nicht zuständig, das ist ein anderes Fach. Ich bin nur für das Verbum. Und da allerdings gibt es kein Darüberreden. Karl Barth, der große Theologe, hat geschrieben, alle Theologie muss erzählerisch sein. Und so ist es auch mit der Liebe. Man kann nicht darüber sprechen, sondern muss erzählerisch sein. Wenn wir das könnten, dürften, wollten, dazu erzählerisch sein, dann könnten wir es.

Was hindert uns?

Scham, Vorsicht, Diskretion.

*Und es wird eine Rolle spielen, dass wir unser Gespräch als
Vater und Sohn führen.*

Das dürfte das schwierigste Thema sein. Ich habe mich zum
Beispiel in Interviews immer gewehrt, Fragen, die damit zu
tun hatten, zu beantworten. Ich habe deine Gerichtsberichte
gelesen, ich habe deine Artikel in der «Süddeutschen» und
in der «Zeit» gelesen, habe im Fernsehen zugeschaut, wie du
über Politik diskutiert hast, aber es wäre mir immer sonderbar vorgekommen, dich öffentlich zu loben. Ich lobe auch
nicht öffentlich, was meine Töchter schreiben, auch wenn
ich oft einfach hingerissen bin von ihren Sätzen und Gedanken, und da du auch eine sozusagen öffentliche Person
geworden bist, verfalle ich, wenn ich nach dir gefragt werde,
in verlegenes Schweigen. Ich kann über dich öffentlich nur
sagen, was ich auch über meine Töchter öffentlich sagen
kann, dass es nämlich das größtmögliche Glück für einen
Schriftsteller ist, wenn seine Kinder ganz von selbst auch
schreiben. Ich habe kein bisschen erzieherisch manipuliert,
dass die Töchter Schriftstellerinnen werden sollten. Dass sie
es geworden sind und wie sie ganz und gar anders schreiben
als ihr Vater, aber so, dass der vor intimer Überraschung oft
ganz fassungslos staunt, das ist das reine Glück in meinem
Leben. Bei dir ist es ja noch deutlicher, dass ich nicht mitgewirkt haben kann daran, dass du ein Autor geworden bist,
weil wir wegen der bürgerlich unvermeidbaren Umstände
deiner und meiner Existenz immer in einiger Distanz leb-
ten. Aber dass eigene Kinder von selbst das tun, was ein Vater tut, das darf diesen Vater manchmal auf den Gedanken
bringen, dass er doch das sein könnte, was er am liebsten ist.

2.

Es gibt keine Grenze der Nachsicht mit sich selbst

Über eine Kindheit in Wasserburg

Wenn ich Erinnerung sage ...

... dann unterbreche ich dich und sage, dass ich über etwas Begriffliches gar nicht essayistisch daherreden kann. Ich kann nur konkret sagen: «Dann bin ich über die Straße gegangen und wurde zum Glück nicht überfahren.» Wenn ich mich daran erinnere.

Man braucht nicht so viele Erinnerungen, um das Gefühl zu haben, dass man eine Kindheit hatte, oder?

Wie meinst du das?

Es gibt einen Film, da weiß eine Figur selbst gar nicht, dass sie synthetisch ist, ein künstlicher Mensch. Ihre Schöpfer haben ihr Erinnerungen gegeben, nicht viele, gerade genug, dass sie meint, sie habe eine eigene Kindheit gehabt. So geht es uns allen. Oder zweifelst du deine Kindheit an?

Nein, natürlich nicht. Die Kindheit ist im Leben ein so ausführliches und deutliches Kapitel, dass sie immer eine Rolle

spielen wird. Immer eine andere, wie gesagt. Aber sie wird
andauernd gebraucht. Ich habe gesagt, dass ich nie eine Autobiographie schreiben wollte. Aber für den «Springenden
Brunnen» habe ich doch zwanzig, fünfundzwanzig Jahre
lang in meinen Tagebüchern Notizen gesammelt. Immer
unter dem Stichwort: «Eintritt meiner Mutter in die Partei».

*Du hast deine Kindheitserinnerungen mit dem Eintritt dei-
ner Mutter in die NSDAP verknüpft?*

Nur für den Roman «Ein springender Brunnen». Der spielt
von 1932 bis 1945. Meine eigene Kindheit ist und bleibt mein
Universum. Zum Beispiel finden die meisten meiner Träu-
me im Milieu der Kindheit statt. Darüber staune ich dann,
wenn ich in der Gegenwart aufwache.

*Ich schreibe mir das auf und frage dich später vielleicht
noch einmal danach. Deine Mutter, was ist deine erste Erinnerung an sie?*

Kein Mensch weiß doch die erste Erinnerung an seine Mutter. Ich frage dich: Könntest du die erste Erinnerung an deine Mutter sagen?

*Ich glaube, wenn man mir diese Frage stellte, würde ich sie
unwillkürlich beantworten und irgendeine Erinnerung zur
ersten Erinnerung machen.*

Genau. Allerdings kann ich sagen, dass sich in mir alles dagegen sträubt, irgendetwas zur ersten Erinnerung zu erklären.

In deinem Tagebuch schreibst du einmal von der «müh-
sam beherrschten Stimme meiner Mutter, die allen gerecht
zu werden versuchte». Wie muss man sich das vorstellen?
Wäre sie andernfalls in Zorn ausgebrochen, oder in Tränen?

Das musst du dir so vorstellen, dass sie glaubte, es sich nicht
leisten zu können, die Beherrschung zu verlieren. Egal, ob es
dann Zorn oder Traurigkeit gewesen wäre.

War sie denn eine warmherzige Frau?

Was ist das für ein Wort? Ich weiß, oder ich glaube zu wissen, dass meine Mutter niemals einen Satz gesagt hätte,
den man tröstend hätte nennen können. Das war fremd
im Wortschatz meiner Mutter und auch für uns damalige
Kinder. Sie hat nie gratuliert, wenn etwas gelungen ist. Sie
hat nie kritisiert, wenn etwas misslungen ist. Ich erinnere
mich nicht daran, dass meine Mutter mich jemals in den
Arm genommen oder liebkost hätte. Ich erinnere mich nur
an heftige Parteinahmen der Mutter mit Nachbarn, die sich
über ihre Kinder beklagt haben. Da war sie immer auf der
Seite der Nachbarn.

Ich kann mir keine Kindheit vorstellen, in der eine Mutter
weder Lob noch Tadel ausspricht.

Doch, wenn die Angst allgegenwärtig ist. Die Mutter hat
Angst um alles. Wenn sich ein Nachbar beschwert, der
mächtig ist, und solche gab es ja, es waren eigentlich immer
alle mächtiger als man selbst, dann hat die Mutter Angst um
das Kind, um das Geschäft, um alles. Aus dieser Angst her-

aus handelt sie, sie unterwirft sich, und sie unterwirft damit auch das Kind, obwohl sie wissen kann, dass das Kind das nicht immer so versteht. Ich habe da sehr konkrete Szenen im Kopf. Wir wohnten ja vis-à-vis vom Bahnhof, es gab einen Nachbarn, der hatte Verwandte im Bayerischen, die kamen immer in den Ferien von München an den Bodensee, um hier ihre Ferien zu verbringen. In dieser Zeit war der Sohn, mir gleichaltrig, sozusagen mein Freund. Ich weiß: Wenn wir zusammen herumgerannt sind, dann hat mir nichts gefehlt, und ihm kann es auch nicht an vielem ge- fehlt haben. Aber einmal hat er Äpfel von einem bestimmten Baum heruntergerissen. Der gehörte einem mächtigen Bau- ern. Wie viele hatte er in seinen Taschen? Ich weiß es nicht. Wir wurden auf jeden Fall erwischt. Ich war dabei – als hätte ich einen einzigen Apfel angefasst! Das hatte ich nicht. Diese Äpfel interessierten mich nicht, nur dieser Münchener Fe- rienbub. Aber dieser mächtige Bauer ist natürlich zu meiner Mutter gegangen und hat mich des Apfeldiebstahls, wenn ich das sehr hochdeutsch formuliere, angeklagt. Meine Mut- ter war tatsächlich tief erschrocken. Und obwohl ein solcher Apfeldiebstahl meinerseits weder stattgefunden hat noch sie selbst sich das hätte vorstellen können, hat sie einfach, weil dieser Bauer im Dorf mächtig war, vor dessen Augen ihr Kind bestraft.

Wie denn?

Nicht durch Schlagen. Obwohl meine Mutter ihre Kinder auch geschlagen hat. Mit dem Kochlöffel hintendrauf. Aus Angst, natürlich, um ihre Kinder zu behüten. Aber nicht dieses Mal. In meiner Erinnerung hat sie dieses Mal dem

Bauer einfach recht gegeben. Ich weiß nicht mehr, was sie gesagt hat. Aber jetzt wage ich einen Satz, der lässt sich kaum ahnen und noch weniger aussprechen: Ich glaube, dass sie sich in dieser Szene sicher war, dass ich in meinem Gefühl ihre krasse Parteinahme für den mächtigen Dorfmenschen im Tiefsten kein bisschen ernst nehmen würde, dass sie also sich darauf verließ, dass ich wusste, dass sie nicht wirklich böse war gegen mich. Das sage ich jetzt. Damals habe ich vielleicht gelitten oder geweint, das weiß ich nicht mehr. Auf jeden Fall gab es mit dieser Mutter eine Einigkeit, die unantastbar war durch welche Machteinreden auch immer.

Hast du dich als Vater später auch so verhalten? Deine vier Töchter sind mit dir aufgewachsen, da kann es zu solchen Gelegenheiten gekommen sein.

Ich fürchte, ja. Ich erinnere mich an eine Szene, da habe ich die Partei eines Lehrers ergriffen, gegen ein Kind. Über dieses Kind sollte verhandelt werden. Diese Tochter sollte sich ändern, hieß es. Und ich habe da, sogar in ihrer Gegenwart, die Partei des Lehrers ergriffen. Das ist tatsächlich eine der fürchterlichsten Szenen in meinem Seelenvorrat. Und wenn ich mich sündhaft schämen muss für irgendetwas, dann für diese Szene. Dieser Lehrer war ein Vollidiot. Und ich habe seine Partei ergriffen!

Aber warum?

Es ging um irgendwelche blödsinnigen Verordnungen. Sie sollte weniger Musik hören, was weiß ich. Das hat er so auf das Leben dieser Tochter hin gesagt, und ich habe das offenbar für befolgenswert gehalten. Ich konnte nicht widersprechen.

Ja, aber warum? Wegen der Autorität?

Ich weiß gar nicht, was das ist, Autorität. Ich sehe dann nur, dass einer Macht hat über mein Kind. Da versuche ich, mich opportunistisch anzupassen, damit er seine Macht über mein Kind nicht zu sehr ausübt. Ich glaube dann, ich könne mein Kind schützen durch Opportunismus.

Schützt man nur sein Kind mit Opportunismus oder auch sich selber?

Da bin ich nicht anders als alle Menschen. Wenn du merkst, in welcher Situation auch immer, dass jemand über dich Macht hat, dann ist vom Recht nicht mehr die Rede. Dann geht es nur um die Macht.

Was bedeutete es denn, wenn einer mehr oder weniger mächtig war im Dorf?

Ein Dorf hat eine viel kompliziertere Hierarchie als jede andere Menschenorganisation. Es gab nicht zwei Nachbarn, die gleich mächtig waren. Jeder war ein bisschen mehr, noch ein bisschen mehr, noch ein bisschen mehr – und der war der Höchste, Wichtigste. Entlang dieser Stufung ging es um Glück oder Unglück für die Familie, das Geschäft. Je mehr Macht einer hatte, desto mehr konnte er uns schaden. Wir hatten eine Wirtschaft, wir hatten einen Kohlenhandel. Das ganze Dorf war auch eine Kundschaft.

Waren diese Angst und der mögliche Schaden ausgedacht oder real?

Von Ausdenken kann gar keine Rede sein. Da ging es um einen unmittelbar aus der Dorfmentalität heraus entstehenden und sofort empfundenen Schaden. Weil eben jeder im Dorf ein Kunde werden oder, wenn er einer war, ein Kunde bleiben sollte!

Erinnerst du dich, dass jemand derart in Acht und Bann gefallen ist?

Ich habe miterlebt, wie es ist, wenn das Geschäft misslingt, wenn einer nicht mehr zahlungsfähig ist. Wenn der Bankrott kommt, verstehst du? Ich habe schon sehr früh daran mitgewirkt, genau das zu verhindern, den Bankrott. Es gab einen Laden, Glatthaar hießen die, die verkauften alles, Hemden, Handtücher, Messer, mitten im Dorf. Eine gute Lage. Emil, der Sohn, Ferdinanda, die eine Tochter, Maria, die andere, und Herr und Frau Glatthaar – die gingen also bankrott, und es wurde alles versteigert. Ich war dabei, wir alle streiften durch den Laden und machten Beute. Herr Glatthaar war auch danach noch ein Gast bei uns, ein ganz stiller Gast. Er hat jahrelang kein Wort mehr geredet. Er hat nur noch geraucht. Diese langen Dinger, die Virginias hießen. Er war bankrott. Es war nicht so, dass man ihn das hätte spüren lassen und dass er darum nicht mehr am Stammtisch sitzen durfte. Er war einfach für sich und vereinzelt durch die geschäftliche Niederlage. Das erlebt zu haben, das war ein Grauen. Darum durften wir nicht bankrottgehen. Tatsächlich müssen wir einmal zahlungsunfähig gewesen

sein. Der Gerichtsvollzieher – das Wort sagt schon alles –
kam und klebte Marken an einen Eisschrank und an das
Klavier. Diese Marken sagten: gepfändet. Würden wir nicht
rechtzeitig zahlen, konnte das Verpfändete abtransportiert
werden. Die Angst der Mutter hatte viele Gründe. Bevor
sie sich ins Bett legte, hat sie immer geschaut, ob jemand
darunter war. Das kam vielleicht aus ihrer Kindheit in dem
kleinen Hof in Kümmertsweiler.

*Und du hast vom Flur durch den Türspalt gesehen, wie sie
sich auf den Boden gekniet hat, in ihrem Nachthemd, und
unter das Bett gesehen hat?*

So würde man sich das jetzt vorstellen und damit ein Bild
erzeugen, das sich in meinem Kopf heute nicht mehr findet.
Vielleicht hat es so ausgesehen, vielleicht nicht. Ich weiß
nur, dass sie das aus Kümmertsweiler so gewohnt war.

Wieso, waren da immer Leute unter den Betten?

Du kannst dir halt nicht vorstellen, wie früher gelebt werden musste. Meine Mutter war auf jeden Fall angstbesetzt.
Als sie später ins Krankenhaus kam, war sie sicher, dass sie
jetzt sterben würde. Da habe ich gemerkt, welche Angst sie
vor dem Tod hatte. Sie meinte, die oberste Weltleitung sei
ihr nicht freundlich gesonnen, weil sie doch aus Geschäfts-
gründen am Sonntag oft nicht in die Kirche gegangen ist.
Damit hat sie gehadert. Sie hat das an ihre Kinder delegiert.
Wir sind also statt ihrer in die Kirche. Nachher gehen die
Wasserburger zu den Gräbern auf dem Friedhof, der rund
um die Kirche liegt. Manchmal haben mein zwei Jahre älte-

rer Bruder und ich es aus irgendwelchen infantilen Dring-
lichkeiten versäumt, ans Grab des Vaters zu gehen. Das
wurde der Mutter von Beobachtern, Nachbarn natürlich,
gemeldet. Da hat meine Mutter fast laut geweint. Jetzt wisse
sie, wie es ihr ergehen werde, wenn sie tot ist, wir werden
nicht an ihr Grab kommen. Das war für sie furchtbar. Ein
Grab, an dem niemand stand, um für den Gestorbenen zu
beten, also halblaut zu sagen: Herr, gib ihm die ewige Ruhe,
lass ihn ruhen in Frieden, amen. Dann war das Weihwasser
zu spenden. Wenn das also an einem Grab nicht stattfand,
so hieß das, der Gestorbene müsse im Fegefeuer leiden. Es
hat auf mich jedenfalls einen großen Eindruck gemacht,
dass sie einerseits so vollkommen ungebrochen, geradezu
mittelalterlich, gläubig war, andererseits aber solche Angst
vor dem Sterben hatte.

*Autorität und die Angst vor der Autorität spielen eine große
Rolle in deinem Leben, oder?*

Ich würde niemals Autorität sagen. Immer nur Macht. Wenn
einer Macht über dich hat, dann bist du abhängig. Das war
immer mein Verhältnis nach oben.

Wie geht man damit um?

Nun, ich habe mir 25 Jahre lang die Abhängigkeit von Reich-
Ranicki gefallen lassen, und dann habe ich «Tod eines Kritikers geschrieben». Nach 25 Jahren! Bis dahin war immer
klar: Ich bin abhängig von ihm. Aber ich hatte nie den Mut,
gegen ihn oder andere, die über mich Macht hatten, zu veröffentlichen. Nur in meinen Tagebüchern habe ich gegen

diese Leute Vierzeiler geschrieben. Natürlich wäre der ideale Zustand, dass niemand Macht über einen hat. Aber davon bin ich himmelweit entfernt. Angestellte, die haben meistens nur einen Chef, siehst du, aber ich habe nicht einen Chef, sondern hundert. Jeder Depp und jeder Nichtdepp kann über mich schreiben, was er will. Beim Abhängigen kann alles gleich zur Katastrophe werden. Das endet nie.

Als deine Mutter starb, im April 1967, hast du sehr viel darüber in deinem Tagebuch geschrieben. Da steht der Satz: «Sonst war nie jemand so wichtig.»

Ja, so kommt es mir immer noch vor.

Sie hieß Augusta, die Erhabene. Das ist ein großer Name für ein Mädchen aus Kümmertsweiler.

Ach Jakob! Der Vater meiner Mutter, also mein Großvater, hat Thaddäus geheißen. Er hatte drei Brüder, die hießen Anselm, Kaspar und David. So viel zu Namen aus Kümmertsweiler!

Du hast geschrieben: «Ich stehe nur vor ihr, vor ihrem Sarg, vor ihrem Grab, unersättlich. Was hat sie alles mitgenommen. Vierzig Jahre. Wasserburg und Kümmertsweiler und Geiselharz. Wir waren fünf, jetzt sind wir noch zwei und beide überspült von neuen Familien.»

Das Daseinsgefühl nach dem Tod der Mutter.

In den Monaten vor ihrem Tod hast du beinahe ein ärztliches Bulletin geführt.

Das war mein unmittelbares Bedürfnis. Das Tagebuch schreibt man ja nicht für später, sondern für den Augenblick. Hast du nie Tagebuch geführt?

Nein

Warum nicht?

Weil ich mir nie etwas merken wollte.

Du wolltest dir nie etwas merken? Aber das Tagebuch schreibt man nicht, weil man sich etwas merken will, sondern weil es einem jetzt wichtig ist, etwas aufzuschreiben. Das Tagebuch ist das Unmittelbarste, Absichtsloseste, was es gibt. Wenn du es schreibst, kommt es nur darauf an, dass du beim Schreiben das Gefühl hast, dass es so ist, wie du es jetzt schreibst. Das ist es jetzt. Dadurch, dass du es jetzt vor dir auf dem Papier hast, begreifst du es. Es ist, als würde man in den Spiegel schauen. Da siehst du dich auch noch einmal. Das kann so oder so auf dich wirken. So ist das Tagebuch, ein Spiegelbild deiner selbst.

Und warum will man das wissen?

Warum schaust du in den Spiegel?

Ich schaue gar nicht so oft in den Spiegel.

Jetzt hör aber auf.

Nein, ich meine das ganz ernst.

Nun, dann kann sich das geändert haben. Es muss Zeiten gegeben haben, da hast du sehr oft in den Spiegel geschaut. Da wurdest du nicht müde, in den Spiegel zu schauen.

Wann war das denn?

Als du 15, 16, 17, 18, 19, 20 warst.

Da kannten wir uns gar nicht.

Ich dich nicht. Aber du dich. Es muss eine Zeit gegeben haben, in der du daran interessiert warst, in den Spiegel zu schauen. Anders ist das nicht vorstellbar.

Du meinst, es ist für dich nicht anders vorstellbar.

Ich kann mir nur zwei Motive vorstellen, dass jemand absichtsvoll von sich wegblickt. Wenn man so wahnsinnige Bilderwartungen von sich selber hat, dass man sich noch nicht einmal selbst genügen kann; wenn einer geradezu bersten muss vor lauter Sichselbstgenügen. Das andere, das man trivial nennen kann, das kenne ich auch nur vom Hörensagen, das wäre die Depression. Bei uns im Dorf hieß das Schwermut.

Ich kann mir vorstellen, dass man sich selber für nicht so interessant hält, dass man sich mehr für andere Menschen interessiert als für sich selbst.

Daran glaube ich nicht. Man muss sich nicht interessant sein, um sich doch gerne im Spiegel anzuschauen. Schlicht, man sieht sich gern. Ein Satz von mir, den ich neulich wieder gelesen habe, heißt: «Es gibt keine Nachsicht mit sich selbst.»

Tatsächlich, ich bin mit mir nicht nachsichtig.

Nein, um Gottes willen, das war falsch zitiert, ich habe notiert, es gibt keine Grenze der Nachsicht mit sich selbst! Entschuldigung!

Das ist das Gegenteil.

Ja, verzeih, ich war dement.

Nein, das ist nicht dement, das ist wahrscheinlich der Freud'sche Versprecher. Denn so ist es doch: Man ist mit sich selber unnachsichtig. Man kann sich nicht verzeihen. Das ist das ganze Elend.

Hat sich das irgendwann auf deine gegenwärtigen Handlungen ausgewirkt?

Kaum je.

Kaum? Also kannst du es dir leisten, dich zu verurteilen, in aller Ruhe?

Das klingt so, als handele es sich um einen frivolen Spaß. So kommt es mir nicht vor. Man ist sein eigener Ankläger.

Ja, und sein eigener Verteidiger. Aber wenn man das jetzt summiert, dann könnte man sagen, dass du zu dir ein prima Verhältnis hast. Denn wenn bei dir die Anklage lauter ist als die Verteidigung, kannst du doch sehr zufrieden sein. Dann bist du ein sehr anständiger Mensch.

Ist das so?

Natürlich. Wenn ich mich häufiger und heftiger anklage, als ich mich verteidigen kann, dann kann ich mir das doch zugutehalten.

Ich halte es eher mit dem Satz, den du einmal geschrieben hast: «Andauernd bemerken wir, wozu wir imstande sind, und erschrecken viel zu wenig.»

Also, ich verstehe das in jenen Fällen, wo einem die Fähigkeit gefehlt hat, auf sich zu verzichten. Wo man sich in einer Art durchgesetzt hat, die man nicht goutieren kann. Aber bitte, da geht es immer um einzelne Personen. Es geht nicht um die Welt, um die Partei, um die Gesellschaft, um Europa. Es geht immer um Herrn oder Frau Sowieso, denen gegenüber man sich, dafür gibt es dieses Lieblingswort, schuldig gemacht hat. Aber indem man das aushält, beweist man, dass es keine Grenze der Nachsicht mit sich selbst gibt. Man hält sich aus.

Es gibt Menschen, die sich nicht mehr aushalten.

Und die sich umbringen?

Das wäre der dramatische Schritt. Man kann auch vorher schon die Verbindung zu sich selber kappen. Der Mensch, der sich fallenlässt, der sich von sich selber abkehrt, der nicht mehr in den Spiegel guckt, der muss sich gar nicht umbringen, um sich selber loszuwerden.

Das kommt mir jetzt vor wie eine Fiktion. Nichts gegen den Selbstmord. Es gibt überhaupt keinen Grund, den Leuten das Aufhören schwerzumachen. Es muss einem nur schlecht genug gehen, dann ist der Selbstmord eine Befreiung. Aber schlecht im Sinne von körperlichen Schmerzen, nicht, weil man seiner selbst überdrüssig ist.

Aber Martin, du kennst doch wahrscheinlich Dutzende Menschen, denen es so ergangen ist. Die Gescheiterten.

Also, ich weiß nicht, woher du dieses Wort hast. Ich denke gerade, dass ich es beinahe nur aus der Seefahrt kenne. Es ist ein unkonkretes, abstraktes, nur dramatisch tuendes Wort, mit dem ich keinen wirklichen Vorgang in mir verbinden kann. Ich sage das auch, weil man immer wieder in der Zeitung lesen kann, dass ich über Figuren schreibe, die das Scheitern kennen. Dass es da sozusagen einen General-bass bei mir gebe, dass ich ein Experte des Scheiterns sei. Ein wirkliches misslingendes Leben wird mit diesem Wort nur blumig zugedeckt. Ich bin kein Experte des Scheiterns und würde auch nie eine scheiternde Figur eine scheiternde Figur nennen. Nur weil ihr etwas im Leben misslingt. Vielleicht kommen wir, wenn wir über den Literaturbetrieb reden, auch zu der Frage, warum man mich für einen Experten des Scheiterns hält.

Ja. Und du hast eben das Wort «schuldig» gebraucht, ich bin sicher, dass wir auch noch über das Gewissen reden werden. Aber wir sind abgekommen. Du hast gesagt, deine Mutter habe dich nie berührt. Aber mir fällt auf, dass du das andauernd machst.

Ich? Bitte nimm das zurück.

Wieso? Das ist nicht schlimm. Und das ist kein Geheimnis. Man kann das auch lesen über dich, das fällt jedem auf.

Wenn ich mit jemandem spreche, kann es sein, dass eine Hand den Sprechpartner schnell berührt. Damit will ich dann unterstützen, was ich gerade sage. Aber das ist natürlich eine vollkommen andere Körpersprache. Verglichen mit der möglichen oder erwünschten familiären Körpersprache, könnte man die im gesellschaftlichen Verkehr sogar eine Fremdsprache nennen.

War dein Vater so? Hat er Berührungen verteilt?

Das nicht, er war einfach lieb.

Wie alt warst du, als er starb.

Ich war zehn. Er hatte Zucker und starb mit 48 oder 49, ich weiß es gerade nicht. Er war ja Soldat im Ersten Weltkrieg, sehr jung noch, und war als Gefangener nördlich von Paris. Das muss sehr schlimm gewesen sein. Die Deutschen hatten furchtbar gehaust jenseits der Grenze, und wer in Gefangenschaft geriet, an dem wurde dann in diesen sogenannten Vergeltungslagern sozusagen auch Vergeltung geübt. Auf jeden Fall hatte mein Vater von da an eine Zuckerkrankheit und musste sich dreimal am Tag Insulin spritzen. Es hat dann aber nicht geholfen. Er ist zu Hause gestorben. Im Zimmer 11 unserer Wirtschaft. Ich wurde nachts geholt. Ob er da schon tot war oder nicht, das weiß ich nicht mehr.

Hast du irgendeine Erinnerung an ihn?

O ja. Er ist mir deutlich in Erinnerung, am Klavier, singend, da saß er so aufrecht, dass er einen Kopf größer war als ich, wenn ich neben ihm stand.

Taucht er in deiner Erinnerung als schöner Mann auf? Hat er sich so bewegt?

Es gibt eine Zeichnung von ihm, die ist mit «Josef Zapf» signiert. Das war, glaube ich, ein Tischlerbursche aus Wasserburg. Der hat meinen Vater im Jahr 1910 gezeichnet, in Kohle. Da war er zwanzig Jahre alt. Als ich dieses Bild aus Wasserburg geholt habe, das war erst 1980, da habe ich in meinem Tagebuch geschrieben: «Wie schön dieser Zwanzigjährige dasteht, und 28 Jahre später war es ganz aus. Von da an hatte er noch vier bis fünf gute Jahre. Der Rest war Krieg, Dreck, Gefangenschaft, Krankheit, Not.» Das muss

ich immer denken, wenn ich das Bild ansehe, es hängt in
Nußdorf, über dem Klavier. Er sieht darauf sehr elegant aus.
Sein Schnurrbart weist rechts und links ein bisschen nach
oben, der wilhelminelt noch sehr, dieser Bart. Auf dem Kopf
trägt er einen runden schwarzen Hut, beinahe eine Melone,
das Hemd wird oben von einem hohen, steifen Kragen gehalten. Dazu der schwarze Rock, ein bisschen fest im Stoff,
die Weste. Er trug immer solche Jacken, also Anzugsjacken.
Aber die Hose extra und die Jacke extra, und immer zwei-
reihig. Und die Jacke verhüllte nicht ganz, aber annähernd
seine Oberschenkel, beinahe bis zum Knie.

Wie ein altmodischer Hauslehrerrock?

Nein, nein! Seine langen zweireihigen Jacken – die waren
einfach toll. Ich denke immer, so wie er angezogen war,
hat er überhaupt nicht zu uns gepasst. In diese Wirtschaft.
Ohne dass ich das jetzt in einzelnen Szenen erscheinen lassen könnte, kann ich sagen, dass ich niemals einen milderen
Menschen kennengelernt habe als meinen Vater.

Also hat er dich nicht mit dem Kochlöffel geschlagen?

Mein Vater? O nein! Er hat mir überhaupt nur ein einziges
Mal eine Ohrfeige gegeben, und das war damals dann so gut
wie keinmal, das musst du bitte bedenken. Es gab bei uns
in der Wirtschaft einen breiten Gang. Geradezu ging es zur
Küche, und nach links hin war ein ganz langes Buffet, das
hatte ein Unterteil und ein Oberteil, alles aus Glas. Einmal
standen dort noch die Gläser vom vergangenen Wochen-
ende, ungespült. Und ich hatte einen Gummiring, den man

an einer Schnur herumschleudern konnte. Patsch!, entglitt
mir der Ring und sauste in die Gläser, und es waren, was
weiß ich, neun, elf, fünfzehn hinüber. Da hat er mir eine
gewischt. Nur dieses eine Mal hat er mich strafend gerügt.
Er war sonst das ganze Gegenteil.

Erzähl mir von ihm.

Er hatte immer Angst, dass er das Geschäft nicht bewältigen
kann. Er wollte verkaufen, um etwas Kleineres zu übernehmen. Das könnte man, dachte er, eher betreiben. Die
Wahrheit ist, dass er geschäftlich nicht zurechnungsfähig
war. Meine Mutter war immer das Gegenteil. Sie hat stets
gesagt, man muss Schulden haben, solange das Geld immer
weniger wert wird, muss man Schulden haben, daran verdient man. Aber mein Vater fürchtete das Risiko. Also ist er
eines Tages losgefahren mit seinem Fahrrad und hat mich
mitgenommen. Er hatte eins und ich auch. Wir sind nach
Neukirch gefahren. Das ist zwischen Tettnang und Wangen.
Da fährt man ein schönes Stück. Es wurde dunkel, es fing
an zu regnen. Und er hatte ein Licht, ich weiß noch, wie
die Regentropfen darauf zischten, es war also ein Licht, das
gebrannt haben muss. Eine kleine Flamme. Und ich hatte
auch ein solches Licht und bin hinter ihm hergefahren,
durch den Regen, nach Neukirch, um eine Wirtschaft und
Bäckerei anzuschauen. Die Wirtschaft war, das weiß ich
heute noch, verglichen mit unserem Wasserburger Haus ein
jämmerliches Quartier. In einem Winkel der Straßenecke
lag sie und hatte einen kleinen Bäckerladen. Ich hätte ihm
damals nicht sagen können: Um Gottes willen, lass uns um-
kehren. Von heute aus weiß ich, es wäre entsetzlich gewesen,

wenn es gelungen wäre, unsere Wirtschaft zu verkaufen, um in Neukirch unterzuschlüpfen. Aber es war nun mal seine defätistische Mentalität, allem Geschäftlichen den Rücken zu kehren.

Hatte er denn schlechte Erfahrungen gemacht?

Na ja, er hatte aus dem Ersten Weltkrieg einen Freund, der ein Heilmittelgeschäft in Oberstaufen hatte. Und für den hat er eine Bürgschaft über 15 000 Mark übernommen, obwohl er selber in Wasserburg noch Schulden hatte. Aber mit den Heilmitteln, das wurde nichts. Wenn der uns besucht hat, dann hat er seine Tees mitgebracht, die mussten wir alle trinken. Er hat sie ganz stolz ausgepackt und vor uns ausgebreitet. Aber sonst hatte niemand Interesse daran. Der Vater fuhr manchmal dahin, nach Oberstaufen, um den zu besuchen. Und wenn er zurückkam mit dem letzten Zug, dann habe ich am Bahnhof auf ihn gewartet. Und ich habe das Gefühl, dass nur ich immer da auf ihn gewartet habe und nie der Bruder, der doch zwei Jahre älter war. Er hat viel besser Klavier gespielt als ich, mein Bruder, er war im Klavierspielen dem Vater viel näher als ich, aber er hat nie auf den Vater gewartet. Das habe immer ich getan. Ich habe ihm dann seine Tasche abgenommen, die er mir über die Sperre am Bahnsteig reichte. Es war die schönste Tasche, die es in Wasserburg gab. Er hatte sie aus Lausanne. Es war eine Tasche, wie sie nicht einmal der Arzt bei uns besaß. Helles Leder, weich, bauchig. Von heute aus gesehen: das Bild einer Epoche.

Warst du stolz auf deinen Vater?

Ich war ungeheuer stolz. Ich fand alles an ihm wunderbar. Als ich mit ihm in die Kirche gegangen bin, da war ich noch sehr klein, sechs, sieben, acht, da musste ich noch nicht vorne bei den anderen Kindern sein, da konnte ich noch hinten bei den Erwachsenen, bei den Eltern bleiben, obwohl man das nicht soll. Und da habe ich gesehen, dass er ein Gebetbuch hatte in Steno. Verstehst du? Er konnte wegen seiner wirtschaftlichen Ausbildung Stenographie lesen und hatte ein Gebetbuch in dieser Schrift, die außer ihm niemand in Wasserburg lesen konnte.

Warum hatte er das?

Das war einfach sein Rang. Er hatte in Lausanne Kaufmannschaft gelernt und konnte stenographieren. Niemand sonst konnte damals stenographieren – außer mir, ich habe es sehr schnell gelernt.

Warum war er denn dann ein schlechter Geschäftsmann?

Warum? Weil er lieber Bücher las, Klavier spielte, Klavierauszüge von Wagneropern, und vor allen Risiken Angst hatte.

Und warum ist er Geschäftsmann geworden?

Daran war sein Vater schuld, der Josef Walser.

Wer war denn Josef Walser?

Mein Großvater. Der stammte aus Hengnau. Wenn du von Wasserburg immer landeinwärts fährst, kommst du zu einem Hügel, den geht es hinauf und dann wieder hinunter, dann kommt man nach Hengnau. Drei, vier Kilometer sind das. Es ist ein winziges Örtchen, das seinerseits am Hang liegt. Wenn man von da wieder aufwärts geht und dann wieder hinunter und wieder ganz steil nach oben, dann kommst du nach Kümmertsweiler, wo meine Mutter her ist. In Hengnau war auf einem winzigen Hof Josef Walser zur Welt gekommen. Ich glaube, die hatten nur zwei Kinder, der Josef wird noch eine Schwester gehabt haben. Er wurde 1861 geboren, mein Großvater, und sein erster Beruf war Rebmann. Er hatte also in einer der Seegemeinden bei einem Winzer als Rebmann gearbeitet, also die Weinreben geschnitten und gebunden. Er hatte, das weiß ich, nichts anderes gelernt als die Volksschule. Aber als dann die Bodensee-Gürtelbahn gebaut wurde, da hatte er offenbar die Idee seines Lebens: eine Bahnhofswirtschaft. Er dachte sich, dass die Bahn Leute bringen würde, und die wollen dann etwas essen und auch übernachten, und zwar möglichst nah am Bahnhof. Und das hat er dann gemacht.

Wie meinst du das, gemacht?

Na, er hat eine Wirtschaft gebaut, gleich neben den Bahnhof, dreimal: in Nonnenhorn, in Wasserburg und in Lindau-Reutin. Er war kein Architekt, aber er hat diese Gebäude selber entworfen und dann gebaut, also auch finanziert. Niemand weiß, wie er das gemacht hat.

Er war ein richtiger Gründerzeit-Gründer?

O ja, und das mit einem Schnauzbart, dem ich ein Prosa-stück gewidmet habe. «Heilige Brocken» heißt es. Darin solche Sätze, horch: «Der eisgrüne Schnauz, oben heraus-wallend, dann sich wieder zurückbiegend, um erst unten wieder auszuschwingen, das ist der Großvater ganz und gar. Er hatte mich an der linken Hand, die Rechte strich schwer über den schweren Schnauz. Ich habe ihn eigentlich nur noch murmeln gehört. Dieses vom eisgrünen Schnauz beschützte Murmeln hat außer mir niemand mehr gehört. Es war fast immer derselbe Satz, den er murmelte: «Wenn i bloß ge Amerika wär.» Ich wusste damals nicht, was das heißt.

War er denn so vermögend, als Rebmann?

Nein, ganz und gar nicht. Es war alles auf Kredit. Er war of-fenbar risikofreudig. Und er wollte, dass sein Sohn auch so wird. Du musst dir vorstellen, dass mein Vater ja noch in Hengnau geboren wurde, als einziges Kind dieses Großva-ters, im Jahr 1889. Und als er so weit war, ging er von Heng-nau nach Lindau in die Königlich Bayerische Realschule. Ich kenne niemanden, der das gemacht hat aus Hengnau. Erst musste er runter nach Wasserburg, und ich frage mich, wie er von da nach Lindau gekommen ist. Jedenfalls war er da sechs Jahre lang. Und nachher wollte der Großvater, dass er nach Lausanne geht und Wirtschaft lernt. Ich frage dich, wer aus Hengnau oder Wasserburg ist nach Lausanne in die Kaufmannslehre gegangen?

Dein Großvater war offenbar ein sehr ehrgeiziger Mann. Aber dein Vater tut mir ein bisschen leid.

Ja, dass er nach dem ersten Krieg das Geschäft übernehmen
sollte, das kann nicht ganz in seinem Sinn gewesen sein.

Was hätte er denn wohl lieber gemacht?

Mir das zu sagen, hatte er keine Gelegenheit mehr. Ich ver-
mute, das, was er auch so gemacht hat: Klavier spielen und
lesen.

Er war deiner Mutter keine große Hilfe?

Im Geschäft nicht, nein. Sie hat, und ich glaube, das geschah
ohne jede Bösartigkeit oder Distanzierungssucht oder Kritik, nach seinem Tod alle seine Bücher auf den Dachboden
geschafft. Ich habe sie da gefunden, als ich mich für Bücher interessiert habe, diese Schachteln und Kisten voller
Bücher, und ich war ein bedürftiger, neugieriger Leser. Da
lagen Gottfried Keller und Klopstock und Lenau, und da war
auch ein schmales Büchlein, das war so zerlesen, es war gar
kein Deckblatt mehr da, lauter Gedichte, die wunderbarsten
Gedichte, ich habe dann später gelernt, dass es sich um Hölderlin handelte. Das hat mein Vater gelesen. Ich kannte bis
dahin ja nur Winnetou. Aber dort lag auch noch eine Sorte
Bücher, die mich überhaupt nicht interessiert hat. Da ging
es um Theosophie. Da waren auch Stapel einer Zeitschrift,
die damals in Darmstadt erschien und «Indische Weisheit»
hieß: Die haben immerhin Rabindranath Tagore nach Wasserburg gebracht. Aber ich habe das alles nie gelesen, Theosophie hat mich nicht interessiert. Er hatte auch diesen
kleinen schwarzen Koffer, den konnte man aufklappen, er
war innen mit grünem Stoff ausgekleidet, darin lagen ein

Elektrisierapparat und gläserne Instrumente in ganz eigenartigen Formen. Das sah sehr beeindruckend aus.

Ein Elektrisierapparat? Aber die hat man damals für medizinische Zwecke benutzt, bei Haarausfall und Rheuma. Wollte er sich selbst behandeln?

Ich weiß nicht, was er damit wollte. Vielleicht wollte er auch nur der Einzige in Wasserburg sein, der einen Elektrisierapparat besaß. Vielleicht faszinierte ihn das auch nur, weil er es nicht verstand. Heute würde man das Esoterik nennen, was er betrieb. Eines dieser sonderbaren Bücher habe ich übrigens doch gelesen, aber erst viel später. Den Swedenborg, «Himmel, Hölle, Geisterwelt», von Walter Hasenclever übersetzt und 1925 herausgegeben. In den 60er Jahren habe ich den gelesen, sicher 30 Jahre nach seinem Tod.

Also die indische Weisheit hat dich nicht angezogen? Mystizismus auch nicht?

Ich hatte Klopstock, die «Ode an den Zürichsee», ich hatte Lenau, die «Schilflieder», diese traurigen Gedichte, und ich hatte vor allem Hölderlin. Das Bändchen war vollkommen zerlesen, aber es waren Gedichte darin, die waren tatsächlich so, als wären sie auf diesem Dachboden geschrieben, wo man ins Rheintal hinübersah.

Und was hat er mit diesen Sachen anfangen können?

Er? Wie du dir denken kannst, hat er mir das nicht gesagt. Ich weiß noch, wie ich mit ihm, sozusagen an seiner Hand, zu einem sehr kleinen, aber sehr gut gelegenen Häuschen am See zwischen Wasserburg und Nonnenhorn gefahren bin. Da haben zwei Fräulein gewohnt, und ich musste dabeisitzen, während er sich mit diesen beiden auf mich uralt wirkenden Fräuleins unterhalten hat. Das können nur Theosophinnen gewesen sein.

Warum glaubst du, dass es Theosophinnen waren?

Warum sonst soll er diese beiden Fräulein besucht haben?

Was hat denn deine Mutter dazu gesagt?

Wozu?

Na ja, zur Theosophie und zu den Theosophinnen.

Oh, da meine ich, sagen zu können, dass sie, ohne es jemals zur Sprache zu bringen und ohne es ihm im Geringsten vorzuwerfen oder nachzutragen, natürlich eifersüchtig war. Es fanden da Gespräche statt, denen sie nicht folgen konnte.

Meinst du, sie hat deswegen die Bücher nachher einfach weggetan?

Nein, meiner Mutter fehlte einfach das Gefühl für die Aufbewahrung von etwas, das sie nicht brauchte. Und diese Bücher brauchte sie nun wirklich nicht.

Und seine Tasche? Die schöne Tasche?

Die muss noch irgendwo liegen.

Und der Koffer mit den Elektrisierinstrumenten?

Der Koffer ist weg. Und mit ihm alles, was nicht nützlich sein konnte im Kampf ums wirtschaftliche Überleben. Mein Bruder Karl, der die Wirtschaft übernommen hat, sah sich für die Rettung des Geschäfts zuständig.

Hat denn dein Bruder das Geschäft gerettet?

Und wie! Er ist mindestens so tüchtig, wie meine Mutter es war. Er hat gemerkt, dass die Zeit vorbei ist, in der die Fremden mit dem Zug nach Wasserburg kamen. Die alte Wirtschaft stand ja mit dem Rücken zum See. Die Zimmer zum Bahnhof waren die besten. Die Reisenden sollten die Bahn sehen, die Züge, es war alles auf das Ankommen und das Abfahren hin ausgerichtet. Das war der große Fortschritt, als Josef Walser das Haus errichtete. Aber natürlich wollten die Leute dann später viel lieber an den See. Da hat der Karl noch rechtzeitig näher am Wasser einen Platz gekauft und da den Walserhof gebaut, den es heute noch gibt. Den macht jetzt sein Sohn, und das läuft sehr gut.

Du hattest einen älteren Bruder ...

... der 1944 in Ungarn gefallen ist, wie man sagt. Ja. Er konnte wie gesagt viel besser Klavier spielen als ich und hatte eine schöne Stimme. Das weiß ich noch. Wir mussten manchmal zusammen auftreten und singen. Zweistimmig. Ich konnte immer nur die Melodie, der Josef konnte darunter und darüber improvisieren, das ist mir nie gelungen. Und als er einmal auf Urlaub kam, als Soldat, das muss 1944 gewesen sein, da hatte ich mich schon schriftlich versucht, das hat er irgendwie mitgekriegt, und er hat mir dann seine beifällige Zustimmung ausgedrückt. Mein Schreiben war für ihn eine Überraschung. Heute schließe ich daraus, dass er selber nie geschrieben hat. Er war 19, als er fiel. 1938 starb der Vater, 1944 fiel der Bruder. Das hat die Mutter zerbrochen.

War er ihr liebstes Kind?

Entschuldige, Jakob, muss er denn ein Lieblingskind sein, wenn es schwer ist, wenn er fällt?

Hat sie euch unterschiedlich behandelt?

Das glaube ich nicht. Das würde überhaupt nicht zu ihr, zu unserer Familie passen, zwischen Kindern Unterschiede zu machen. Ich habe eben ganz anders tendiert als er. Ich habe gelesen und gelesen und gelesen, aber dennoch auch geschuftet. Wir mussten ja die Kohlenwaggons ausladen, und die Kohlen den Leuten in die Keller tragen, da hat er sich, der zwei Jahre Ältere, immer eher gedrückt. Das musste hauptsächlich ich machen. Zusammen mit unserem Knecht, der hieß Nikolaus Anwander. Der war nach dem Ersten Weltkrieg bei uns hängengeblieben. Sozusagen lebenslänglich. Ich weiß nicht, ob der überhaupt etwas verdiente. Auf jeden Fall gehörte er dazu. Im Krieg haben wir dann noch einen kriegsgefangenen Jugoslawen dazugekriegt. Gemeinsam haben wir die Kohlen in die Keller getragen. Der Josef, mein Bruder, hat nur notgedrungen mitgemacht. Ich habe die Rechnungen geschrieben, ich habe die Buchführung gemacht. Und dann wieder und wieder die Waggons ausgeladen. Es war ja Krieg. Die Wagen mussten schnell wieder frei sein, sie waren kriegswichtig, wie es damals hieß. Also musste ich von der Schule wegbleiben und 400 Zentner Brikett rausschaufeln. Einmal ließ mich dann der Direktor kommen und sagte, ich solle meiner Mutter bestellen, sie müsse sich entscheiden, ob sie einen Kohlearbeiter oder einen Oberschüler als Sohn wolle. Ich habe es vorgezogen, das meiner Mutter nicht auszurichten.

Also, dein Vater war ein verhinderter Dichter, deine Mutter war eine tüchtige Geschäftsfrau. Wem fühltest du dich damals näher?

Ich habe Bücher gelesen wie er, und ich habe seit meinem vierzehnten Lebensjahr den Kohlenhandel bei uns geführt.

Eine Frage noch: Hast du der Mutter jemals vorgeworfen, dass sie das Andenken des Vaters nicht genügend geehrt habe?

Jakob, sag das nicht! Es gibt keinen Moment, in dem sie sein Andenken, wie du es nennst, nicht geehrt hätte. Sie war noch nicht 38, als er starb. Sie war eine schöne Frau. Und eine gute Wirtin. Es gab Bewerber. Das habe ich mitgekriegt, weil in der Küche darüber gesprochen und gelacht wurde. Keiner dieser Bewerber hatte eine Chance. Meine Mutter war absolut treu.

3.

Als Kind bist du kein Antifaschist

Über das Gasthaus,
die Nazis und den Krieg

Du hast gesagt, dass deine Mutter 1932 in die NSDAP ein-
getreten ist.

Du fragst das so, dass ich glaube, in deinem Tonfall bereits
eine große Verurteilungsbereitschaft zu hören. Ist das so?

Nein. Neugierde. Aber natürlich wäre man aus heutiger
Sicht glücklicher, wenn die eigene Großmutter im Wider-
stand gewesen wäre.

Das heißt, du möchtest eine Identität geschenkt bekommen, eine hochkorrekte, opportune, nach heutigem Urteil
und Geschmack. Und das ohne jede eigene Anstrengung. Ich
warne davor, von der Schuld zu reden wie der Blinde von
der Farbe. Meine Mutter war keine Nationalsozialistin. Sie
hatte eine Wirtschaft zu führen.

Wie bitte?

Siehst du, wir hatten einen Hauptgastraum und einen Ne-
bengastraum, der hieß Nebenzimmer, und im Nebenzimmer stand das Klavier. Da konnten Vereine ihre Versammlungen abhalten. Wir hatten bei uns den Gesangverein, weil
mein Vater ja ein großer Sänger war. Wir hatten den Musikverein, und wir hatten den Turnverein. Und als die Partei
in Wasserburg groß wurde, sagte meine Mutter sich, die
müssen ihre Versammlungen auch irgendwo abhalten, warum nicht bei uns? Und also ist sie 1932 in die NSDAP eingetreten. So, stelle ich mir vor, muss sie gedacht haben. Mit
all diesen Vereinen, das war ein Kampf. Sie musste all diese
Vereinsmeier dazu bewegen, sich bei uns im Nebenzimmer
zu treffen. Dann eben auch die von der neuen Partei.

Hätten es nicht auch die Sozialdemokraten sein können?

Hätten es sein können, wenn es sie in Wasserburg gegeben
hätte.

*Aber der Katholizismus deiner Mutter war ihrem Geschäfts-
sinn nicht im Weg?*

Du meinst, weil dieser «Führer» ein gottloser Mann war?

*Was hat sie denn gemacht, wenn dort in ihrem Nebengast-
raum einer gegen die Religion vorgegangen ist? Wie ernst
hat sie das genommen? Das ist ja eine Frage, die sich nachher die beiden großen Kirchen gefallen lassen mussten.*

Ich habe im «Springenden Brunnen» eine Szene geschrieben, in der ich meine Mutter vom ersten Wasserburger

Ortsgruppenleiter der NSDAP zum Partei-Eintritt überreden lasse. Der Mann hieß Minn und war ein tief frommer evangelischer Besitzer einer kleinen Werft. Ortsgruppenleiter war er nicht lang. Er hat, schildere ich, meine Mutter über Hitlers Gottlosigkeit beruhigen können.

Du hast erst nach dem Krieg erfahren, dass sie in der Partei war. Warum nicht vorher?

Sie hat nie davon gesprochen, hat nie mit «Heil Hitler» gegrüßt, nie ein Parteiabzeichen getragen.

Ja, das verstehe ich. «Man kann nicht gegen die Leute leben, wenn man von ihnen leben muss», schreibst du im «Springenden Brunnen». Die andere Möglichkeit wäre gewesen, auf alles verzichten zu können.

Das klingt sehr edel, in Wirklichkeit hätte das geheißen, eventuell bankrottzugehen.

Hast du gelesen, was ich dir geschickt habe vom Bundesarchiv?

Ja, natürlich. War alles neu für mich.

Dass deine Mutter «wegen eines fortgesetzten Verbrechens wegen kriegsschädigenden Verhaltens» zu acht Monaten Gefängnis verurteilt wurde, weil sie ihre Gäste mit schwarz geschlachtetem Fleisch bewirtet hat?

Davon hat sie nie auch nur ein Wort gesagt. Sie musste dann ja offenbar die Strafe nicht absitzen. Ich finde dieses Gerichtsprotokoll so interessant, dass wir es in einem Anhang zu unserem Buch abdrucken sollten.

Einverstanden. Du hast einmal gesagt: «Wenn es mir gelänge zu erklären, warum meine Mutter in die Partei eingetreten ist, dann hätte ich die Illusion, ich hätte erzählt, warum Deutschland in die Partei eingetreten ist.» Aber die Erklärung ist zutiefst unbefriedigend, oder?

Dann muss ich wohl versuchen, dir den Zusammenhang zwischen Wirtschaft und Politik zu erklären. Die Mutter ist aus rein wirtschaftlichen Gründen in die Partei eingetreten. Ich habe dir geschildert, wie wir den Bankrott des Ladens der Familie Glatthaar erlebten. Mitten im Dorf, ein Geschäft, in dem es außer Essbarem alles gab. Dann der Bankrott, die Leute bedienen sich an allem, was sie vorher hätten bezahlen müssen. Herr Glatthaar für immer verstummt in unserer Wirtschaft. Bei uns ein Vater, der auf dem Klavier Wagneropern spielt, auf einem Klavier, auf dem schon die Marke des Gerichtsvollziehers klebt, das heißt, das Klavier ist schon verpfändet, ebenso der große Eisschrank in der Eingangshalle. Der Bankrott wird vorstellbar. Da redet der Mutter ein tüchtiger Geschäftsmann und Metzger ein: Tritt in die Partei ein, dann kommst du davon. Dann tritt sie in die Partei ein. Ins Allgemeine übertragen: So kann es mit Deutschland gegangen sein. Weißt du, dass der große englische Gelehrte John Maynard Keynes an der britischen Delegation teilgenommen hat, die den Friedensvertrag von Versailles aushandelte? Er hat die Verhandlungen der Siegermächte verlassen, weil er nicht schuld sein wollte an der Zukunftskatastrophe, die da angerichtet wurde: die Radikalisierung eines mit Recht besiegten Gegners durch die Forderungen der Sieger, Forderungen, die den wirtschaftlichen Ruin dieses Gegners bedeuteten. Sechs Millionen Arbeitslose, Reparationen noch und noch. Und dadurch die politische Radikalisierung. Die Leute wurden empfänglich für die bösesten und unsinnigsten Hitler-Parolen! Erinnere dich: Nach dem Zweiten Weltkrieg sind die Sieger mit dem wieder zu Recht besiegten Deutschland viel klüger verfahren. Marshallplan usw. Und die Wirkung: keine Radikalisierung, sondern ein Wirtschaftswunder.

Aber das ist doch die Geschichte einer Unterwerfung. Dein Vater unterwirft sich seinem Vater. Deine Mutter unterwirft sich dem Dorf.

Das siehst du so! Ich glaube, weil du dir diese Wirklichkeit nicht vorstellen kannst, summierst du alles unendlich Konkrete unter solche Operationswörter. In Wirklichkeit ging das so: Mein Vater hat sich dagegen gewehrt, der Geschäftsmann zu sein, der er nach dem Willen seines Vaters hätte werden sollen. Sobald er geschäftlich agieren wollte, ging es schief. Ich weiß noch, dass meine Mutter ihn sozusagen ins Büro sperrte, damit er sich nicht in etwas Geschäftliches mische. Sie hat dann die Familie vor dem Bankrott gerettet. Gut, von der antifaschistischen Tradition des Hauses Augstein aus gesehen, waren wir alle Mitläufer. Und die Augsteins waren geborene Widerstandskämpfer. Das achte ich natürlich.

Sehr lustig. Der Vater meiner Mutter hat freiwillig in der Legion Condor gekämpft oder es zumindest versucht, ich glaube, er hatte unterwegs einen Autounfall. Da war also nichts mit Widerstand. Der eine meldet sich freiwillig bei den Nazis. Der andere versucht, irgendwie durchzukommen. Das waren alles damalige Möglichkeiten.

Du hast deine Frage ironisch formuliert, aber du nimmst eine deutliche Haltung ein, eine Verurteilungshaltung. So, als hätte meine Mutter aus eigenem Ermessen gehandelt. Ich wollte dir verständlich machen, warum Augusta Walser in die Partei eingetreten ist – und warum Deutschland Hitler gewählt hat. Wenn ich den Eintritt dieser katholischen Frau in die Partei verständlich mache, dann mache ich verständlich, warum Deutschland in die Partei eingetreten ist. Davon kannst du mich nicht abbringen.

Du erklärst aber nicht, warum die Partei gegründet wurde.

Die sogenannten Schandverträge von Versailles wurden bei uns schon in der Grundschule behandelt. Unser Lehrer Müller, der Nazi im Dorf, hat ein Theaterstück geschrieben, das mussten wir aufführen, da war ich sechs oder sieben Jahre alt. Ich habe auch mitgespielt. Man hat mir ein rotes Strickkleid angezogen, und dann habe ich den «Schandvertrag» von Versailles gespielt. Also ich war der Vertrag. Im roten Strickkleid. Ich habe seitdem nie wieder ein rotes Strickkleid angezogen. Sagt dir der Name Schlageter etwas?

Der war eine Heldenfigur der Nazis, so wie Horst Wessel.

O ja, und was für eine. Die Franzosen haben Schlageter 1923 im besetzten Rheinland zum Tode verurteilt und erschossen. Es gab sogar ein Theaterstück über ihn, das wurde 1933 uraufgeführt zum Geburtstag des Führers. Und selbst nach dem Krieg wurden an den Universitäten noch Lieder über ihn gesungen, da wurde er ein «Bluthund» genannt. Der war kein Bluthund, der Schlageter. Ich habe darum einen Aufsatz über ihn geschrieben, der heißt «Schlageter – eine deutsche Verlegenheit». Warum? Weil die Nazis ihn vereinnahmt haben.

Er war Freikorpsmann, der nach dem Ersten Weltkrieg die französischen Besatzer bekämpft hat. Nicht unbedingt jemand, für den ich mich einsetzen würde. Wollte er nicht eine Brücke sprengen? Heute würde man ihn einen Terroristen nennen.

Terrorist? Der hat sich gegen die Demontagen durch die Franzosen gewehrt und gegen die Kohlentransporte. Der wollte keine Menschen umbringen, der wollte diesen Diebstahl stoppen. Dann brauchten die Franzosen ein Opfer für ihre nationalen Stimmungen und haben ihn erschossen. Und die Nazis haben ihn posthum zu einem der Ihren gemacht. Irgendwann hatte die Deutsche Akademie für Sprache und Dichtung ihre Frühjahrstagung in Freiburg. Der Schlageter kam aus dem Schwarzwald, aus Schönau. Ich wusste, ich muss dahin, ich wollte mir diesen Ort ansehen. Da gab es eine germanisch empfundene Weihestätte der Nazis, furchtbar, das hat dem Göring gefallen und seiner Frau Freya. Aber die haben den Schlageter damit zum zweiten Mal zum Opfer gemacht. Danach bin ich in das Hotel nach Freiburg

gefahren, angefüllt mit dieser Geschichte, in der Halle begegnet mir eine Kollegin, eine tolle Autorin, Hilde Spiel. Sie
fragt: «Herr Walser, wo kommen Sie her?» Ich sage: «Vom
Grab von Schlageter.» Sie war wirklich entsetzt: «Machen
Sie keine Witze», hat sie gesagt. Es war für sie unvorstellbar,
dass ich zu diesem Grab gegangen war. Und genau darum
hatte ich es tun müssen. Verstehst du das?

Ich kenne dich ein bisschen, darum verstehe ich es.

Du hast doch den «Springenden Brunnen» gelesen.

Natürlich.

Das ist das Buch meiner Kindheit. Das wollte ich schreiben.
Ich wollte kein Buch über die Nazizeit schreiben oder über
eine Kindheit in der Nazizeit. Als Kind bist du kein Anti-
faschist. Und du bist kein Nazi. Ich habe mich sehr lange
damit beschäftigt, viele Jahre lang habe ich gesammelt. Ich
war auch in Wasserburg, jedes Jahr, zu den Klassentreffen.
Wir wurden immer weniger, jedes Jahr. Und wir haben end-
los über diese Kindheit geredet, die ja nicht nur meine war,
sondern auch die meiner Kameradinnen und Kameraden.
Und ich habe schnell gemerkt, damals, beim Sammeln, dass
ich nicht den Versuch unternehmen würde, die «Blech-
trommel» noch einmal zu schreiben. Das war der letzte
antifaschistische Roman, der noch möglich war. Aber das
konnte mich nun nicht mehr interessieren. Bei mir musste
diese Zeit einen anderen Wert haben. Antifaschismus allein
ist kein ausreichendes Motiv, die eigene Kindheit zu erzählen. Ich hatte mir vorgenommen, Denkmale zu schreiben.

Dieses Dorf, in dem ich aufgewachsen bin, das ist, wie ich sage, unter dem Boden. Da muss ich es suchen. Es gibt natürlich dieses Wasserburg am Bodensee. Aber es ist nicht das Wasserburg, in dem ich aufgewachsen bin, die Leute sind tot, die Häuser sind fort, und was noch da ist, ist nicht mehr das, was es gewesen ist, sondern was es geworden ist, nachdem es war. Wenn ich ein Buch über meine Kindheit schreibe, ist das eine Grabung, und es ist das Errichten eines Denkmals, vieler Denkmäler. Für Herrn Gierer und Herrn Schorer, für Pfarrer Dillmann, für den Adolf, der mein bester Freund war, und für Josef, den Bruder, der im Krieg fiel. Das ist Erinnerung, Jakob. Nicht Erklärung.

Warum war dein Vater nicht in der Partei?

Er hat immer gesagt: «Hitler bedeutet Krieg.»

Woher wusste er das?

Mein Vater war ein Leser.

Bei Hölderlin und Swedenborg steht über Hitler nicht viel drin, oder?

Oh! Nimm das bitte zurück! Wer Swedenborg und Hölderlin genau gelesen hatte und Lenau und Gottfried Keller und Klopstock und wer die Theosophie kannte, der wusste, wie er sich zu Hitler zu verhalten hatte. Und mein Vater kannte ja den Krieg. Dass er seinem Kameraden die Eingeweide in den Bauch zurückgestopft hat, die da nach einem Treffer herausquollen, das hat er nicht vergessen. Und das Lager bei

Chantilly hat er auch nicht vergessen. Aber im Dorf war er darum politisch unanerkannt. Ich bin sicher, es gab zwischen meiner Mutter und meinem Vater keine Argumentationen, keinen Streit zur Politik. Die Mutter hat sich ja nie aufgeführt wie eine Nationalsozialistin, sie war nie praktizierend. Hin und wieder, das weiß ich, haben Gäste ihr gegenüber meinen Vater beschimpft, weil ja alle wussten, dass der dies und das nicht mitmachen wollte, dann fanden sie Schimpfwörter für ihn, aber ich bin sicher, dass meine Mutter davon keine Sekunde lang beeindruckt war. Sie wusste ganz gut, dass man jetzt in dieser Weise über den Martin Walser spricht, weil er halt kein Parteiabzeichen hat und nur Mitglied bei der Feuerwehr ist und beim Gesangverein, aber sie hat daraus nie ein Eheproblem werden lassen. Ihr Parteieintritt war nichts anderes als eine geschäftliche Spekulation im Interesse der Wirtschaft.

Wann hat dich die Nazizeit erfasst?

Ab dem zehnten Lebensjahr war man Jungvolk, wie das hieß, dann ab 14 in die Hitlerjugend. Man war da drin, ohne eingetreten zu sein, ohne das beantragt zu haben.

Da gab es nicht die Möglichkeit zu sagen: «Ich will nicht»?

Nein. Es waren doch alle dabei. Und warum hätte man sich dagegen wehren sollen? Der Jungenschaftsführer war der Sohn von Pastor Hahn. Da war keine Spur von Nazi. Der hat Gitarre gespielt und mit uns gesungen. Von heute aus betrachtet, waren wir eine Fortsetzung der Wandergruppen der 20er Jahre. Wir sind kaum marschiert oder so etwas.

Es kommt dir vor, als wärt ihr Pfadfinder gewesen?

Natürlich mussten wir auch Geländespiele machen. Hin und wieder mussten wir am Sonntag zu irgendwelchen Appellen. Statt in der Kirche zu sitzen, stand man dann auf dem Appellplatz in Lindau-Reutin. Unser Fähnleinführer hieß mit Vornamen Ingo. Einmal hat er der versammelten Mannschaft die Mitteilung gemacht, der Papst sei gestern «ins Ewige hinübergesegelt». So hat der vom Papst gesprochen.

Hast du darüber dann mit deinen Kameraden gesprochen? Die meisten waren doch genauso katholisch wie du?

Wir haben dann vielleicht auf dem Heimweg gesagt, dass der Ingo ein Primitivling sei. Das war er ja auch! Unter unserem Niveau.

Und es gab keine politische Indoktrinierung? Die bösen Franzosen? Die verkommenen Amerikaner? Die gefährlichen Juden?

Es gab sogenannte Heimabende, das waren reine Gesangsstunden.

Aber ihr habt immerhin Uniformen getragen?

Ja natürlich!

Hast du gerne Uniform getragen?

Ich hatte durch meinen Großonkel Anselm in Geiselharz im
Allgäu schon viel schickere Zivilkleidung. Uniformen waren
ohne jeden Reiz.

Du beschreibst im «Springenden Brunnen», wie zwei uni-
formierte Jungs, «Lindauer Jungvolkführer» nennst du sie,
sich mit ihren Mädchen treffen: «Sah gut aus, wie die zwei
Uniformierten ihre Hände noch über die Mützen hinaus
hochhoben.» Die grüßen also ihre Mädchen mit dem Hit-
lergruß. Das hätte man auch in Wasserburg oder Lindau
lächerlich finden können, oder?

Das wird auch beschrieben als lächerliche Protzerei.

Ich stelle mir vor, dass ich es gehasst hätte: Mir war jede Art
von Verein immer fremd, Aufstellungen, Disziplin. Ich habe
es bei den Pfadfindern keine Woche ausgehalten, und mir
wird immer noch unwohl bei jeder Idee von Gemeinschaft.

Ich fand das Singen toll und den Sport auch. Der gehörte
dazu. In Lindau-Reutin fanden die Wettkämpfe statt. Ich
war im Kurzstreckenlauf schlecht, im Marathon aber sehr
gut. Der Sport war das Beste: Weitspringen, Hochspringen,
Kugelstoßen, Speerwerfen. Als das Jungvolk vorbei war und
die Hitlerjugend anfing, änderte sich das. Da hatte Wasserburg einen Kutter, da mussten wir pullen.

Rudern?

Ja, pullen eben. Da habe ich sehr ernsthaft mitgemacht.
Mein älterer Bruder war schon Schlagmann, das ist der erste

Rudermann. Ich saß weiter am Bug. Wir hatten einen hohen, rein sportlichen Ehrgeiz als Wasserburger, vielleicht haben wir noch ein oder zwei Mann aus Lindau in unseren Kutter genommen. Und mit dieser Mannschaft aus Wasserburgern und Lindauern sind wir an die Ostsee gefahren, nach Stralsund. Also nach Dänholm, das ist eine ganz kleine Insel zwischen Stralsund und Rügen.

Zum Rudern?

Zum Reichssowiesokampf. Ein Zehnkampf. Laufen natürlich und Rudern. Da haben wir nicht gut abgeschnitten. Aber es gab eine Disziplin, die hieß Winken. Signalwinken. Ich bin tatsächlich Reichsmeister geworden.

Reichsmeister im Signalwinken?

Ja. Mach dich darüber nicht lustig. Ich war stolz auf meine Leistung. Ein sogenannter Signal-Gast, also einer von der Marine, der winkt zehnbuchstabige Wörter. So viele gibt es davon gar nicht in der deutschen Sprache. Darum habe ich sie immer schon nach dem vierten Buchstaben erkannt und gleich rübergerufen.

Hat das Spaß gemacht?

Ja! Und wie!

Warum?

Ja, Heiland! Das kann mir doch Spaß gemacht haben, dass ich am schnellsten aus diesem Winken heraus die Worte lesen konnte.

Hattest du eben den Eindruck, ich werfe dir das vor? Weil ich der Ansicht sein könnte, man dürfe keinen Spaß gehabt haben im «Dritten Reich»? Also dass ich sozusagen erwartet hätte, dass du deine Erinnerung von jeder Freude befreist?

Ich habe das Gefühl, als hätte ich, nach deiner Ansicht, alles, was ich als 10- bis 14-Jähriger erlebte, kritisch prüfen müssen, ob es politisch zu rechtfertigen sei.

Dein Vater war zu dieser Zeit bereits tot – meinst du, deine Laufbahn bei der Hitlerjugend hätte ihm gefallen?

Deine Art zu fragen sagt alles! «Laufbahn bei der Hitlerjugend» – die hieß schon mal ganz anders, nämlich Marine-HJ. Und von Laufbahn keine Spur. Ich war nie ein Zugführer oder gar Fähnleinführer. Meinen Vater hätte es, glaube ich, nicht gestört, dass ich auch ein Pimpf war. Und mehr war ich auch nicht. Die einzige gesellschaftliche Verpflichtung, der er sich gestellt hat, erledigte er durch seine Mitgliedschaft in der Freiwilligen Feuerwehr. Er hat da tatsächlich auch kommandiert. Er muss wohl eine Fähigkeit besessen haben, die mir ganz und gar abgeht: Befehle zu geben. Und sei es nur «Wasser marsch!».

Gab es Nazis in Wasserburg?

Weniger, als du vermutlich glauben möchtest. Der Dorf-
schullehrer Müller, der das Stück über Versailles geschrieben hat, der war wirklich ein Nazi, ein echter Geschichts-
wicht war das. Er hat die ganze Klasse mit Hakenkreuzen
vollgehängt, sobald das überhaupt möglich war. Und er hat
die Schulbibliothek so umgebaut, dass da für mich bald
nichts mehr zu holen war. Ich war ein großer Leser. Aber
Beumelburgs «Sperrfeuer um Deutschland» und dieser
ganze Dreck, das hat mich nicht interessiert. Zum Glück
gab es noch den Kaplan in Nonnenhorn, der hatte alle Bände
von Karl May. Da bin ich jede Woche hingepilgert und habe
Winnetou I abgeliefert und Winnetou II mitgenommen.
Aber nach 1933 waren am Dorfrand Mietshäuser gebaut
worden, für die Zöllner. Die waren aus Franken und Bayern
zugezogen, um hier den Grenzdienst zu versehen. Das waren alles Leute, die Funktionen in der Partei und der SA aus-
gefüllt haben. Einer von denen wurde auch Ortsgruppenleiter. Den kannte ich auch persönlich. Er gehörte nicht zu
unserer Kundschaft. Aber es handelte sich da um einen ganz
sympathischen Mann.

*Du willst jetzt aber nicht sagen, die Nazis waren die Frem-
den?*

Ich halte es für möglich, dass das Nazisein nicht zum Was-
serburgersein passte. Das mag verklärend wirken, und die
Wahlergebnisse geben sicher ein realistischeres Bild. Aber
wenn ich heute darüber nachdenke, fällt mir als Erklärung
nur der Wasserburger Katholizismus ein, der zwar nicht
dafür gesorgt hat, aus den Leuten Widerstandskämpfer zu
machen, manch einen aber immerhin davor bewahrt hat,

Nationalsozialist zu werden. Man nannte die in Wasserburg übrigens Nazi-Sozi. Das will ja auch etwas heißen. Aber, wie gesagt, im Widerstand war hier nun auch niemand. Und militärisch gesinnt war man ja ohnehin. Immerzu irgendwelche Gedenkmärsche für Jahrestage des Krieges oder so. Da wurden dann vor unserem Haus die Kolonnen aufgestellt, der Musikverein, der Gesangverein, der Turnverein, und all die Mädchen und Buben marschierten zusammen durch das Dorf zum Kriegerdenkmal.

Wenn du überlegst, wodurch unterschieden sich dieses damalige Dorf und seine Gesellschaft noch von unserer Gegenwart?

Wenn man acht Jahre alt ist oder zwölf oder vierzehn, dann denkt man nicht an die Gesellschaft. Ich bin mir nicht mal heute sicher, was ich unter diesem Begriff verstehen soll. Aber ich kann dir von Vetter Anselm, so hieß mein Großonkel in der Verwandtschaft, erzählen, dem etwas widerfahren ist, was ihm heute nicht mehr widerfahren würde. Vetter Anselm hatte Käser gelernt. Er war ein Bruder meines Großvaters Thaddäus in Kümmertsweiler. Er hat aus einem kleinen Einmannbetrieb im württembergischen Vorallgäu die größte Privatkäserei Württembergs gemacht. Er war nicht mein Vetter, sondern der Onkel meiner Mutter, ihr Lieblingsonkel. Also war er unser Großonkel, aber die Verwandtschaftsbezeichnung für ihn hieß «Vetter». Man nannte ihn «Vetter Anselm». Seine Sennerei hieß «Zur Alpenbiene», und die Mutter hat bei ihm eine Zeitlang die Wirtschaft geführt und da das Geschäft gelernt. Mein älterer Bruder und ich haben dort immer unsere Ferien verbracht,

im Allgäu, weil der Anselm das so wollte. Er war ein Auto-
liebhaber, er veranstaltete private Autorennen, die er mit
seinem Ford immer gewann. Wenn er den Josef und mich
in Wangen am Bahnhof abholte, schaute er uns an und war
meistens der Ansicht, dass wir nicht gut genug angezogen
waren. Also sind wir in das Hauptbekleidungsgeschäft am
Ort gegangen und durften uns aussuchen, was wir wollten. Da habe ich zum ersten Mal einen zweireihigen Anzug
bekommen, ganz hell. Den hatte ich in einem Film mit Johannes Heesters gesehen. Der Vetter konnte sich das leisten,
uns so auszustatten. Seine Sennerei war erfolgreich. Dann
hat er uns mitgenommen in irgendwelche Wirtschaften,
wo die Bauern der Gegend saßen, und dann mussten wir da
etwas singen.

Ihr musstet was?

Singen. Ich glaube nicht, dass mein Bruder oder ich das wollten. Aber weil der reiche Vetter Anselm das wollte, haben wir
es gemacht. Wir haben immer zweistimmig gesungen, ich
nur die Melodie, aber Josef, der viel musikalischer war als
ich, der hat immer phrasiert. Das war die größte Freude für
Vetter Anselm.

Und warum erzählst du jetzt von ihm?

Weil Vetter Anselm homosexuell war und deswegen ins Gefängnis kam. Du musst dir vorstellen, dass diese Käser ganz
reizende Burschen waren. Aber Homosexualität war eben
strafbar, und er kam nach Rottenburg ins Gefängnis. Nach
dem Krieg wurde er entlassen. Aber da war seine Senne-

rei abgebrannt. Irgendein Verteidigungsdepp hatte von der Sennerei aus gegen die ankommenden Franzosen geschossen, und die Franzosen haben alles plattgemacht.

Und was hat er dann gemacht?

Er hat einfach alles wiederaufgebaut, größer und schöner als zuvor. Ich habe ihn einmal abgeholt mit meinem Dreirädler. Ich war so oft mit ihm in seinem Auto mitgefahren. Und nun saß er rechts neben mir. Mit diesen Dreirädlern kam man in der Kurve leicht ins Schleudern. Aber ich war das ja gewohnt. Er hatte so einen angsterfüllten Ausdruck im Gesicht. Kaum in Wasserburg, bekam er Leibschmerzen und musste ins Krankenhaus, und drei Tage später war er tot. Einer der letzten Sätze, die er gesagt haben soll, war: «Martin, fahr nit so schnell.» Dabei ist er immer viel schneller gefahren als ich. Aber er hatte eben keinen Dreirädler. Er war ein wunderbarer Mann. Darum heißen meine Helden auch Anselm. Er hatte einen Bücherschrank mit Glastüren und Gardinen. Ich durfte die Bücher, die ich wollte, mitnehmen, ich habe sechs Bände Schiller und 20 Bände Konversationslexikon mitgenommen. So wurden diese Bücher vor dem Verbranntwerden gerettet. Geschrieben habe ich das mit dem Titel «Mein Schiller».

Am auffälligsten ist an solchen Geschichten, wie sehr die Menschen dieser Zeit ohne ihr Zutun hin und her geworfen werden.

Es gab einen Standortältesten, von dem erzähle ich dir jetzt etwas, das ich nicht beweisen kann. Es gibt ja in einem Dorf

Freundschafts- und Feindschaftsverhältnisse älterer Art.
Also geradezu familiär, an denen sind die Lebenden gar
nicht schuld, die erben sie von denen, die vorher da waren.
Da war also dieser Standortälteste, der nun wirklich ein Nazi
war, der war nicht beim Arbeitsdienst gewesen, und der war
auch nicht beim Militär, der war einfach Standortältester,
eine reine Machtphantasieproduktion, der Mann. Und ich
glaube, sagen zu können, dass dieser Mann mich ohne mein
Wissen in der NSDAP gemeldet hat.

*Ja, ich erinnere mich. Im Jahr 2007 stieß im Bundesarchiv
jemand in den Unterlagen der NSDAP auf Hinweise darauf,
dass du Parteimitglied gewesen seist.*

Da stand, ich hätte den Eintritt am 30. Januar 1944 beantragt, und am 20. April 1944 sei er vollzogen worden.

*Das sind phantastische Daten aus dem nationalsozialisti-
schen Poesiealbum: Machtergreifung und Führers Geburtstag. Wenn der Standortälteste dich da gemeldet hat, warum
hat er das getan? Wollte er sein Soll erfüllen? Wollte er dich
ärgern? Wenn er sozusagen ein Feind der Familie war und
ein Nazi, warum dachte er dann, die Mitgliedschaft in der
Partei sei ein Übel, das er dir zufügt?*

Seine Motive kann ich nicht prüfen. Ich glaube, er musste
melden können, soundso viele Jugendliche für die Partei geworben zu haben. Er lebt nicht mehr. Einen Gefallen wollte
er mir jedenfalls nicht tun, so viel ist sicher.

Als der Krieg begann, warst du zwölf Jahre alt. Wie hast du davon erfahren?

Weiß ich nicht mehr.

Hattest du Angst vor dem Krieg?

Nein. Das wundert dich? Aber ich wusste, wie man schießt, dachte ich. Ich hatte von meinem Bruder Josef das Luftgewehr. Ich war immer ein guter Schütze. Liegend und im Stand, freihändig und mit Auflage. Zielen und treffen.

Aber du hattest doch das Beispiel des Vaters vor Augen. Du hattest gesehen, was der Krieg aus ihm gemacht hat, oder?

Ich habe erst viel später erfahren, was der Krieg an ihm gewirkt hat. Als er noch lebte, war er der Klavierspieler und der Leser, allerdings auch der Zuckerkranke, immer von Büchern umgeben.

Wann hast du das erste Mal die Zerstörung des Krieges gesehen?

Das war auf der Fahrt nach Stralsund, zu den Meisterschaften, wir sind mit der Bahn durch ganz Deutschland gefahren, auch durch Berlin. Und Berlin, was soll ich sagen? Den Anhalter Bahnhof gab's noch, aber das Darumherum war damals schon kaputt, kaputt, kaputt.

Was hast du da gedacht, als du das gesehen hast? Du und deine Kameraden?

Bitte, frag mich etwas anderes! Wir saßen im Zug, zehn, zwölf Buben, und um uns herum nur Soldaten, verstehst du? Die haben gesungen und getrunken und geflucht, in ihren Uniformen. Woher kamen die? Ich weiß nicht. Es waren keine Verwundeten. Sie sahen aber wild aus. Nicht so, wie ich mir unsere Soldaten vorgestellt hatte. Und alle betrunken. Da kamen wir Wasserburger Jungs aus dem Maulaufreißen nicht mehr heraus. Und glaube bloß nicht, dass wir es gewagt hätten, diese Männer nach dem Krieg zu fragen.

Von jetzt aus gesehen, stellt sich doch die Frage: Hattest du damals ein siegreiches Gefühl oder eine Ahnung der kommenden Niederlage? Oder macht diese Frage gar keinen Sinn?

Es ging uns doch nicht um Sieg oder Niederlage. Sondern darum, einen Sitzplatz zu ergattern und einen Becher Wasser. Hast du eine Ahnung, wie lange man von Stralsund nach Wasserburg unterwegs ist mit dem Zug? Damals?

Nein, ich verstehe es nicht. Wenn man durch eine Ruinenlandschaft fährt, muss einem doch der Schreck in die Glieder fahren. Du kommst aus dem idyllischen Wasserburg und siehst dann die Ruinen in Berlin. Und immer noch keine Angst?

Es tut mir leid. Ich kann das Gefühl nachträglich nicht implantieren. Aber eines kann ich sagen: Im Jahr 1944, am 28. April, wurde Friedrichshafen bombardiert. Eine Familie, die wir kannten, hatte dort Verwandte. Ich sollte die holen und, wenn es geht, auch noch irgendwelche Möbel, die den

Angriff und das Feuer überstanden hatten. Da bin ich also hingefahren mit dem kleinen Dreiradauto, mit dem ich sonst die Kohlen auslieferte. Die Straßen waren schon ein bisschen freigeräumt, aber die Stadt war kaputt. Ich habe nur geschaut, dass ich da irgendwie durchkomme, dann habe ich aufgeladen und bin nach Wasserburg zurückgefahren.

Ihr habt nach dieser Bombennacht auch Leute bei euch auf-genommen. Deren Tochter hieß Käthe, und ihr seid seitdem ein Paar.

Das ist drastisch verkürzt. Die Familie Jehle, aus der Käthe kommt, wurde im April in Friedrichshafen ausgebombt. Sie hatten dort zwei Hotels und haben im Herbst 44 unser Geschäft gepachtet. Mein zwei Jahre älterer Bruder Josef wurde im Oktober als gefallen gemeldet. Meine Mutter hatte keine Kraft mehr, also Verpachtung. Aber die Tochter des Pächters habe ich erst 1945 wahrgenommen. Bei der Rückkehr aus der Gefangenschaft. Da stand sie in der Küchentür, ich habe sie gesehen und war an sie verloren – erst da, also erst Ende 1945, hat sie mir erzählt, wie sie diese Bombennacht verbracht hatte, im Keller, dann raus in die brennende Stadt. Sie konnte ihr Fahrrad nicht retten, aber ein Stück Butter. Und geschlafen hat sie dann auf einem Sofa, das man an den Kai gestellt hatte, in sicherer Entfernung von den Flammen.

Du hast gesagt, du seiest damals schon ein Leser gewesen. Hat Literatur dir geholfen zu verstehen, was du da erlebt hast?

Sie hat überhaupt erst möglich gemacht, dass ich es ertrage.

Gab es in der Literatur, die du kanntest, dafür keine Bilder? Wenn jemand heute durch eine kriegsversehrte Trümmerlandschaft fährt, hat er hundert Bilder im Kopf aus den Nachrichten, aus Filmen. Hattest du keine Bilder im Kopf aus den Büchern?

Ich ahne, was du meinst. Aber ich muss verneinen. Das Höchste an Verallgemeinerung, was mir zu jener Zeit vielleicht möglich war, muss der sich mir aufdrängende Eindruck gewesen sein, dass wir in Not sind. Verallgemeinerung führt zu Verschwommenheit, das kann manchmal ganz hilfreich sein. Man steht vor einem Grabstein auch mit weniger Schrecken als vor einer Leiche, nicht wahr? Es ist merkwürdig, aber als die USA in den Krieg eintraten, 1941, da hat das auf mich mehr Eindruck gemacht als die Trümmer in Berlin oder Friedrichshafen. Der Kreisschulungsredner trat bei uns auf, sonst kannte ich ihn ja als Deutschlehrer meiner Schule, und machte uns Wasserburgern klar, dass es jetzt heiße, den Gürtel enger zu schnallen. Ich saß hinten in einer Ecke, dieser Moment wurde als eine Erschütterung wahrgenommen.

Du hast dich dann als Freiwilliger in die Armee gemeldet. Als 16-Jähriger.

Ja, dann konnte man sich seine Waffengattung selber aussuchen. Ich wollte zu den Panzern, wie mein Bruder. Das ging aber nicht wegen der Brille. Dann also Gebirgsjäger. Ski laufen konnte ich ja schon.

Moment. Das geht mir zu schnell.

Du willst mich jetzt darauf aufmerksam machen, dass man sich für Hitlers Angriffskrieg nicht hätte freiwillig melden dürfen?

Ich würde so weit gehen zu sagen, dass man sich für gar keinen Krieg freiwillig melden sollte. Darf ich an dieser Stelle etwas zitieren? Aus einem Gespräch, das du im September 1998 mit Rudolf Augstein geführt hast, ein sehr interessantes Gespräch – wie interessant es für mich noch werden würde, das wusste ich zu dem Zeitpunkt noch gar nicht.

Bitte, gerne.

Also, ihr redet über den Krieg, und du sagst zu ihm: Wolltest du dich retten?
AUGSTEIN: *Natürlich.*
WALSER: *Wolltest du nicht an die Front?*
AUGSTEIN: *Um Gottes willen, wie sollte ich das?*
WALSER: *Komm, sei jetzt nicht so klug. Warum nicht? Das interessiert mich.*
AUGSTEIN: *Ich verstehe dich nicht. Nun fragst du mich so etwas Selbstverständliches. Ein Anti-Nazi, der den Hitler wirklich für die Verkörperung alles Bösen hielt ...*
WALSER: *Mein Vater war auch gegen Hitler und gegen den Krieg. Aber ich habe mich trotzdem freiwillig gemeldet.*
AUGSTEIN: *Davon gab's ja viele. Da kann man nix machen.*
WALSER: *Jetzt pass auf, Rudolf: Wenn ich mir das heute zu erklären versuche, warum ich mich freiwillig gemeldet habe – ich war 16 Jahre alt –, dann komme ich nur darauf, dass*

ich die Leute damals, die sich gedrückt haben, verachtet
habe.

AUGSTEIN: Der Gedanke war mir fremd.

WALSER: Du bist gleich auf der «Spiegel»-Seite der Welt geboren worden.

AUGSTEIN: Ja, das scheint so. Jedenfalls ...

WALSER: Halt, ich muss dich noch unterbrechen. Wenn du
glaubst, dass die Leute, die sich freiwillig gemeldet haben,
automatisch Nazis waren, dann bist du in einer Verblendung.

AUGSTEIN: Nein. Ich bin nicht in Verblendung. Nützliche
Idioten muss jedes Regime haben.

WALSER: Aber es geht dabei nicht um Nazis, und «nützliche
Idioten» ist ein Terminus, der ist auf diese Zeit nicht an-
wendbar. Wer sich freiwillig meldete in diesem Krieg, der
hatte doch noch nichts mit Politik zu tun. Gerade dadurch,
dass Hitler den Krieg angezettelt hat, hat er dafür gesorgt,
dass seine billige und miese Ideologie im Gewölk des Patriotismus verschwand.

AUGSTEIN: Mag wohl so sein, aber das kann ich post fes-
tum nur hinnehmen.

WALSER: Gut. Aber du redest nicht von deinen sonstigen
Landsleuten. Ich bin aufgewachsen in einer Atmosphäre,
nicht familiär, sondern in der Schule, im Dorf und dann in
der Kleinstadt Lindau, da hat man schon jeden komisch
angeschaut, der sich nur zur Flak meldete, Rudolf. Da hat
man gedacht: «Alle anderen gehen jetzt an die Front und
sterben, und der will sich drücken.» Du hättest kein Selbstwertgefühl mehr gehabt. Da kannst du mir heute erzählen,
was du willst – das hatte mit Politik nichts zu tun. Du warst
einfach in einer privilegierten Ausgangslage. In deiner glo-

riosen hannoverschen Edelisolation konnte dir offenbar
nichts passieren.

AUGSTEIN: Also gut. Ich habe das große Glück gehabt, dass
mein Vater kein Preuße und kein Nazi war, sondern ein
normaler Katholik in der Diaspora, ohne festen Glauben,
der mit seiner Familie zusammen diese Zeit überleben wollte. Wir hatten keine anderen Interessen, als dieses Reich zu
überleben.

WALSER: Ich kann mir nicht vorstellen, dass ein Jugend-
licher kein anderes Interesse hat, als zu überleben. Es muss
irgendeine Hoffnung, es muss irgendeinen Horizont geben,
auf den zu man überleben möchte.

AUGSTEIN: Nein.

WALSER: Nicht? Nur davonkommen?

AUGSTEIN: Davonkommen und dann sehen.

Ja, ich erinnere mich gut an dieses Gespräch. Es war fabelhaft, wie er sich den Roman seiner eigenen Kindheit schrieb.

*Du hast ihn «die Krönung der Wehrmachts-Wanderaus-
stellung für alle Zeiten» genannt. Das war lustig.*

Ich wollte mich nicht lustig machen. Ich wollte nur deutlich
machen, dass diese Erinnerung, die er von sich hatte, nicht
mit der Wirklichkeit übereingestimmt haben kann.

*Warum? Weil er keine heroischen Gefühle hatte? Weil ihm
im Zusammenhang mit dem Militär Begriffe wie Ehre und
Schande nicht eingefallen wären? Ich muss sagen, dafür
habe ich großen Respekt.*

Ja, von heute aus gesehen. Aber das ist doch genau der Punkt, um den es mir geht. Ich habe gar kein Interesse daran, meine Erinnerungen an mich selbst so auszugestalten, dass sie zu demjenigen passen, der ich seitdem geworden bin, sondern ich will die Erinnerungen finden, die mich mich so erleben lassen, wie ich damals war. Und da muss ich sagen, ich fühle mich der Figur sehr nahe, die ich im «Springenden Brunnen» beschrieben habe. Interessant für unser heutiges Gespräch darf ich finden, was du aus dem Gespräch mit Rudolf nicht zitiert hast. Nämlich:

Rudolf: «Davonkommen und dann sehen.» Dann ging es so weiter:

Ich: «Es muss eine solche Gewissheit in der Familie gewesen sein.»

Rudolf: «Es war ja eine Gewissheit. Absolut. Ich wollte da durch. Marionettenspieler bei der Hitlerjugend. Kantinenwirt im Arbeitsdienst. Schütze Arsch an der Ostfront. Am Ende Leutnant.»

Ich: «Ich nicht! Ich wäre nicht Leutnant geworden, und wenn der Krieg 1000 Jahre gedauert hätte. Zu mir hat der Kompaniechef nach der Grundausbildung gesagt: Wer nicht gehorchen kann, kann auch nicht befehlen. Ich hatte, ohne es zu wollen, bewiesen, dass ich nicht gehorchen kann. Das hieß: Sie können keine Offiziere werden, Du, Rudolf, so, wie du bist, wärst in 1000 Jahren General geworden. Vergiss das nicht.»

Erinnerst du dich denn noch an den Tag, an dem du eingerückt bist?

Da war gerade die Nachricht in Wasserburg angekommen, dass mein Bruder gefallen war. Er war 19. Und jetzt sollte ich gehen. Ich bin tatsächlich voller Neugier nach Garmisch gefahren und voller Zuversicht, dass mir nichts geschehen würde. Ich muss zugeben, dass mir, im Rückblick, diese Zuversicht ein Rätsel ist. Dieses Gefühl: Das bekommst du hin. Josef war bei den Panzern, er hatte sich freiwillig gemeldet. Da wollte ich natürlich auch hin. Vermutlich hatte er gedacht, da sei man geschützter, umgeben von diesem Stahl, in Sicherheit. Er war im Osten und hat uns Briefe geschrieben. Von den Duellen, die er sich mit russischen Panzern lieferte. Es ging darum, wer zuerst schoss und wer besser traf. Er war froh, wenn er es war, der schneller und besser geschossen hat. Und dann hat er eben einmal nicht schneller geschossen. Jedenfalls wollten die mich bei den Panzern nicht wegen meiner Augen. Also bin ich zu den Gebirgsjägern gegangen. Das haben wir dann gemacht, natürlich mit dem ganzen Zeug auf dem Rücken. Aber es war wunderbar. In den Berg steigen, über die Bäume hinaus, nachts auf den Hütten oben, der Mond, das weiße Licht der Stille ...

Hast du da wirklich den «Zarathustra» gelesen, wie du es beschrieben hast, oder ist das ausgedacht?

Ausgedacht? Ich kann Nietzsche im Hochgebirge sehr empfehlen. Ab 1700 Meter stellen sich bei großer körperlicher Anstrengung Zarathustra-Gefühle praktisch wie von selbst ein. Warte, es ging so:

> «Ihr seht nach Oben, wenn ihr nach Erhebung verlangt. Und ich sehe hinab, weil ich erhoben bin.

Wer von euch kann zugleich lachen und erhoben
sein?
Wer auf den höchsten Bergen steigt, der lacht über
alle Trauer-Spiele und Trauer-Ernste.
Muthig, unbekümmert, spöttisch, gewaltthätig –
so will uns die Weisheit: sie ist ein Weib und liebt
immer nur einen Kriegsmann.»

*Wie war für dich die Erfahrung der Fremdbestimmtheit
beim Militär?*

Ja, das war nicht so wunderbar wie Zarathustra UND die
Berge. Ich habe das gleich an dem Ton gemerkt, in dem man
mit uns sprach, und am Vokabular. Das war eine ganz ande-
re Sprache. Man kann die natürlich lernen, wie eine Fremd-
sprache. Einen Dialekt dieser Sprache hatte ich ja schon im
Dorf kennengelernt. Da waren die Kameraden, die eines
Tages begonnen hatten, wie ihre Väter zu sprechen, und mit
Worten daherkamen, die wir bis dahin gar nicht kannten:
«Weiberwirtschaft» und «Lackaffen». Ich hatte mit diesem
Vokabular schon im Dorf meine Mühe.

Aber Stefan George hat dich davor geschützt?

Ah, das weißt du? Ja, so war es. Es gab diesen Marineoffizier,
der bei uns eine Verletzung auskurierte. Er hatte Gedichte
von Stefan George dabei und mir dagelassen. Als ich dann
einrückte, da versuchten natürlich diese Arbeitsdienstler
und Heimatflakausbilder, mit ihrer Pissoirsprache bei mir
anzukommen, sozusagen Treffer zu landen. Aber ich war
für sie unberührbar, unerreichbar, nicht treffbar, weil ich

Stefan George dabeihatte. Ich hatte die Widerstandskraft eines Lesers. Das konnten die nicht wissen und nicht verstehen. Aber es ist ihnen immerhin nicht entgangen, diesen trostlosen Tröpfen. Einmal hat mich dann ein solcher Oberjäger angebrüllt: «Jäger Walser, was hat der Schnee für eine Farbe?» Ich habe gesagt: «Weiß, oder?» – «Nein! Er ist schwarz!», hat der Oberjäger da gesagt. Verstehst du? Er wollte, dass ich sage: Der Schnee ist schwarz.

Hast du gesagt, dass der Schnee schwarz ist?

Natürlich habe ich das. «Wenn Herr Oberjäger sagt, der Schnee ist schwarz, dann ist der Schnee schwarz!», habe ich gerufen. Ich glaube, das klingt jetzt so, als habe ich mich damit über den Oberjäger lustig machen wollen. Aber danach war mir ganz und gar nicht zumute. Übrigens hat das nicht genügt, mich als Gehorsamen auszuweisen. Es muss da etwas Ungehorsames in mir gegeben haben, das ich nicht zu verbergen imstande war.

Ich war ja als Oberschüler automatisch Reserveoffiziersbewerber. Wir haben da Prüfungen ablegen müssen. Was die Geschichte von Friedrich dem Großen und das Führen von Mulikolonnen im Hochgebirge anging, habe ich gut abgeschnitten. Aber mein Name war dennoch nicht auf der Liste der Angenommenen. Man hatte mir ja gesagt, dass ich nicht gehorchen könne, und wer nicht gehorchen könne, der könne auch nicht befehlen. Damals war ich entsetzt. Aber alle Kameraden, die da genommen wurden, sind während der Frühjahrsoffensive 1945 in den Ardennen umgekommen.

Ich habe es schon damals gefühlt, aber erst später begriffen, als ich Kafka gelesen habe: Man ist nicht Herr seines

Schicksals, man hat nichts im Griff. Wir werden geleitet von der Bestimmtheit und bleiben immer Unfreiwillige.

Das ist ja schrecklich.

Später bei Fichte: Erfahrungen seien die Vorstellungen, die mit dem Gefühl der Notwendigkeit verbunden seien. Wir, die von Notwendigkeit zu Notwendigkeit Operierenden, halten die, die sich für frei halten, für Illusionisten.

Was hast du denn vom Krieg mitbekommen?

Ich war beim Arbeitsdienst in Fürstenfeldbruck. Wir haben Kabelgräben gezogen, entlang der Startbahn für irgendeine Wunderwaffe, eine Zukunfts-Messerschmitt-Maschine, die mehr Startbahn brauchte als jedes andere Flugzeug. Und wenn wir soundso lange gegraben hatten, mussten wir wieder in unsere Quartiere einrücken, zum Essenfassen. Da saßen wir in einer riesigen Halle und aßen, und einer dieser Führenden rief dann jeweils: «Spruch von heute!» Da musste einer einen Spruch sagen, und wenn keiner einen Spruch sagte, musste man so lange um die Halle herummarschieren und durfte nicht essen, bis einer wieder einen Spruch hatte. Ich habe mich dann freiwillig gemeldet für die Sprüche, damit dieses Herummarschieren ein Ende hat. Das lief ganz gut. Am Ende habe ich nicht mehr gegraben, sondern nur Sprüche geschrieben.

Unbeugsam wie die Eiche
Steh ich zum Deutschen Reiche

Das war nun zugegebenermaßen keine große Dichtung. Aber immerhin meine erste Auftragsarbeit. Ein Naziton war mir nicht möglich, wohl aber, dass das Vaterland in Not ist und uns braucht.

Hattest du Angst, dass du nicht zurückkommst?

Dass ich nicht zurückkomme?

Dass dir das Schicksal deines Bruders blüht?

Nein.

Hast du Männer gesehen, die verwundet oder zerrüttet aus dem Krieg heimgekommen waren?

Am runden Tisch in der Wirtschaft in Wasserburg saßen hin und wieder solche, die ihrem Alter nach dort gar nicht hätten sitzen dürfen. Ob einer sozusagen mit Recht anwesend sein durfte, war ja zu einer Frage des Alters geworden. Die saßen also da, weil sie auf Urlaub waren, und haben das Wort geführt. Da habe ich schon mitbekommen, was die erzählt haben.

Und was haben die erzählt?

Es gab welche, die haben nur gesiegt, die haben einen Krieg erlebt, der sie von Triumph zu Triumph geführt hat, offenbar eine einzige rasende Freude. Und die anderen haben furchtbare Sachen erzählt. Furchtbar. Man hat sich nicht vorstellen wollen, was sie gesehen hatten.

Was hatten sie gesehen?

In Russland hatte ein deutscher Soldat eine Frau gezwungen, ihr Kind in die Luft zu werfen, und er hat es dann in der Luft erschossen.

Das hat der Mann von sich selber erzählt?

Nein! Nein! Er hat erzählt, dass er das gesehen hat. Er fand es schrecklich. Ein anderer hat von den Zügen gesprochen, die er gesehen hat, voller Menschen, die nach Osten fuhren. Aber angegeben hat da keiner.

Du gibst dich immer noch so sonderbar unberührt. Du hattest die Zerstörung in Berlin gesehen. Dein Bruder war gefallen. Du hast solche Geschichten gehört. Und immer noch keine Angst?

Ich würde jeden bitten, gefühlsvorsichtig zu sein, wenn er die Stimmung, die da herrschte, überhaupt beurteilen will. Was die Soldaten bei uns am runden Tisch erzählten, hat mich gegen alle Propaganda immun gemacht. Aber dass wir in Not waren, hat mich bewegt. Du hast vorhin ein Zitat aus dem Gespräch mit Augstein gebracht. Ich setze da jetzt ein Zitat gegen dein Zitat, aus dem «Springenden Brunnen»: «Adolf hatte sich freiwillig zur Flak gemeldet. Johann hatte nicht gewagt zu fragen: Warum denn das? Zur Flak meldeten sich Feiglinge, Drückeberger. Wer sich zur Flak meldete, gestand dadurch, dass er nicht an die Front wollte, dass andere an die Front sollten. Gerade wenn Johann nicht an die Front gewollt hätte, hätte er das nie dadurch eingestan-

den, dass er sich zur Flak meldete. Die anderen gehen hinaus an die Front, und du hockst in irgendeiner Befestigung
und schießt in die Luft! Dass Adolf das fertigbrachte! Und
ohne darüber auch nur ein Wort zu verlieren. Offenbar war
es ihm egal, was Johann darüber dachte.» Siehst du. So ist
er, dieser Johann, der ich war. Mir war es nicht egal. Dieser
Junge, den ich Adolf genannt habe, das war übrigens der
Sohn vom einzigen wirklichen Nazi, den ich in Wasserburg
wahrgenommen habe. Und dieser Sohn hat sich also zur
Heimatflak gemeldet.

*Ja, ich verstehe das. Ich stelle mir nur vor, dass ich den Preis
nicht hätte zahlen können und wollen, den es offenbar bedeutet hat, unter diesen Umständen in dieser Dorfgemein-
schaft beheimatet zu bleiben. Ich hätte sie vermutlich hinter
mir gelassen.*

Sicher. Aber auch mit 16 Jahren? Mein Bruder war gefallen.
Weißt du, was meine Mutter getan hat, als sie die Nachricht
erhielt: Sie hat geschrien. Einfach geschrien. Ich habe mich
ans Klavier gesetzt und gespielt, damit ich es nicht hören
musste. Der Vater war tot, der Bruder war gefallen, und ich
war am Leben. Ich habe diese Wirtschaft zusammen mit
meiner Mutter betrieben. Kohlen geliefert, die Bücher geführt. Das alles gehörte zu meiner Pflicht. So war ich erzogen worden, in der Pflicht, auch im Gehorsam. Die Idee, das
eigene Überleben für etwas Unabdingbares zu halten, wäre
mir zu diesem Zeitpunkt gar nicht gekommen. Wir alle, wir
waren in Not. Das war das Gefühl jener Zeit. Wir können,
wenn wir diese Vorstellung nicht zulassen, wenn wir uns
dieser Vorstellung nicht öffnen, die Beschäftigung mit dieser Vergangenheit ruhen lassen.

Hast du überhaupt jemals gekämpft?

Gotte bewahre, nein! Da hat mein Bruder schon recht behalten, der immer gesagt hat: Bis du so weit bist, ist der Krieg zu Ende. Im Frühjahr 1945 waren wir im Inntal eingesetzt. Die Amerikaner kamen von Rosenheim und die Franzosen kamen von Innsbruck, und wir befanden uns dazwischen. Wir hatten einen idiotischen Chef, einen Major mit dem Deutschen Kreuz in Gold. Das galt als Drückeberger-Orden. Der ist vor uns immer mit dem Pferd herumgeritten. Er hat uns gesagt, wir sollten mit unseren Gewehren auf die Tiefflieger der Amerikaner schießen, die das Inntal herunterbrausten und die Brücken zusammenschmissen. Er hat uns das genau erklärt, wie weit man vorhalten muss und so weiter. Aber es war vollkommen lächerlich. Und dann kam es zu meiner wichtigsten Mitwirkung an diesem Krieg. Das war in der Nähe von Kufstein. Die Amerikaner waren da, selbst dieser Major stand nun vor der unabweisbaren Notwendigkeit, dass man verhandeln musste. Da er aber kein Englisch konnte, fragte er uns. Meine Gebirgsjägerkameraden konnten alle wunderbar Gebirgsbayrisch, aber kein Englisch. Ich meldete mich und wurde auf dieses Feld geschickt. Da kamen mir zwei Amerikaner entgegen. Sie redeten auf mich ein, und ich muss zugeben, dass ich kein Wort verstand. Dieses Soldatenamerikanisch unterschied sich doch erheblich von meinem Schulenglisch. Der Amerikaner merkte also, dass ich ihn nicht verstand, und sagte ganz langsam: «Lay weapons down here and stand here.» Da verstand ich. «All right», antwortete ich ihm also und machte kehrt, lief zu meiner Einheit zurück und sagte dem Major, dass wir uns jetzt ergeben sollten. Der Major sah das aber anders, er hielt daran fest, dass ein deutscher Soldat sich nicht ergeben könne. Das war also eine problematische Situation. Glücklicherweise hatten wir einen sehr eleganten Leutnant, der im Zivilberuf Hotelier in München war und der gar keine Lust verspürte, diesen Krieg fortzusetzen. Im Gegenteil. Er hatte schon Zivilkleidung dabei, einen Janker mit Rückenfalte. Jedenfalls hat er zu dreien oder vieren von uns gesagt, das wird hier nichts mehr, wir gehen in die Büsche. Wir haben uns also unter seiner Führung von der Truppe entfernt, desertierend. Wir sind aber nicht ins Inntal hinabgestiegen, sondern hinauf in die Hänge. Das erschien uns als Gebirgsjägern der natürliche Weg. Wir sind oben entlang Richtung Westen. Wir haben auf den Hütten übernachtet und ins Tal hinabgesehen, ob da noch Krieg ist. Und tatsächlich konnten wir immer wieder deutsche Soldaten sehen, die sich mit erhobenen Händen in langen Kolonnen den Amerikanern ergaben. Aber das wollten wir gar nicht. Wir wollten in den Bergen bleiben. Da ging es uns gut, da kannten wir uns aus, da fühlten wir uns sicher. Wir sind weiter nach Westen gewandert, und dann war der eine in Mittenwald daheim, der andere in Garmisch, einer in Mindelheim und der nächste in Radolfzell. Und so wurden wir immer weniger, weil alle nur noch nach Hause wollten. Am Ende waren nur noch der Artur aus Radolfzell und ich übrig. Und plötzlich sind wir zwei KZ-Insassen begegnet.

In den Bergen?

Ja, es waren zwei Männer, in der gestreiften Kluft. Sie mussten aus Dachau gekommen sein. Und was Dachau war, das wussten wir schon. Auschwitz kannte niemand. Aber Dachau war uns ein Begriff. Ich hatte meine Uniformjacke auf einer Hütte gegen eine Bauernjacke getauscht, aber der Artur hatte noch seine Gebirgsjägersachen an. Wir hatten Armeerucksäcke. Die haben uns sofort als Soldaten erkannt. Wir hatten ja auch noch unsere Pistolen. Aber wir sind gar nicht auf die Idee gekommen, sie zu benutzen. Die waren 40, 50 Jahre alt, wir waren 17, 18. Wir waren beinahe noch Kinder. Die haben uns gesagt, dass wir ihnen die Waffen geben sollen, und wir haben widerspruchslos gehorcht. Die hätten uns auf der Stelle erschießen können. Aber das wollten sie offenbar nicht.

Habt ihr mit denen geredet?

Nein. Über die Herausgabe unserer Waffen hinaus nicht. Die wollten von uns nichts wissen. Die hatten genug mitgemacht, und wir waren für sie keine Bedrohung. Und für uns war das Wichtigste, dass die uns nicht erschießen wollten. So geht man dann aneinander vorbei. Es hat dann auch nicht lange gedauert, bis in der Gegend von Füssen im Wald hinter einer Kurve ein Armeejeep der Amerikaner vor uns stand. Da waren wir dann in Gefangenschaft.

Was war da dein Empfinden? Erleichterung, dass es vorüber war? Angst vor dem Kommenden? Enttäuschung über die Niederlage?

Ich hatte jedenfalls gegen die Amerikaner nicht die leisesten Empfindungen. Vielleicht, wenn es die Russen gewesen wären, hätte ich mehr Angst gehabt. Vielleicht hätten die uns anders behandelt. Aber so, wie die Amerikaner uns behandelt haben, gab es keinen Grund, Angst zu haben. Nachher, als ich wieder raus war und von den Franzosen ein Laissez-passer bekommen musste, hatte ich, ehrlich gesagt, viel mehr Angst. Weil alle mir gesagt hatten: «Du musst aufpassen, dass du nicht den Franzosen in die Hände fällst, die schicken alle Gefangenen in die Bergwerke.» Und das wollte ich nun wirklich nicht. Jedenfalls waren wir erst mal in diesem Eisstadion in Garmisch. Und da gab es die Möglichkeit, sich freiwillig zu irgendwelchen Arbeitskommandos zu melden, Panzer waschen, weiß der Teufel, dann wurde man gut verpflegt. Aber ich hatte daran kein Interesse. Ich hatte nämlich mitbekommen, dass im Stadion in Garmisch die Bibliothek des Reichssenders München eingelagert war. Da habe ich gedacht, ich werde jetzt hier Bibliothekar. Ich habe mir Bücher ausgeliehen und das auch für die anderen organisiert. Zwei Bücher habe ich mitgenommen, zwei Bände Stifter-Erzählungen, von denen ich vorher nichts wusste. Und ein literaturwissenschaftliches Werk voller Theorien über die Literatur der 30er Jahre. Diese Bücher steckte ich mir mal vorsorglich in meinen Rucksack. Jetzt war Mai, da kamen von allen möglichen besiegten Truppenteilen die Männer rein, auch welche von der SS, die waren bei Crailsheim gefangen genommen worden, die hatten noch ihre schwarzen Uniformen an, und die wurden von den Amis nicht so gut behandelt wie wir.

Unten gab es Wasserstellen, wo man sich waschen und rasieren konnte. Mein Instinkt sagte mir, solange ich Gefangener bin, rasiere ich mich nicht. Das war ein blödsinniger Entschluss. Ich wollte mich da einfach nicht rasieren, und ich wollte mich auch nicht waschen. Einer hat dann gemerkt, dass ich nie zum Waschen gehe – und dann hieß es, der wäscht sich nicht, der hat bestimmt schon Läuse. In Wahrheit war es aber so, dass alle anderen Läuse hatten und ich nicht. An mich ging keine Laus. Seitdem weiß ich, wenn du Stifter liest, geht an dich keine Laus.

Warum hast du dich nicht mehr rasiert?

Ich habe mir gesagt: Ich rasier mich nicht. Basta! Diese Landser da, die wollten sich täglich pflegen, täglich waschen, täglich rasieren. Ich wollte daran nicht teilnehmen, solange ich gefangen war. Du kannst das als Widerstand gegen diese Situation der Gefangenschaft auffassen oder als Versuch, mich so weit der Gesellschaft dieser Männer zu entziehen, wie es möglich war. Jedenfalls hatte ich im Stadion meinen Platz ziemlich weit oben, da habe ich gesessen und gelesen und mich nicht rasiert. Das ist alles.

Wie lange warst du da?

Das weiß ich jetzt nicht mehr, paar Wochen.

Hast du manchmal den gefangenen Soldaten zugehört, wie sie sich unterhalten haben?

Die waren vollkommen reserviert.

Kann man denn ein paar Wochen lang vollkommen isoliert von allen anderen sein?

Die haben mit mir nicht geredet und ich mit ihnen nicht.

Hast du nie mitgehört, als die über ihren Alltag als Soldaten gesprochen haben?

Nein, daran erinnere ich mich nicht. Aber ich bin sicher, dass sie auch solche Sätze gesagt haben wie: «Gotte helfe uns, wenn wir das büßen müssen ...»

Das klingt ausgedacht.

Bitte? Nein, das ist ein Satz aus Wasserburg.

Aber wenn jemand eine schlimme Geschichte hört, und sei sie noch so brutal, warum ruft er dann gleich aus: «Wenn wir das büßen müssen?» Wer ist dann dieses «Wir»?

Ein Gefühl für das Verbrecherische dieses Krieges wird wohl vorhanden gewesen sein. Und ich nehme natürlich an, dass diese Männer das als nur Gehörtes berichtet haben, was sie selber gesehen haben, wenn nicht, was sie selber getan haben. Im Nachhinein weiß ich, dass jene Erzählung eine Spur in meinem Leben zu jener Zeit hinterlassen hat. Darum kommt Auschwitz auch im «Springenden Brunnen» nicht vor. Wir wussten davon zu jener Zeit nichts. Es kommt Dachau vor, weil wir von Dachau gehört hatten, von Auschwitz nicht, wie sollte Auschwitz dann vorkommen in den Erinnerungen dieses Jungen Johann, der ich war?

Wir werden über das Thema später sprechen. Erzähl mir erst, wie du aus diesem Stadion gekommen bist?

Einmal kam ein Offizier vorbei, der hat gemerkt, dass ich immer lese. Er hat mich in einem sehr gepflegten Englisch gefragt, woher ich denn sei. Ich habe es ihm erklärt, und er sagt: Gut, ich fahre Sie da jetzt hin. Und ob du es glaubst oder nicht, an einem Sonntag habe ich meinen Rucksack genommen, mit den Büchern des Reichssenders München, den es ja nicht mehr gab, sie konnten also niemandem fehlen – darunter war, das fällt mir gerade ein, ein Sammelsurium der Gelehrsamkeit über alles, was mit Ausdruck zu tun hat: «Gehalt und Gestalt im Kunstwerk des Dichters» von Oskar Walzel –, und dieser freundliche Mann hat mich von Garmisch an den Bodensee gefahren, über die damalige Zonengrenze hinweg, denn das war dann französische Zone. Er war wirklich umsichtig, denn es war Sonntag, und wenn er mich da abgesetzt hätte und die Franzosen hätten mich aufgegriffen, dann wäre es das Bergwerk gewesen, in Frankreich oder Belgien, keine Frage. Also hat er in Lindau auf der französischen Kommandantur ein Laissez-passer für mich erwirkt.

Er hat mich nach Wasserburg gefahren, über die Landstraße sind wir gekommen, die oberhalb des Dorfes entlangführt. Er ist nicht mehr mit mir heruntergekommen. Er hat mich an der Tankstelle aussteigen lassen und goodbye gesagt.

Ich bin die Gleise entlanggegangen, da, wo die Kohlenwaggons früher gestanden hatten, dann kommt die Güterhalle, 40 Meter noch bis zum Bahnhof und gegenüber die Bahnhofrestauration, Walsers Haus, die zwei Kastanien, die der Großvater im Jahr 1905 gepflanzt hatte, diese wunderbaren Kastanien … es war alles noch da. Auf dem Vorplatz sehe ich ein einziges Fahrradgemenge, eine Fahrradapoka-

lypse ersten Ranges, übereinander, nebeneinander, durch-
einander. Später habe ich erfahren, dass die Wasserburger
ihre Fahrräder abliefern mussten. Die französischen Trup-
pen, die Wasserburg besetzt hatten, das waren vor allem
Marokkaner. Und die hatten eine ungeheure Freude am
Fahrradfahren. Denen war das neu.

Jedenfalls komme ich da runter und sehe mein Wasserburg, und ich muss sagen, da wurde es mir ein bisschen, wie
sagt man da, mulmig!

Wenn ich an diesen Krieg denke, dann muss ich feststellen, dass ich das reine Glück gehabt habe. Vom ersten Mili-
tärtag an. Obwohl ich es weder wollte noch wusste. Ich habe
immer nur Glück gehabt. Ich wollte immer etwas anderes,
als mir passiert ist, aber mir ist genau das Richtige passiert.

4.

Entblößungsverbergungsvorgang

Über das Schreiben

Es gibt einen Satz von dir: «Meine Arbeit: Etwas so schön zu sagen, wie es nicht ist.»

Ja, jeder Roman wirft am Ende einen weißen Schatten. Mir wurde das zum ersten Mal bei Dostojewski deutlich. Warum lesen wir bei ihm noch die elendsten Szenen so gern? Weil die Wirklichkeit als geschriebene ihre Furchtbarkeit verliert. In einem meiner Romane bringen sich die beiden Frauen um, und der Mann, um den es geht, überlebt. Wenn man das so erzählt, beginnen die Leute unwillkürlich zu lachen. Ich habe es ausprobiert, das funktioniert sogar in China. Ich bitte dich, zwei Frauen bringen sich um – und die Leute lachen. Es ist übrigens nicht so, dass ich das absichtlich produziere. Ich habe nicht den Plan, einen Roman zu schreiben, in dem zwei Frauen und ein Mann in Liebe verstrickt sind, und dann bringen sich die Frauen um, während der Mann überlebt. Das produziert der Roman beim Schreiben. Meinetwegen schreibt es noch meine rechte Hand. Aber ich habe davon keine Ahnung. Die Geschichte folgt ihrer eigenen Notwendigkeit: Die Frauen können das nicht, und der Mann MUSS das überleben. Es war eine lie-

benswürdige Denkungsart, dass man gesagt hat: Literatur
erklärt die Welt. Aber ich finde, richtiger, besser, schöner
muss es heißen: Literatur verklärt die Welt. Denn die Welt
ist eine, die verklärt werden muss, weil sie so, wie sie besteht, schwer erträglich wäre.

Ist die Literatur nicht für das Böse zuständig? Das Grauen?
Den Schrecken?

Ich kenne den Schrecken. Ich habe die Angst meiner Mutter
geerbt. Sie hatte immer Angst – ich hatte immer Angst. Angst
vor der Wirklichkeit. Aber wenn ich Karl May gelesen habe,
habe ich eine andere Wirklichkeit kennengelernt, eine, die
ganz um ihre furchtbare Tatsächlichkeit gebracht ist. Das
reine Böse gibt es nicht. Und darum gibt es auch keinen
reinen Bösewicht. Ich liebe alle meine Figuren. Ich würde
mich nie tagelang, wochenlang, monatelang mit Figuren befassen wollen, die mir unsympathisch sind. Nur Liebe macht
produktiv. Als ich den Hesse-Preis bekam, 1957, habe ich in
meiner Rede gesagt, dass dem Schriftsteller beim Schreiben
alle Figuren sympathisch sein müssen, auch die, die der Leser
dann zu den unsympathischen rechnet. Dabei bin ich geblieben. Das beste Beispiel ist doch Reich-Ranicki! Im «Tod eines
Kritikers» taucht er ja unter dem Namen André Ehrl-König
auf. Wenn ich ein Jahr lang mit dieser Figur auf dem Papier
zu tun habe, dann muss ich ihn lieben! Auch ihn. Anders
geht es gar nicht. Dann habe ich ein zärtliches, gestisches,
Berührungs- und Erlebnisverhältnis. Ich mag doch nicht mit
jemand auf dem Papier umgehen, den ich nicht mag.

Und wenn du über dich selbst schreibst, magst du dich
dann auch?

Ich schreibe nicht über mich selber. Ich drücke mich aus mit Hilfe von Figuren. Ich bin allen gleich nahe. Im «Springenden Brunnen» liegt der Unterschied zwischen meiner eigenen Figur und den anderen nur darin, dass ich Johanns Perspektive vertrete. Er sieht den Ludwig und den Helmut. Sie sehen nicht ihn. Aber das ist in jedem meiner Romane so. Ich habe das bei meinem lieben Professor Beißner gelernt, aber ich hätte es als Leser von Kafka auch allein gelernt. Kafka ist ein streng perspektivisch gebundener Erzähler. Und so hängen auch meine Romane immer von einem bestimmten Standpunkt ab. Das ist übrigens eine fehleranfällige Methode der Konstruktion. Wenn man die Perspektivität versäumt, dann knirscht es im Gebälk, das merkt man schnell.

In deiner Doktorarbeit über Kafka hast du geschrieben: «Auch wenn man in der dritten Person erzählt, muss der Erzähler ganz sicher in seinem Helden ruhen, um nicht aus der ‹Rolle› zu fallen.»

Das heißt nur: Der Erzähler ist durch eine Figur an die Perspektive gebunden.

Also gibt es keinen Erzähler, der über die Figuren spricht?

Den gibt es schon, aber nicht bei Kafka. Bei Jack London zum Beispiel gibt es den Wechsel der Perspektive, und das Verblüffende: großartige Wirkungen.

Was bringt dich zum Schreiben?

Ich habe erfahren, dass durch Schreiben alles schön werden
kann. Die Verzweiflung in Sprache ist eben schön. Das Grau-
en in Sprache ist eben schön. Es gibt kein Glück ohne Unglück und umgekehrt, kein Unglück ohne Glück. Nichts ist
ohne sein Gegenteil wahr. Ich nenne das «Unglücksglück».
Das ist mein Seinszustand. Um ihn zu erhalten, schreibe ich.

*Im «Sterbenden Mann» denkt Theo Schadt an seine Liebe:
«Er könnte immer erst wieder atmen, wenn er einen Satz
fertig hätte ... Dabei weiß er überhaupt nicht, was er ihr
schreiben sollte ... Nur schreiben, schreiben, schreiben. Nur
an sie, sie, sie. Bis zur Bewusstlosigkeit. Das wäre die Erlösung, wenn er schriebe, bis er bewusstlos zusammensänke,
wenn möglich für immer.» Das ist deine Dreiheit, oder: Lieben, Schreiben, Leben? Keins ohne das andere.*

Mir ist kaum verständlich, wie man das Leben, ohne Romane zu schreiben, aushalten kann.

*Es gibt die Geschichte von dir, dass du einmal einen Zusam-
menbruch hattest, weil du beim Schreiben bis zum Ende des
Satzes den Atem anhältst.*

Ich hatte beim Schreiben das Atmen vergessen. Wenn das
wochenlang, romanlang passiert, dann wirkt sich das eben
aus. Es gab ein Herzproblem. Ich habe dann eine Zeitlang
nicht mehr schreiben können und danach kürzere Sätze
verfasst.

*Schreiben als Schmerz – und als Bewältigung des Schmer-
zes? In deinem «Meßmer» sagst du, der Schmerz sei «die*

vierte Kunst. Nach Musik, Malerei, Dichtung. Vielleicht sogar die erste.»

Oder so: Der Schmerz kommt von einem Mangel. Der Schmerz darüber, dass etwas war und jetzt nicht mehr ist. Der Schmerz, dass etwas nie war. Aber dafür gibt es die Sprache. Weil ich etwas nicht habe, habe ich die Sprache. Ich schreibe, weil mir etwas fehlt. Und wenn ich es hingeschrieben habe, habe ich den Mangel beantwortet. Der beantwortete Mangel macht die Welt schöner.

Schreiben ist wie Glauben?

Gott ist das, was einem fehlt.

Und wenn es keine Bedürfnisse mehr gäbe …

… dann würden keine Bücher mehr geschrieben. Im Paradies gibt es keine Romane.

Du schöpfst deine ganze Welt ex negativo? Gibt es Fülle nur aus dem Mangel?

Man kann die Fülle so feiern, dass man ihr den Mangel, aus dem sie stammt, nicht mehr ansieht.

Du hast einmal über Rudolf Borchardt geschrieben und seine Briefe an die geliebte Marie Luise Voigt. Darf ich aus diesem Text zitieren?
«Einen Brief, den vom Dezember 1919, darf man den Hauptbrief nennen. Auf diesen 79 Briefseiten hat Borchardt eine

Autobiografie seines Wesens geschrieben. Es gibt keinen, es kann keinen wichtigeren Text über ihn geben. Da steht: ‹Das Einfachste: Ich bin ein Dichter, und wahrscheinlich der einzige wirkliche Dichter unserer Zeit und vielleicht der letzte wirkliche Dichter Europas: d. h. kein reimender Schriftsteller wie X und Y, kein eleganter und anmutiger Epigone klassischer Stile wie Rudi (Rudolf Alexander Schröder), nicht ein hohes dichterisches Wesen mit Zauberanmut und leichtem Genieglanz wie Hofmannsthal, sondern durch und durch das, wovon George einige Adern hat.› Nie habe sie ihn mit der Weltschmerzmiene dichterischer Mission kokettieren sehen. ‹Ich spreche grundsätzlich beim Dichterischen nur vom Alleräußerlichsten, sobald es sich um mich selbst handelt.› Er sei ‹aus einer anderen Welt. Ein Menschenleib, der die sonst nicht mehr vorkommenden Urvorgänge der Menschen in sich beherbergt – Vorgänge, die nichts mit Kunst und Können, Fertigkeiten, Literatur zu thun haben ...: Gesichte, Schöpfungen, Eingebungen, Göttlichkeit, Weihung, Urgesetze, Urgesichter, Prophetie, Verkehr mit Ahnen, Opfer, Götterzwang und Götterversöhnung, Leitung und Weisung des Volkes, Erinnerung alles Gewesenen, Ahnung alles Künftigen, Zeitlosigkeit, Unsterblichkeit›. Wer nun glaubt, als Nichtsalsheutiger die Stirne runzeln zu müssen, dem gestehe ich gern, dass ich dieses für die genaueste Beschreibung des Dichterischen halte, die ich kenne. Vorkommend immer noch in jedem, der selber damit zu tun hat.»

Das ist sehr schön. Aber was ist mit der Wahrheit, die taucht gar nicht auf? Gibt es die?

Oh, die Wahrheit. Ja, Jakob, die sogenannte Wahrheit. In meinem Tagebuch habe ich einmal geschrieben: «Morgens lüge ich, mittags sage ich die Unwahrheit, abends erfinde ich etwas Passendes. So komme ich ganz gut durch.» Wir machen ja jetzt kein Seminar, aber wenn wir ein Seminar machen würden, dann würde ich den Versuch unternehmen zu beweisen, dass der Unterschied, den die Sprache zwischen Lüge und Wahrheit macht, ein Produkt bürgerlicher Selbstgerechtigkeit und Herrschsucht ist. Sprachlich sind Lüge und Wahrheit ein Kontinuum. Aber, bitte, man hat es sich doch sehr leicht gemacht mit der Wahrheit. Die Wahrheit wurde zum höchsten Wert. Für die Liebe, für die Religion, für die Geschichtsschreibung. Und dann kam Nietzsche und hat das alles umgedreht. Es gibt diesen lateinischen Satz: Fiat veritas, pereat vita. «Es lebe die Wahrheit, und gehe darüber auch das Leben zugrunde!» Daraus hat Nietzsche ein «Es lebe das Leben» gemacht: Fiat vita, pereat veritas! Nicht das Leben muss der Wahrheit dienen. Sondern die Wahrheit dient dem Leben. Das ist doch erwähnenswert.

Du willst auch niemanden von deiner Wahrheit überzeugen?

«Überzeugen ist unfruchtbar», hat Walter Benjamin gesagt. Wenn ich einen Roman schreibe, wenn ich einen Vortrag halte, dann veröffentliche ich das nur, weil ich wissen will, ob ich allein bin mit dem, was ich denke und wie ich denke.

Bedeutet dir der Begriff Schriftsteller viel?

Vor allem kann ich ihn mit meiner Herkunft kaum aussprechen. Wenn mein «Sterbender Mann» mit dieser Anrede be-

ginnt: «Sehr geehrter Herr Schriftsteller» ... Schrift-Steller.
Schrift-Steller. Herrje! Da geniere ich mich jedes Mal beim
Lesen.

Du genierst dich wofür?

Wegen des Dialekts: «Schriffscheller». Und wenn ich mir
Mühe gebe, es richtig auszusprechen, dann habe ich Angst,
dass die Leute merken, dass ich mir Mühe gebe.

Kann man nur mit Erfahrung schreiben?

Meßmer sagt: «Phantasie ist Erfahrung.» Als mir dieses Wort
so wichtig wurde, Erfahrung, da habe ich mir, wie gesagt,
den Satz von Fichte gemerkt: «Das System der vom Gefühl
der Notwendigkeit begleiteten Vorstellungen nennt man
auch die Erfahrung.» Erfahrung ist nicht beliebig. Keiner
kann die Erfahrung des anderen machen, sondern nur seine
eigene. Sie werden zu Vorstellungen, die mit Notwendigkeit
verbunden sind. Diese Notwendigkeit befreit – zumindest
eine Zeitlang – von Zweifeln. ERFAHREN heißt, eine Sache
bis zu ihrem Ende zu durchfahren. Erschöpfen. Ergeben.
Ertragen. So viele Verben mit so hohem Anstrengungswert.
Erfahren heißt eben auch, nicht aufzuhören, bevor du nicht
erfahren bist, bevor du nicht bis ans Ende der möglichen
Erfahrung gekommen bist. Das erfüllt mich mit einem Gefühl der Dankbarkeit.

Ausdenken ist das Gegenteil von Erfahren?

Absolut. Man wird nicht leicht sagen können, dass das, was wir uns ausdenken, mit dem Gefühl der Notwendigkeit verbunden ist.

Wie ist es mit AUSRECHNEN, kann man sich einen Text AUSRECHNEN? More geometrico, sozusagen? Kann man more geometrico einen Roman schreiben?

Da kann man die Wissenschaftslehre schreiben. Fichte! More geometrico, wenn man das ernst nimmt, bedarf es gar keiner Existenzen mehr. Ohne jede irdische Bedingung. Fichte hat seinen Daseinsbeweis more geometrico gemacht. Das musste er geradezu. Er war ein Leinewebersohn aus der Niederlausitz, der keinerlei gesellschaftliche Basis hatte, um sein Dasein sinnvoll abzuleiten. Also musste er es more geometrico machen. Erschienen ist seine Lehre zur gleichen Zeit wie Goethes «Wilhelm Meister», der in jeder Hinsicht das Gegenprogramm ist: Ihm gelingt alles von selbst.

Was ist eigentlich mit den Autoren, die schreiben, aber nicht veröffentlichen wollen?

Es gibt Leute, die schreiben und nicht wollen, dass das veröffentlicht wird? Davon habe ich auch schon gehört, und es gibt wenig, worüber ich so verwundert bin wie über diese Mitteilung. Im Ernst: Natürlich wollte Kafka nicht, dass seine Sachen vernichtet werden. Ich glaube niemandem, der sagt, er schreibe nicht für eine Öffentlichkeit. Das Schreiben selber ist schon ein Veröffentlichen! Die innigste Regung der Sprache anzuvertrauen! Die Sprache ist das Öffentliche. Ob man das Geschriebene dann veröffentlicht, das ist nicht mehr so wichtig wie das Schreiben selbst.

*Aber Wolfgang Koeppen und Siegfried Unseld haben lange
Gespräche geführt über nicht geschriebene Bücher. «Komm
bei mir vorbei, dass ich dir sage, was ich schreiben könnte,
schreiben werde, schreiben will», hat Koeppen an Unseld
geschrieben. Und: «Komm an meinen leeren Schreibtisch
voll von meinen Träumen.»*

Ja. Das klingt natürlich ganz toll. Aber Koeppen hatte irgendwann gelernt, dass Unseld ihn schon für das bezahlt,
was er nur vorhat. Aber das ist eine Spielidee des Literaturbetriebs: Jemand ist berühmt für alles, was er nicht geschrieben hat, der Verleger wartet jahrein, jahraus auf die
Texte, die niemals kommen. Das hat doch überhaupt keine
Bedeutung, keine Wesensqualität. Einer sagt, er will, er will,
er will – aber er macht nicht. Das findet der immer von
Langeweile bedrohte Literaturbetrieb natürlich sehr witzig,
sehr interessant.

Schreiben, das bedeutet, dass abends etwas auf dem
Papier steht, wovon eine Ahnung am Morgen noch nicht
möglich war. Ich kann mich in die Koeppenexistenzillusion
schwer hineindenken.

Kanntest du ihn?

Ich kann nicht sagen, dass ich ihn kannte. Als ich Radio-Re-
porter war, um mir mein Studium, mein Geld zu verdienen,
da hatte ich das Privileg, alles, was in Stuttgart mit Literatur
und Kultur zu tun hatte, behandeln zu dürfen. Eines Tages
hieß es: Wolfgang Koeppen kommt und liest. Ich erhielt den
Auftrag, am Abend zuvor im Hotel mit ihm zu essen. Gut, das
habe ich natürlich gerne gemacht. Ich weiß nicht mehr, was
ich gegessen habe. Aber ich weiß noch, was er gegessen hat.

Was denn?

Er hat, so etwas habe ich seither nie wieder erlebt, einen ganzen großen Topf voller Muscheln gegessen! Einen ganzen Topf! Und nachdem er das gegessen hatte, war da ein Riesengefäß, das nun noch voller aussah, weil sich die leeren Schalen darin noch höher türmten, als es die brav beieinanderliegenden vollen getan hatten. Ich habe da ganz gebannt und ununterbrochen zugeschaut und ein paar Fragen gestellt. Ich bekam damals 50 Mark pro Reportage. Ich weiß nicht mehr, worüber wir geredet haben – aber die Muschelesserei, die war enorm.

Magst du keine Muscheln?

Ich käme im Leben nicht auf die Idee, so etwas zu essen. Austern, ja, manchmal. Mit Nannen und Augstein habe ich in Hamburg Austern gegessen. Das macht man da wohl so.

Ich würde auch lieber in Hamburg Austern essen als in Stuttgart Miesmuscheln.

Von Koeppen habe ich natürlich die hervorragenden literarischen Reportagen wahrgenommen, «Ein Fetzen von der Stierhaut» und das Stück über Amsterdam, «Im Spiegel der Grachten». Aber «Das Treibhaus», sein Hauptroman über Bonn, das hat auf mich keinen so guten Eindruck gemacht. Aber dass mir in jener Zeit ein Roman eines Kollegen weniger Eindruck machte als seine poetischen Reportagen, ist kein Wunder. Ich war durch meine Kafka-Lektüre immer noch festgelegt.

Alles musste sein wie Kafka?

Kafka war alles. Ich hatte wenige Jahre zuvor in Regensburg an der Universität eine Zeitschrift in die Hände bekommen, das muss so 1946 oder 1947 gewesen sein, auf ganz schlechtem Vorwährungspapier gedruckt, die hieß vielleicht «Universitas». Darin fand ich «Die Verwandlung» von Kafka. Und damit war ich erledigt. Ich wollte einfach nur noch Kafka lesen. Aber es gab nichts zu kaufen von Kafka zu dieser Zeit. Kannst du dir das vorstellen: Du liest die absolut tollste Geschichte der Weltliteratur – und keine Bibliothek, keine Buchhandlung hat irgendetwas von dem Autor. Alles, was ich dann von Kafka in die Finger bekommen habe, habe ich verschlungen wie früher Karl May. Später habe ich meine Dissertation über Kafka geschrieben. Die hieß «Beschreibung einer Form». Ich habe die Kafka-Romane beschrieben, als wären sie Architekturen. Als ich angefangen hatte zu schreiben, da hätte ich mir zugetraut, Geschichten in einer Kafka-Art zu schreiben. Aber einen Roman – niemals. Es gab ja ein paar Autoren, die das versucht haben, Walter Jens zum Beispiel. Furchtbar, kann ich dir sagen. Es gab nur einen Kafka-Nachfahren in der Prosa, der gar nicht schlecht war, ein Italiener namens Dino Buzzati, «Das vergessene Fort». Aber das ist jetzt tatsächlich – vergessen. Ich weiß noch, wie es war, als ich das erste Mal bei der Gruppe 47 gelesen habe. Es war ein Text, der noch sehr von meiner Kafka-Lektüre lebte. Aber die Leute von der Gruppe 47 mochten das nicht. Die wollten lieber so Landser-Texte haben, hemingwaymäßig, alles ohne Adjektive. Damit konnte und wollte ich nicht dienen.

Nicht so schnell. Erzähl erst von deinem Studium.

Ja, das ist für mich der Beweis, dass ich in meinem Leben immer nur reagiert habe. Dass es da für mich nichts zu entscheiden gab. An den wichtigen Kreuzungen habe ich die Weichen nicht selber gestellt, das weiß ich. Also, es ist Frühjahr 1946, wir machen Abitur. In Wasserburg, Wiltrud, die Tochter des Arztes, mein Freund Helmut, der Sohn einer ausgebombten Familie aus Bochum, und ich. Wir drei Wasserburger fahren nach Bamberg, weil wir dort studieren wollen, und zwar an der philosophisch-theologischen Hochschule. Wir gehen ins Rektorat, wir drei, um uns vorzustellen bei seiner Magnifizenz. Dann kommt die Wiltrud heraus und ist fröhlich. Sie will dort Mathematik studieren, alles wunderbar, sie setzt sich hin. Es geht nun der Helmut hinein. Wir warten. Auch er tritt aus der Tür: Fröhlich, akzeptiert, er wird in Bamberg Medizin studieren. Nun gehe ich hinein. Aber da sagt seine Magnifizenz: «Sie können an dieser Hochschule nicht studieren. Ich will das nicht weiter erörtern, aber ihr habt mit euren HJ-Jungs den Gottesdienst gestört.» Ich war entsetzt, Jakob. Völlig entsetzt. Ich war nie HJ-Führer gewesen, und ich hätte alles gestört, aber nie den Gottesdienst. Wer mich so denunziert hat, war klar, der Standortälteste, der mich auch zur Partei gemeldet hat. Er hatte verwandtschaftliche Verbindung zu der Bamberger Magnifizenz. Sein Motiv, das ist meine Vermutung, er war etwa in meinem Alter und war, wie man das formulierte, scharf auf Käthe, meine Freundin. Aber es gab keine Verhandlungen. Es war nun so. Ich war verzweifelt.

Aber Wiltrud hatte irgendwelche Verwandten dort, die haben gesagt, ich solle es nicht so schwer nehmen, sondern

nach Regensburg gehen, dort gebe es auch eine philoso-
phisch-theologische Hochschule. Das habe ich gemacht.
Ich wurde angenommen. Und ich weiß heute: Wäre ich in
Bamberg geblieben, dann wäre mein Leben viel dürrer und
ärmer verlaufen.

Wie das?

In Regensburg gab es eine Studentenbühne. Ich war sofort
dabei. Man konnte zwar kaum studieren, aber man konnte
Theater machen. Ich habe «Leonce und Lena» von Büchner
umgeschrieben, es war toll, wir waren selig, die Hochschule hat uns fast nicht interessiert. Ein reiner Glücksfall. Ich
habe dort auch meinen Thomas kennengelernt, wir wurden
innige Freunde, ein wunderbarer Junge, den sehe ich noch
vor mir, seine Nasenspitze war wie eine runde Bergkuppe,
die gar nicht zur Nase gehörte. Der schrieb damals schon
Stücke. Die haben wir gespielt. Wir hatten ein echtes Reper-
toire. Aber er ist dann weg von Regensburg, der Laden war
ihm zu dürftig. Er ging nach Tübingen. Dort hatte er sich bei
Professor Beißner angemeldet. Das hatte ich auch versucht,
auch in Freiburg, aber ich war überall abgelehnt worden –
zu jung, nicht verwundet, nicht verfolgt. In Freiburg allerdings hätten sie mich genommen, wenn ich sechs Wochen
an der Reparatur der kaputten Universitätsgebäude mitge-
holfen hätte. Aber ich habe abgelehnt. Ich hatte wahrhaftig
genug Kohlensäcke geschleppt für mein ganzes Leben. Jetzt
sagt aber der Thomas, dass ich ihm hinterher nach Tübingen kommen soll, dass er das klären wird mit dem Professor
Beißner. Und das tat er dann auch.
  Friedrich Beißner hatte damals schon einen Ruf, weißt

du, er hatte an der großen Hölderlin-Ausgabe mitgearbeitet. Ich durfte bei ihm vorsprechen. Jakob, das war ein Mann der reinen Milde. Also bin ich eines Tages in Wasserburg in den Zug gestiegen und nach Tübingen gefahren. Ich hatte «Effi Briest» dabei, weil ich noch nie etwas von Fontane gelesen hatte. Das weiß ich noch. Weil der Professor Beißner mich gefragt hat, ob ich auch Fontane schon gelesen hätte, und ich konnte wahrheitsgemäß antworten: Noch nicht viel, aber Effi Briest, eben im Zug. Das scheint ihm gefallen zu haben. Ich wurde genommen. Und das war ganz wichtig, verstehst du? Auch in Tübingen habe ich bei der Studentenbühne mitgemacht. Es war das Jahr 1949, 200 Jahre Goethe. Also habe ich ein Goethe-Cabaret gemacht. Eines Tages hat sich das jemand vom «Süddeutschen Rundfunk» angesehen und nachher zu mir gesagt: «Kommen Sie doch in den Semesterferien als Volontär nach Stuttgart.» Das habe ich gemacht, und zwar in die Unterhaltungsabteilung. Das war der Anfang von allem.

Gut, aber wenn du in Bamberg geblieben wärst, dann wäre da irgendetwas geschehen, oder? Ergibt es wirklich Sinn, das Leben als eine Folge von Zwangsläufigkeiten zu sehen?

Ohne Regensburg kein Tübingen, ohne Tübingen kein Radio, ohne Radio kein Rest. Das war ein Verlauf von Entscheidungen für mein Leben, an denen ich nichts, aber auch nicht das Geringste mitwirken konnte. Ich konnte das nur akzeptieren oder ablehnen. Aber um etwas abzulehnen, dazu reichte meine Entschlossenheitskompetenz gar nicht aus. Das wäre von mir zu viel verlangt gewesen. Ich konnte nur akzeptieren, was mir als notwendig angeboten wurde.

Bestand damals nicht ohnehin ein gewisses Bedürfnis nach
Leuten, nach Ideen? Es gab genug zu tun, oder?

Das stellst du dir sicher falsch vor.

Von heute aus betrachtet, sieht man ein Meer von Möglich-
keiten.

Und ich hatte fast keine! Ich will in Bamberg studieren und
werde weggeschickt. Ich studiere in Regensburg und merke
bald, das Programm ist dürftigst, immer nur Thomas von
Aquin und die Geschichte der Oberpfalz. Nein, nein.

Mochtest du Thomas von Aquin nicht?

Die Magnifizenz, der Rektor selber, ein Geistlicher, hat das
nur vorgelesen. Es war furchtbar. Aber andererseits muss ich
sagen, dass auch ich zu den Menschen gehöre, die sich die
sogenannten Niederlagen viel besser merken als die Erfolge.

Ist denn überhaupt die Decke deiner Erinnerung überall
gleich stark?

Ganz und gar nicht. Es ist eben diese Zeit, die mir in einer
sonst unerreichten Erinnerungsfülle nahesteht, in der ich
alles viel deutlicher erinnere als davor und danach. Ich kam
in die Unterhaltungsabteilung. Da gab es eine Sendereihe
«Die klingende Wochenpost», ich habe kleine Couplets
geschrieben. Das waren Sechszeiler mit Melodie. Und für
jedes Couplet erhielt ich 20 Mark. Dann gab es die «Nör-
gelecke der Hausfrau» in schwäbischer Mundart, da haben

sich zwei Frauen gestritten. Ich habe die Namen vergessen ...

Mühleisen und Zehringer.

Ja, genau. Wo hast du das jetzt her?

*Jörg Magenau schreibt darüber in der Biographie, die er
über dich verfasst hat.*

Ah, ja, siehst du? Das ist ein sehr gutes Buch. Also Frau
Mühleisen und Frau Zehringer, die streiten sich, und ich
habe das geschrieben. Das hat Spaß gemacht. Und wieder
20 Mark. 20 Mark hier, 20 Mark da, 50 Mark hier, 50 Mark
da. Ich habe Geld verdient, verstehst du? Das erste Mal.
Nicht mit Kohlentragen, sondern mit Schreiben.

Über Geld müssen wir auch noch reden. Das merke ich mir.

Ja, das Geld. Ich hatte vom Kreis Lindau ein Darlehen von
1500 Mark erhalten, das gab es damals für Studenten. Aber
das Geld war nun schon weg. Ich musste in Stuttgart verdienen und in Tübingen studieren, das ging nicht. Also blieb ich
erst mal in Stuttgart. Ich bin in die Abteilung für Politik und
Zeitgeschehen gewechselt. Da ging es nicht mehr um Haus-
frauensorgen – obwohl mir die gar nicht so fremd waren.
Jetzt kamen andere Themen. Ich habe so viele Geschichten
gemacht, Sendungen über Kriegsheimkehrer und Obdachlose und Ausgebombte und junge Leute, die nur deshalb im
Gefängnis waren, weil sie aus dem Osten geflohen waren
und keine Papiere mehr hatten. Im Anno Santo 1950 war

das. Ich habe eine schwäbische Pilgergruppe nach Rom begleitet. Und jeden Tag von einem RAI-Studio eine Reportage
nach Stuttgart gesendet. Also, ich war ein Reporter.

Ja, das ist ein schöner Beruf. Fiel es dir leicht, diesen Weg
aus der Wasserburger Idylle in die Härte der Nachkriegs-
gesellschaft zu gehen?

Ich glaube, du stellst dir Wasserburg idyllischer vor, als
ich es zu jener Zeit erlebt habe. Ich war damals noch kein
Schriftsteller. Aber ich wollte einer werden. Und nichts war
mir lieber als die Wirklichkeit. Siehst du, ich schaffe meine
Romane doch nicht aus dem Nichts. Die Welt ist meine Zu-
lieferung. Du musst als Schriftsteller aus tausend Quellen
schöpfen. Und in dieser Zeit habe ich mir Quellen erschlossen, die nie mehr aufgehört haben zu sprudeln. Quellen,
die ebenso in Wasserburg und in Nonnenhorn liegen wie in
jenem Bunker in Stuttgart, den die Polizei damals räumen
sollte und in dem ich mit meinem Aufnahmegerät die sogenannten O-Töne einsammelte.

Du warst als Reporter auch das erste Mal bei der Gruppe 47.

Ja, das war das Treffen in der Laufenmühle im Welzheimer
Wald. Ich glaube, das war 1951. Da bin ich mit dem Über-
tragungswagen hingefahren. Wir haben die Kabel verlegt für
die Mikrophone, und ich saß mit dem Tontechniker im Wagen und habe gehört, wie die oben gelesen haben. Wer war
da? Hans Werner Richter, Armin Eichholz, Hermann Lenz,
Ilse Aichinger, Heinrich Böll auch? Ich weiß es nicht mehr.
Es kam dann der Richter runter zu uns in den Wagen und

fragte, wie es läuft. Und dann gibt es eine Geschichte, die kann ich nicht glauben, nach der ich zu Richter gesagt haben soll, dass wir vom Rundfunk die Sache technisch im Griff hätten, was aber die Schriftsteller oben betrifft, das kann ich besser: Aber ein solcher Satz wäre mir nie über die Lippen gekommen. Ich meine nicht einmal, dass ich den Mut gehabt hätte, ihn zu denken.

Das vielleicht schon?

Ich weiß hingegen, dass ich zu Richter gesagt habe, dass ich die Lesung gerne vom Saal aus miterleben würde. «Sie können sich jederzeit ganz nach oben setzen, bitte, in die letzte Reihe.» Immerhin, da war ich schon dankbar. Ich hatte also Gelegenheit, zwei Autoren zuzuhören, Franz Josef Schneider und Hermann Lenz. Damals war wie gesagt Hemingway groß in Mode. Jeder wollte mindestens ein kleiner Hemingway sein. Also las mein mir später sehr liebgewordener Franz Josef Schneider seine Landser-Geschichte über einen Soldaten, der irgendetwas mit einer Einheimischen erlebt, und dann kommen die Feinde, und dann muss er wieder gehen. «Liebe in Großwardein» hieß die Geschichte. Hermann Lenz hat auch etwas aus dem Krieg vorgelesen. Da gab es ein Schloss und einen Ball und Offiziere und eine geschwungene Wendeltreppe und eine Männerhand auf einer nackten Frauenschulter. Es war ziemlich kunstvoll ...

Ich sag ja, der Hans Werner Richter hatte dich schon richtig verstanden.

In der folgenden Diskussion habe ich mich gemeldet. Ich
kannte die Regeln nicht. Richter hat mich sofort unterbro-
chen und gesagt, Gäste dürften nicht das Wort ergreifen.

Hast du damals Ehrfurcht für diese Leute empfunden?

Neugier, Sympathie, für einige auch Bewunderung.

*Und war dir zu diesem Zeitpunkt klar, dass du einmal
Schriftsteller sein würdest?*

Für mich selber war ich es ja schon. Ich wollte nichts anderes sein.

*Zwei Jahre später hast du Richter einen Brief geschrieben
und gefragt, ob du beim nächsten Treffen der Gruppe etwas
vorlesen dürftest. Im Sommer 1953 war es dann so weit, in
Mainz. Ist das eine schöne Erinnerung?*

Dass ich an Richter geschrieben haben soll, davon weiß ich
nichts mehr. In meiner Erinnerung hat mich Walter Jens
dem Richter empfohlen. Und Jens kannte ich natürlich aus
Tübingen. Also ich mit meiner kafkaischen Prosa in diesem
Hemingway-Milieu. Vom Schlimmsten wurde ich gerettet
durch Wolfgang Hildesheimer und, glaube ich, Hans Werner
Henze. Auf jeden Fall von zweien ohne Hemingway-Touch.

*Du hast damals Siegfried Unseld mit zur Lesung gebracht.
Wart ihr schon gut befreundet?*

Ob Unseld selbst dabei war, weiß ich auch nicht mehr. Befreundet waren wir damals sicher noch nicht. Wir hatten beide in Tübingen studiert, aber er war, als ich anfing, praktisch schon fertig. Wir haben uns dann erst kennengelernt, als ich ein Manuskript bei Suhrkamp einreichte. Aber das war erst ein Jahr später, also 1954.

Nicht vergessen habe ich, was nachher passierte, als alle in Mainz die Treppe runtergingen, eine breite Treppe, wie es sich für ein Palais gehört, da wurde ich von Ledig-Rowohlt eingeholt. Der fragte dann: «Herr Walser, sind Sie verwandt mit Robert Walser?» Ich sagte: «Nein, nicht dass ich wüsste.» Und er: «Schade, sonst hätt ich Sie nach Hamburg eingeladen.» Das war natürlich ziemlich komisch.

Du bist doch so empfindlich gegenüber Zurücksetzung – das kam dir nicht von oben herab gesagt vor?

Nein. Das fand ich überraschend und sympathisch. An Ledig-Rowohlt gab und gibt es nichts zu mäkeln und zu kritisieren. Ich hatte ihn vorher schon einmal getroffen, aber ich weiß nicht, ob er sich daran noch erinnern konnte. Der Lektor Wolfgang Weyrauch hatte mich nach Hamburg eingeladen, ich sollte den Verleger kennenlernen. Ich hatte ein paar Sachen geschickt. Sie wollten es nicht drucken. Aber reden mit mir wollten sie schon. Ich bin nach Hamburg gefahren. Ob es dieses Zimmer im Verlag noch gibt? Ein Rechteck, man saß an einer langen Seite, und gegenüber gab es zwei Türen, durch die eine kam plötzlich Ledig-Rowohlt. Weyrauch und ich stehen auf und wollen eigentlich sagen, hier sind wir, aber Ledig ruft nur: «Schschscht! Ich bin gerade auf Großwildjagd!» – und verschwindet schon wieder. Es ging wahrscheinlich um Hemingway. Immer Hemingway. Sonderbare Zeit.

Magst du Hemingway nicht?

Ich habe sicher mehr als ein Buch von ihm gelesen und durchaus mit Bewunderung. Aber auch mit dem Gefühl, dass ich von ihm nichts lernen konnte.

Nicht «Über den Fluss und in die Wälder»? Der alte Colonel, der kommende Tod, Venedig, die Entenjagd in der gefrorenen Lagune ... Das ist doch wunderbar.

Ich war halt, wenn du willst, kafkaisch besetzt oder auch borniert. Für Entenjagd in gefrorenen Lagunen nicht zu haben.

Damals hast du dich dem sogenannten Literaturbetrieb genähert. Du wolltest da unbedingt rein: von Wasserburg an die Universität. Von der Universität zum Radio. Vom Radio zum Literaturbetrieb.

Ja, aber ich musste doch das Studium beenden. Einmal habe ich ein Interview gemacht mit seiner Magnifizenz, dem Rektor der Universität Tübingen. Ich bin mit dem Toningenieur und den Kabeln durch das Gebäude gelaufen, und da kam mir mein Professor entgegen, der liebe Beißner. Er winkt zu mir herüber und sagt in seiner ganz milden Art: «Ah, Herr Walser, Sie haben's auch aufgegeben?» Das war schlimm. Ich bin für das, was man gemeinhin ein schlechtes Gewissen nennt, in meinem Leben nie besonders anfällig

gewesen. Aber dieser Satz, der hat in mir sofort eine Um-
kehrnotwendigkeit ausgelöst. Ich bin zu meinem Chef-
redakteur gegangen und habe gesagt, ich müsse meine Dissertation schreiben. Drei Monate. Er hat mir eine Pauschale
angeboten, 500 Mark im Monat. Das reichte.

Aber du hast vom Literaturbetrieb gesprochen. Das
Radio war selbst ein Teil dieses Betriebs. Ich habe damals
eine Sendung mitentwickelt, «Zeichen der Zeit», einmal im
Monat, eine Stunde lang Literatur. Auch durfte ich Autoren
einladen. Und ich weiß noch, dass eine meiner ersten Ein-
ladungen Arno Schmidt galt. Das war ein Autor von ganz
unvergleichlicher, vollkommen strahlender Eigenständig-
keit. «Brand's Haide», «Die Umsiedler». Ich habe ihn sehr
bewundert, sehr für ihn geworben. Ich mag nicht sagen,
dass ich ihn entdeckt habe, das wäre eine Anmaßung. Aber
es war mir eine Freude und eine Ehre, ihn vorzustellen, ihn
herauszustellen. Ihm war es, so glaube ich, auch eine Freude. Er hat auf diese Weise und durch mich ein bisschen Geld
verdient, das kann nicht schaden für einen Schriftsteller.

Du hattest Macht.

Wie bitte?

*Na, du konntest ihn einladen und ihm nützen. Du warst der
Türhüter der Öffentlichkeit. Das ist doch Macht, oder?*

Vielleicht haben die, die ich eingeladen habe, das sogar gedacht. Aber ich hatte in Wahrheit weder ein Büro noch eine
richtige Funktion. Aber viel Interesse und Begeisterung!

Du hättest bleiben und in der Hierarchie aufsteigen können.

Ja, vielleicht wäre ich Intendant geworden. Das hat man mir
gelegentlich auch so gesagt. Ich bin ja durch Helmut Jedele
ziemlich weit hineingekommen in den öffentlich-rechtlichen Betrieb. Ich war ja noch beim Zeitfunk, da griff wieder Jedele ein und wurde eine Zeitlang mein Schicksal. Er
spaziert mit mir die Neckarstraße entlang und verkündigt
mir, dass der Intendant Doktor Fritz Eberhard – übrigens
der beste, liebste, gescheiteste, feinste Intendant, den ich
kennengelernt habe, geborener Graf Rauschenplat, dann in
der Emigration der neue Name, nach 45 in die SPD –, dass
der Jedele beauftragt habe, in Stuttgart das Fernsehen zu
gründen. Jedele zu mir: Er mache das, wenn ich mitmache.
Wir teilen die Arbeit, einmal ist er der Chef, dann ich, dann
wieder er. Ich wusste, dass das praktisch nicht möglich
war, aber er war nun einmal der sympathischste Mensch in
dieser Betriebswelt, da konnte ich einfach nur zusagen. Er
bot mir gleich mehr, als ich wollte. Ich wollte nur 500 Mark
im Monat, weil ich mehr Zeit nicht für das Fernsehen aufbringen konnte, da ich doch schreiben musste. Also wurde
ich Jedeles Berater, nahm an allen Sitzungen teil, reise mit
ihm und Hans Gottschalk nach Mailand, Paris und London,
um in Fernsehstudios zu lernen, was nötig war. Und einmal
im Monat mit Jedele zur ARD-Programmkonferenz jeweils
in einer anderen ARD-Stadt: Hamburg, Köln, Berlin usw.
So habe ich deutsche Großstädte kennengelernt. Ich musste
mich immer wehren, weil der liebenswürdige Jedele mir
immer mehr aufladen wollte. Ich wollte wirklich keine Kar-
riere in einem öffentlich-rechtlichen Sender, in dem, was du
Hierarchie nennst.

*Aber dem Überlebenskampf im Literaturbetrieb hast du
dich ja doch gestellt – da war der Radiotermin mit der
Gruppe 47 sozusagen eine Rekognoszierungsoperation.
Und deine erste Lesung dort der Angriff...*

Ich sehe schon, du hättest besser mehr von mir als von
Hemingway gelesen. Als 1953 die Einladung kam, bei der
Gruppe 47 zu lesen, Frühling oder Sommer 1953, ich weiß
es nicht mehr genau, musste ich mir überlegen, was ich da
eigentlich vorlesen wollte. Der Text, den ich wählte, hieß
«Das Gerät». Er handelte von meinem Vater, der in seinem
Zimmer immer einsamer wurde und sich schließlich in eine
Tapete verwandelt.

Oh, das klingt wirklich nach Kafka.

Ja, es ging um einen Handelsvertreter und eine Maschine,
eben dieses Gerät, das überhaupt keinen Sinn hat. Und am
Ende sitzt mein Vater in irgendeiner Stube, trocknet langsam vor sich hin und wird dann zu einem Teil der Tapete.

*Die sinnlose Maschine? Vielleicht hat Heinrich Böll die Idee
für seine Seifenschaumfabrik in «Es wird etwas geschehen»
bei dir geklaut?*

Heinrich Böll, dessen Texte ich damals sehr geschätzt habe,
hat sicher bei mir nichts geklaut. Die Zeit war nach solchen
Geschichten.

*Du hast Anfang der 60er Jahre in einem Artikel ein biss-
chen über die Lesungen der Gruppe 47 gespottet. Der Text*

ist ein fiktiver Brief an einen jungen Autor. *Da steht: «Du wirst spüren, dass du im Saal etwa mit der Aufmerksamkeit rechnen kannst, die in der Bahn, im Raucherabteil zweiter Klasse, einem Mitreisenden gezollt wird, der vom Hund seiner Schwägerin erzählt.» War es so schlimm?*

Dass der Erfolg, den mein Text «Das Gerät», den ich bei meiner ersten Lesung in der Gruppe 47 vorgetragen habe, einigermaßen überschaubar, das heißt eher bescheiden war, habe ich schon gesagt.

Dann war deine erste Begegnung mit der Kritik also gleich eine unglückliche.

Wahr ist, dass ich noch viel zu üben hatte. Ich musste mich auf die Suche nach meinem Ton begeben.

Du hast immerhin 1955 den Preis der Gruppe 47 gewonnen. Im gleichen Jahr erschien dein erstes Buch überhaupt – «Ein Flugzeug über dem Haus», ein Band mit Erzählungen.

Ja, aber meinen Ton hatte ich damals noch nicht gefunden. Es war die Suche nach einem Ton, den ich nicht gleich verwerfen musste. An dem ich festhalten konnte. Irgendwann gelang mir das – daraus wurde dann «Ehen in Philippsburg», die sind 1957 erschienen. Und in dem Jahr habe ich auch beschlossen, dass ich in Stuttgart und beim Radio nicht gut aufgehoben bin, wenn ich wirklich schreiben will. Wir sind dann nach Friedrichshafen gezogen.

Damit warst du dann wirklich Schriftsteller geworden. Warst du glücklich?

Jakob, ich hatte einen Ton. Ich hatte den Realismus – ein Wort, das man kaum auszusprechen wagt! Realismus! Furchtbar! Wer möchte einen realistischen Roman schreiben? Aber ich wollt ja meine Stuttgarter Erfahrungen erzählen, und das habe ich also so gut gemacht, wie ich es konnte. Das Buch war erfolgreich, ich habe den Hesse-Preis bekommen. 10 000 Mark – das war ungeheuer viel Geld, wenn du bedenkst, dass ich mit meiner 500-Mark-Pauschale beim Rundfunk gern zufrieden war. Ich habe den Scheck meiner Mutter gegeben. Sie sollte sehen, dass man mit Schreiben auch Geld verdienen kann. Natürlich bin ich in Baden-Baden, wo mir der Hesse-Preis überreicht wurde, abends in die Spielbank und habe ein bisschen verloren, aber nicht den Preis. Es war alles gut. Ich hatte mich von Kafka entfernt. Ich wusste, dass ich mit ihm die von mir gewünschte Dimension der Realität nicht würde erreichen können. Ich habe gleich beim ersten Roman eine Erfahrung gemacht, die sich später noch oft wiederholt hat: Der Schriftsteller ist nicht einer, der alles sagen kann, sondern einer, der sehr deutlich erlebt, was er nicht sagen kann. Ja, denn zum Gesagten gehört das Nicht-Gesagte immer dazu. So wie das Wort Unglück nur produziert wird, wenn über Glück gesprochen wird. Wenn ich etwas sage, dann merke ich erst, was alles ich nicht sage. Jedes Mal, wenn ich einen Roman geschrieben habe, ist mir ahnbar, spürbar, wünschbar geworden – der Roman, den ich nicht habe schreiben können.

*Nicht können – oder nicht wollen? Du hast mal gesagt: «Mit
allem, was ich sage, verschweige ich etwas, und ich bin in
dem, was ich verschweige, viel mehr enthalten als in dem,
was ich sage.»*

Es gibt keine Entblößung ohne Verbergung, keine Verbergung ohne Entblößung. Das ist das katholische Element.
Eine mögliche Schreibstimmung ist in der Tat, dass man sich
nicht traut. Darum ist das Schreiben ein Entblößungsver-
bergungsvorgang. Und tatsächlich war es für mich immer
ein unbefriedigender Ausgang, wenn ich mehr verborgen als
entblößt hatte. Aber die Spannung zwischen Entblößen und
Verbergen bleibt schreibspendend. Ich ringe darum, dass
die Sätze nicht einer sich gerade anbietenden, sondern einer
über sie hinausgehenden Handlung dienen. Jeder Satz soll
an sein Ziel kommen.

Ich hab, in «Meßmers Gedanken», eine Stelle, die heißt:
«Man empfindet, schreibt es hin, überprüft, ob es das ist,
was man empfand. Dann korrigiert man, was durch das
Hinschreiben anders geworden ist, als man wollte. Durch
das Korrigieren ist das, was durch das Schreiben entstanden
ist, vernichtet, ohne dass dadurch die ursprüngliche Empfindung fassbar geworden wäre. Man muss von vorne anfangen. Ohne die Absicht, einer bestimmten Empfindung
gerecht zu werden.»

Schreiben ist suchen?

Sprache ist andauernd produktiv, auch wenn sie sozusagen
vernichtet, ist sie produktiv. Sie führt immer zu etwas ande-
rem. Und diesen Weg, den erlebe ich beim Schreiben.

5.

Solange man Geld verdienen muss, muss man sich beleidigen lassen

Über Abhängigkeit

Was ist Geld?

Weißt du das nicht? Das lässt mich vermuten, dass du immer genug Geld hattest, sonst würdest du diese Frage nicht stellen.

Was ist Geld für dich?

Geld ist das Gegenteil von Angst. Das Wichtigste ist Unabhängigkeit. Und wahre Unabhängigkeit gibt es nur durch Geld. Das ist meine Erfahrung. In der immer gegenwärtigen Angst meiner Mutter vor dem Bankrott wurde mir die ganze Macht und Bedeutung des Geldes spürbar, erlebbar, erfahrbar. Als ich ein Kind war, hat das Geld darüber entschieden, wie angesehen einer im Dorf ist. Die wirtschaftliche Existenz ist die gesellschaftliche Existenz, ist überhaupt die Existenz. Später, und dann immer, hat das Geld darüber entschieden, ob ich schreiben kann oder nicht. Es fällt mir schwer, mich daran zu gewöhnen, dass ich niemals die Existenzangst verlieren werde. Es gibt ein Gefühl, das ich nicht kenne: Mein Geld reicht.

*Wenn dir das Geld eine solche Fessel ist, würde ich ver-
suchen, mich davon zu befreien.*

Dann bist du stärker als ich. Das kann ja sein.

*Man könnte auch sagen, wahre Unabhängigkeit findet man
nur in sich selbst.*

Ich bin froh, dass du nicht gleich gesagt hast: Freiheit in sich
selbst finden. Unabhängigkeit ist viel konkreter. Geld befreit
nicht nur. Es rechtfertigt auch. Gregor Samsa erwacht ja
auch deshalb als Käfer, weil er seinen Zug versäumt hat und
weiß, er wird nun das nötige Geld nicht verdienen können.
Also erlebt er sich als Parasit.

   Lieber Jakob, gewisse Erfahrungen, früh gemacht, bleiben bestimmend. Ich habe noch den Nachhall der Groß-
inflation der 20er Jahre erlebt. Vier Söhne auf dem kleinen
Hof in Kümmertsweiler: Thaddäus, mein Großvater, Cas-
par, lebenslänglich sein Knecht, Anselm, du erinnerst dich,
wohlhabend als Käsereibesitzer, und David, der im Allgäu
mit Käsehandel viel Geld verdiente und eines Tages alles
verkaufte, die Geldscheinsmasse auf einem Handwagen
heimzog, die Inflation kam ins Rasen, eine Semmel kostete 500 Mark, David war ruiniert und erschoss sich. Meine
Mutter, die nur die Volksschule in Gattnau besucht hatte,
sagte: Man darf die Schulden nicht ausgehen lassen, weil die
durch die auch in der Gegenwart noch herrschende Inflation
von selbst weniger werden. Ich habe für alles, was ich kaufte,
Kredite aufgenommen. Im Sommer 49 war ich durch Helmut Jedele Volontär in Stuttgart, beim Funk. Im Herbst bin
ich nicht zurück nach Tübingen, blieb zwar eingeschrieben,

aber studierte nicht mehr. Ich hatte zum ersten Mal Geld
verdient. Ich war Zeitfunk-Reporter. Ständiger freier Mitarbeiter, hieß das. 50 Mark pro Reportage. Und wenn ich die
Reportage noch an den NDR oder WDR verkaufen konnte,
noch einmal 25 Mark. Ich war spezialisiert auf den Kulturbetrieb. Ich konnte Fritz Kortner interviewen, wenn er in
Stuttgart mit einem Strindberg-Stück gastierte. Einmal, im
Winter, dirigierte Karajan im Großen Haus. Ich hatte gerade
im Funkhaus einen Sturz auf der Treppe gehabt, weil ich mit
einem Kollegen im Streit die Treppe abwärts gejagt war. Ein
Bein wurde geschient, mir war aber ein Interview mit Karajan zugesagt worden, also im Wintermantel und mit Stock
ins Große Haus und in der Vorhanggasse auf Karajan warten. Der kam auch, aber auf der anderen Seite. Ich musste
also quer über die Bühne hinken, bei offenem Vorhang,
das Theater schon fast voll, damals hatte man vom Über-
tragungswagen aus ein Kabel mit Mikrophon. Und ich über-
querte mit Mikro und Kabel die Bühne, noch keine Musiker
da, aber schon alle Notenpulte, und riss mit dem Kabel die
Geigenpulte um. Wie Karajan mich drüben empfangen hat,
kann man sich denken. Aber, lieber Jakob, öfter als Karajan waren Bürgermeister und Minister zu interviewen, weil
damals in den 50er Jahren andauernd Brücken eingeweiht
werden mussten. Auch zum Erfinder der Kinderwagen-
bremse bin ich 200 Kilometer mit meinem Technikteam
gefahren. Und nur weil ich dieses Geld verdiente, konnte ich
mit 25 riskieren zu heiraten. In Wasserburg meldete meine
Mutter mich auf dem obligaten Aushang am Gemeindehaus
als Rundfunkangestellten. Freier Mitarbeiter war ihr zu wenig. Also: ohne Geld keine Heirat, keine Kinder usw.

Verdienst du jetzt gut?

Die meisten Leute, die mir aus der Ferne zuschauen, halten mich für reich. Das entnehme ich den Adressen, die sie an mich richten, den Hilfsbegehren. Sie glauben einfach, dass ich Millionär sei. Ich bin sozusagen bekannt, und das übersetzen sie in Bargeld. Nun kann ich sagen, das stimmt leider nicht. Abgesehen davon, dass ich mich nie sicher fühlen werde, kann ich sagen, es geht uns gut genug. Das war, wie du dir denken kannst, nicht immer so. Selbst ein Buch wie das «Einhorn», das viele Monate auf der Bestsellerliste stand, hat damals doch nur zwanzig-, dreißigtausend Exemplare verkauft. Eigentlich waren wir erst seit dem «Fliehenden Pferd», wie man sagt, im Trockenen, das war Ende der 70er Jahre.

Schreibst du, um Geld zu verdienen?

Nein, das habe ich ein-, zweimal versucht, in den 60er Jahren. Aber es hat nicht funktioniert. Ich wollte damals Drehbücher schreiben. Für einen Dokumentarfilm über die Bayer-Werke war ich öfter in Leverkusen und habe alles über Fabriken und Farben und Chemikalien und Personal und ich weiß nicht, was sonst noch, gelernt. Ich habe versucht, das alles aufzuschreiben, aber es gelang nicht. Ich kann es nicht. Andere können es, ich nicht. Und nachher war es mit dem Versuch, aus «Madame Bovary» ein Drehbuch zu machen, auch nicht anders. Ich konnte es nicht, ich wollte es aber auch nicht. Ich wollte nur Geld verdienen, um weiter schreiben zu können.

Du brauchtest Geld, um dir das Schreiben leisten zu können?

Ja. Weißt du, ich habe doch ein paar – wenn ich das jetzt militärisch ausdrücken darf – Streifschüsse erlebt, zweimal exemplarisch. Immer vom mächtigsten Kritiker. Zuerst Friedrich Sieburg, FAZ, verreißt «Halbzeit» unter dem Titel «Toter Elefant auf einem Handkarren». Dann Reich-Ranicki über «Jenseits der Liebe» unter der Überschrift «Jenseits der Literatur». Und Reich-Ranicki war wirklich mächtiger als jeder heutige Kritiker. Und auch in der FAZ. Und die FAZ war damals wirklich eine wichtige Zeitung. Das ist sie heute übrigens immer noch. Jedenfalls habe ich diese Kritik als Hinauswurf empfunden. Als Vertreibung aus der Literatur: Du sollst nicht mehr schreiben! Aber das wäre die Katastrophe schlechthin gewesen. Kein Verlag, kein Geld, kein Schreiben. Ich musste Bücher verkaufen, um mir das Schreiben leisten zu können. Darum ist meine Erfahrung im sogenannten Literaturbetrieb dieselbe, die meine Mutter in unserer Wirtschaft gemacht hat: «Solange man Geld verdienen muss, muss man sich beleidigen lassen. Das muss jeder.» Diesen Satz habe ich in «Meßmers Reisen» geschrieben, und er ist mein Leben lang wahr gewesen.

Ging es denn im Dorf tatsächlich nur um Geld?

Die Wichtigkeit, die ein Nachbar für uns hatte, bemaß sich immer danach, wie wichtig er für unser kommerzielles Wohl war. Es ging nicht um Moral oder Ruf, sondern um die Bilanz.

Reputation zählte nicht?

Das hing doch zusammen. Ich erzähle es dir mit einem Beispiel. Wir hatten vor der Wirtschaft draußen eine Waage, im
Freien, Brückenwaage nannte man die. Die war sehr groß.
Die Bauern sind mit ihren leeren Karren daraufgefahren
– das war dann netto –, dann haben sie geladen, was sie
eben brauchten, Rüben, Stroh oder Holz, und dann sind
sie wieder daraufgefahren. Das war brutto. Diese Waage
musste man mit einer großen Kurbel hochdrehen, bis sie
frei schwingen konnte. Das war meine Aufgabe. Obwohl ich
es kaum geschafft habe, so schwer war diese enorme Kurbel
zu betätigen. Manchmal habe ich den ganzen Tag gewogen.
Und jetzt pass auf: 70 Meter weiter rein ins Dorf war das
Gasthaus «Zur Linde». Das war unsere Konkurrenz. Und die
hatten auch eine Waage. Sogar eine überdachte, in die man
hineinfahren konnte. Manchmal, wenn es regnete, haben
die Bauern sich gesagt: «Lass uns mal lieber bei der Linde
wiegen als beim Walser.» Ich befand mich also im Wettbewerb mit dem Gasthaus «Zur Linde». Wir haben für jedes
Wiegen, sagen wir mal, 10 Pfennig bekommen. Jetzt stell dir
den Unterschied vor, den es gemacht hat, wenn du am Tag
fünfzigmal gewogen hast oder nur zehnmal.

War das dein Ehrgeiz, viel zu verdienen?

Ich musste verdienen – aber ich wollte mich auch verdient
machen. Wenn ich gut gewogen hatte, also schnell und
gründlich – und du kannst mir glauben, dass sie es gründlich gewogen haben wollten, diese Wasserburger Bauern –,
dann wurde ich gelobt, von einem Bauern, vor dem ganzen

Dorf, so kam es mir jedenfalls vor, dass das ganze Dorf dann Zeuge dieses Lobs sein würde.

Und deine Mutter.

Und meine Mutter. Ja. Sie hat den Kampf um unsere wirtschaftliche Existenz mit unheimlicher Energie bestanden. Es gab für sie buchstäblich keine Grenze der Leistungsbereitschaft. Dasselbe hat sie von mir erwartet, ohne davon viel Aufhebens zu machen. Sie hat die Wirtschaft geführt und ich die Kohlenhandlung. Wir waren beide parallel tüchtig sozusagen.

Hat sie das respektiert?

Ja, natürlich. Sie hat es nicht gesagt, aber es war klar.

Das prägt.

Du sagst das so lakonisch. Ja, das prägt. Ich lese heute den Wirtschaftsteil vor dem Feuilleton, und meistens verbringe ich damit mehr Zeit. Und ich erinnere mich, meine ersten Texte und Gedichte schrieb ich in die Geschäftsbücher meines Vaters. Da war er schon tot. Aber er hatte diese Bücher hinterlassen, im Querformat, mit einem wunderbaren Papier. Da gab es Linien und Skalen für alle möglichen Eintragungen. Auf vielen Seiten waren nur ein paar Zeilen beschrieben, der Rest war leer. Die habe ich mit Gedichten vollgeschrieben. Was war das für ein Papier! Wie Eis so glatt, und darauf zu schreiben, das war wie Eiskunstlaufen.

Macht Geld denn auch Freude?

O ja. Ich gehöre nicht zu den Menschen, die es gerne aus-
geben. Solche gibt es ja. Es ist eine Weile her, dass ich mir
beispielsweise gerne ein neues Auto gekauft habe. Gut, da
war dieser Fiat 2100, das war ein bemerkenswerter Wagen.
Aber die Geldvermehrung ist eine reichere Quelle der Freude als die Geldverzehrung. «Verbrauch ist banal», heißt es
in meinem Roman «Angstblüte». Das ist ein Buch über die
Schönheit des Geldes und die Lust der Geldvermehrung.
Aus Geld wird mehr Geld, und aus diesem Geld wird noch
mehr Geld.

Du klingst wie Dagobert Duck.

Der Sinn für die Schönheit des Geldes ist die Steigerung und
Vervollkommnung der Idee der Freiheit. Ich sage: Geld ist
schön. Ich sage nicht: Geld macht schön. Da habe ich Beispiele gesehen, die für das Gegenteil sprechen. Darf ich dir
mal aus «Angstblüte» vorlesen? Der Held dieses Buches Karl
von Kahn ist ein erfolgreicher Anlageberater, also ein Geld-
vermehrer. Und der denkt so: «Erst wenn keine Gegenstän-
de mehr stören, wenn Geld ganz bei sich selbst bleibt, wenn
man durch richtige Fügung die Geldvermehrung bewirkt
und das vermehrte Geld wieder dazu bringt, sich zu ver-
mehren, erst da beginnt das Reich der Freiheit beziehungs-
weise die Kunst oder, was das Gleiche ist, die Religion, die
keinen reineren Ausdruck kennt als die Zahl, das Geistige
schlechthin.»

Das sind ungewöhnliche Ansichten für jemanden, der einmal beinahe Mitglied der DKP geworden wäre.

Richtig ist an deiner simpel polemischen Frage, dass ich dem Sozialismus, von dem ich einmal mehr hielt, heute nicht nur keine Chancen mehr einräume, sondern auch keine mehr wünsche. Aber selbst zu jener Zeit, da das noch anders war, hatte ich eine klare Vorstellung von den Beziehungen des Geldes. Ich habe Ende der 60er Jahre einmal einen Artikel in der lange untergegangenen Zeitschrift «Pardon» veröffentlicht, in dem ich genau vorrechne, dass Herr Flick beinahe 50 Millionen Mark an Dividenden kassiert und 90 000 Arbeiter seiner Firma in der gleichen Zeit nicht mal 30 Millionen erhalten. Die Frage der Abhängigkeit vom Geld stellt sich nun gerade für diese Leute sehr direkt und unmittelbar und ohne jede ästhetische Überhöhung.

Bist du denn selbst einmal als Investor aufgetreten?

So würde ich das angesichts meiner Mittel nicht nennen. Aber investiert habe ich schon. In den 60er Jahren ging es viel um Immobilien. Damals wohnten wir noch in Friedrichshafen, in der Zeppelinstraße 18, und die Bundesstraße 31 führte auf der Zeppelinstraße durch die Stadt. Die Gläser in unserem Schrank klirrten, wenn ein Lkw vorbeifuhr. Und als es nicht mehr nur vorstellbar war, sondern auch möglich, da begann ich in der Gegend nach einem Haus zu suchen oder nach einem Grundstück, auf dem wir bauen konnten. Da habe ich erst gekauft und dann wieder verkauft und dann wieder gekauft. Später habe ich über einen Makler geschrieben, da konnte ich das alles gut gebrauchen. Jetzt wohnen wir seit beinahe fünfzig Jahren im gleichen Haus am See. Allerdings, ohne die Theater-Einnahmen hätten wir es nicht geschafft. Der «Abstecher», die «Zimmerschlacht» und «Eiche und Angora» haben es gebracht.

Und das Herz der Finanz-Finsternis, der Aktienmarkt?

Oh, das wenige Geld, das ich heute habe, ist bei Vermögens-verwaltern gut aufgehoben. Ich habe selbst nur einmal den Versuch gewagt, mich als Spekulant zu betätigen. Das war in den 8oer Jahren, da habe ich Veba-Aktien gekauft, die ich ein paar Jahre später mit Gewinn wieder verkauft habe. Die Erfahrung war wertvoller als der Gewinn.

Liegt dir das Spielerische dieser Märkte nicht?

Nur zu sehr. Darum halte ich mich auch einigermaßen fern davon. Wie du vielleicht weißt, war ich früher ein an die Sucht grenzender Spieler. Das fing früh an. Als ich in Stuttgart beim Rundfunk war, zuerst in der Unterhaltungs-abteilung. 50 Mark für die Hausfrau, 20 Mark für jede sechszeilige Strophe. Dann bin ich zum Spiralroulette in die Eberhardstraße gegangen. Das ist toll, die Kugel wird oben in eine Spirale geworfen, und unten dreht sich die Scheibe. So habe ich mein leicht verdientes Geld auch leicht wieder verloren.

Aber das konntest du dir doch gar nicht leisten.

Nein, natürlich nicht. Darum ging es ja gerade.

Du hast im November 1958 in deinem Tagebuch geschrie-
ben: «Warum in dieser Zeit so viel gespielt wird! Warum
jeder mehr einsetzt, als er hat! Weil er den Reiz braucht.
Diesen letzten Reiz. Es gibt wenig Geizige in dieser Zeit. Sie
überziehen alle ihr Konto!»

Ja, alle, die noch am Leben waren und sich dessen plötzlich
bewusst wurden, haben ihre Konten überzogen. Nicht nur
beim Roulette.

Wurde das Spielen zum Problem?

Auf Dauer auf jeden Fall. Einmal sollte ich eine Reportage
über die Jungfernfahrt eines neuen Schnellzugs machen,
der von Kreuzlingen am Bodensee nach Lugano fuhr. Das
war mir sehr recht. Auf diese Weise hatte ich einen guten
Grund, am Abend zuvor nach Konstanz ins Hotel zu gehen.
Denn da gab es etwas Ähnliches wie eine Spielbank. Keine
seriöse, sondern im Hinterzimmer eines Lokals. Da habe ich
also bis drei Uhr morgens gespielt und alles verloren, was
ich am nächsten Tag verdienen sollte. Aber am nächsten Tag
verschlafe ich. Ich verpasse die Jungfernfahrt. Der Zug fährt
ohne mich ab, ich muss ein Taxi nehmen, den Fahrer bitten,
mich so nach Frauenfeld zu fahren, dass ich vor dem Zug
dort sein würde. Anstatt mich in einen Käfer zu verwandeln,
springe ich aus dem Bett und in ein Taxi. Das gelang.

Wie spielt man denn Roulette, wenn man es ernst nimmt?

Man sollte überhaupt nur spielen, wenn man es ernst
nimmt! Ich fürchte, ich habe es damals zu einer gewissen

Routine gebracht. Mein mathematischer Verstand war nie so
weit entwickelt, dass ich jeweils genau die Gewinnchancen
einer bestimmten Setzkombination hätte ausrechnen können. Ich habe oft und gerne mehrere Chips in bestimmten
Kombinationen gelegt, zum Beispiel Finalen. Da setzt man
auf alle Zahlen, die gleich enden. Finale 4 ist also 4, 14, 24,
34. Man kann Cheval spielen, also auf benachbarte Zahlen
setzen. Oder man kombiniert Finale und Cheval zu Che-
vaux-Finalen. Bei der Finale 4/7 setzt man auf 4/7, 14/17 und
24/27. Das war übrigens eine ganz wichtige Gemeinsam-
keit mit Helmut Jedele. Er spielte auch, sooft es ging. Wenn
Programmkonferenz in München war, waren wir abends in
Bad Wiessee in der Spielbank. Und wenn die Konferenz in
Baden-Baden stattfand, war es klar, wo wir den Abend ver-
brachten. Er hat übrigens immer mit der Bank gespielt, ich
immer gegen die Bank. Er hat mehr gewonnen bzw. weniger
verloren als ich.

Wann warst du das letzte Mal im Casino?

Das wird Ende der 70er Jahre gewesen sein.

*Martin, das kann nicht dein Ernst sein, dass du das alles
noch im Kopf hast!*

Es gab mal eine Zeit, da war beinahe nichts wichtiger für
mich als das. Du musst dir vorstellen, dass die Zahlen der
Nacht mich am nächsten Tag verfolgt haben, mich nicht los-
gelassen haben. Ich saß am Schreibtisch und wollte schreiben, musste schreiben. Aber ich habe nur das Spielfeld vor
mir gesehen: Was habe ich falsch gemacht, hätte ich die ein-

fachen Einsätze, wenn sie verloren waren, sofort verdoppeln müssen usw. Ich musste aufhören. Ich hätte auf die Dauer vermutlich Haus und Hof verspielt. Aber davor hat mich das Schreiben gerettet. Auch davor. Ich habe aufgehört zu spielen, um weiter schreiben zu können.

Du hast zu diesem Zweck Ende 1959 sogar einen Brief an Unseld geschrieben, in dem du dich selbst zur Abstinenz verpflichtest: «Ich gehe nicht mehr. Das ist sicher.» Wie ein anonymer Alkoholiker.

Ich sage ja, in jener Zeit neigte ich, wenigstens was das Spielen angeht, zur Sucht.

Du hast aber nicht viel über das Spiel geschrieben.

Wahrscheinlich, weil das Leben meiner Figuren auch ohne Sucht schon schwierig genug war.

Der Makler Gottlieb Zürn hat gespielt.

Ja, zu dem passt das.

Wie geht es denn zu in der Welt des Spielers?

Es gibt da zwei verschiedene Physiologien. Wenn man alleine und verbissen mit der Dauerkarte in der Tasche von Friedrichshafen nach Lindau fährt, dann ist das ja die Trostlosigkeit selbst. Das kann man auch nur allein machen. Das erträgt geradezu keine Zeugen. Man muss es verheimlichen. Die einzigen Zeugen, das sind diese anderen traurigen Gestalten, die sich dort eingefunden haben, dieser traurige Beamte, der aus der Schweiz herüberkommt, der Pleitier aus dem Allgäu, die verlorenen Seelen aus Bregenz. Gut, dann bist du also einer von denen. Das ist die berufsmäßige Seite des Spielens. Es gab ja eine Zeit, da hatte ich die Idee, ich könnte vom Spielen leben. Also mit dem Spielen genug Geld verdienen, um mir das Schreiben leisten zu können. Das hat natürlich nicht funktioniert.

Bist du leichtfertig?

Ich bin nicht leichtfertig. So erlebe ich mich nicht.

Hältst du dich für pflichtbewusst und diszipliniert?

Ich halte mich für ängstlich. Ich will nichts falsch machen.

Du hast von deiner beinahe verpatzten Reportage über die Jungfernfahrt des Schweizer Schnellzuges erzählt. Aber jemand, der Angst hat und nichts falsch machen will, verschläft doch nicht und verpasst den Zug, nachdem er das Geld in der Spielbank durchgebracht hat.

Ich glaube, es war die Schuld des Portiers.

Spielst du heute noch?

Nur Lotto. Das allerdings regelmäßig. Einen Samstag ohne Lotto will ich mir nicht vorstellen.

Und Uwe Johnson hatte mal vorgeschlagen, dass du nach Berlin ziehst?

Er wollte uns ein Haus beschaffen. Hat aus dem «Tagesspiegel» immer die Immobilienseiten geschickt. Da glaubst du dann, dass du das auch willst. Weil du das andauernd mitmachst. Dieses Nach-Berlin-ziehen-Müssen. Du schaust die Immobilien an, wunderbar, da in einem Berliner Vorort, für 300 000 Mark, die tollsten Altvillen! Und wir haben es nie gemacht. Wir haben sie nie angeschaut.

Warum nicht?

Ich weiß nicht genau, warum. Aber da kann man jetzt mal sagen: Man ist nicht verpflichtet, seine Instinkte andauernd zu überprüfen, kritisch zu überprüfen. Ich kann sagen, dass ich nicht wegwollte von da, wo wir wohnten. Dass wir nicht nach Berlin gezogen sind, das war Instinkt. Und ich muss den nicht rationalisieren. «Tagesspiegel», Immobilien, mein Gott, ich sehe diese Anzeigen noch heute. Was da an Jugendstilvillen angeboten wurde. Und während der gleichen Zeit habe ich aber auch das Immobiliengeschäft am Bodensee andauernd überprüft. Hingefahren, angeschaut, angeschaut, gesprochen, Vertrag unterschrieben, storniert usw. Weil ich näher an den See wollte. Noch näher, als wir wohnten. Und weg von dieser Zeppelinstraße, die eine Durchgangsstraße war. Und das hat dann eben auch zu dem Erfolg geführt in Nußdorf. Davor hatten wir aber schon zwei Plätze gekauft gehabt.

Was meinst du, zwei Plätze gekauft gehabt?

Wir wohnten ja da im Haus meines Schwiegervaters.

Ja.

Und ich wollte, Entschuldigung, was Eigenes. Und ich wusste, ich muss einen Platz kaufen und dadrauf bauen. Also
habe ich zuerst in Lindau-Reutin auf der, glaube ich, Bäu-
erlinshalde einen Platz gekauft mit wunderbarer Aussicht
über Lindau weg, bis an den See und in das Rheintal hinein.
Der hat 14 000 Mark gekostet. Und als ich ihn hatte, wusste
ich, da will ich nicht wohnen. Den See sehen, Postkarte, so
weit weg, und dann habe ich den Platz verkauft, für 20 000
Mark, und habe sofort einen Platz gekauft in Immenstaad,
der war nur noch 250 Meter vom See weg. Aber noch ganz
schön Häuser dazwischen. Als ich ihn hatte, wusste ich: Da
will ich nicht sein. Dann habe ich wieder, auf jeden Fall ohne
Verlust, verkauft. Und dann habe ich einen Seeplatz gekauft
in Langenargen. Für 300 000 Mark.

Nur das Grundstück?

Und als wir den Platz hatten und dann dahin sind zum Baden, da stand in der Zeitung, dass 20 Meter weg das Strand-
bad geschlossen wird wegen ...

... Gift im Wasser oder was?

So hieß das nicht, irgendwelche Kolibakterien. Also der Bodensee war ...

... schmutzig.

Ja, dann habe ich doch sofort einen Klempner ein Floß bauen lassen mit zwei Blechröhren und darüber ein Steg und Rudern, dass ich mit den Kindern über die Giftzone hinausrudern konnte. Da haben wir uns dann einen Sommer lang auf diesem 300 000 Mark teuren Grundstück über das verdreckte Wasser hinaus bewegt. Und ich wusste: Da kann ich nicht bleiben. Also zurück zum Makler: Verkaufen Sie mir das, bitte. Und das habe ich mit Verlust verkauft. Also zumindest habe ich die Gebühren von 15 000 Mark verloren. Und dann das Weitersuchen, weiter und weiter. Und dann das Wunder: Nußdorf! 490 000 Mark, dann habe ich ein Jahr noch verhandelt mit dem, nicht mit dem Besitzer selber, sondern mit dem Immobilienhändler. Bis ich dann gesagt habe: Es geht nicht, zu teuer. Dann hat der Immobilienhändler in Konstanz gesagt: Gut, Herr Walser, dann gehe ich mit 5000 Mark meines Honorars runter. Dann habe ich gesagt: Gut, ich mache es. Und dann krieg ich das. Dann hätten wir zufrieden sein können, wenn es da nicht so schön gewesen wäre, dass ich ein schlechtes Gewissen hatte: ein Seegrundstück! Und dann habe ich angefangen, öffentlich gegen den Privatbesitz am See zu agieren!

Nein!

Ich habe das in der Zeitung geschrieben, ich konnte mich sogar, glaube ich, auf Franz Josef Strauß beziehen, der erreicht hat, dass es am bayerischen Seeufer viel mehr öffentliche Wege gab. Ich hatte schon die Erfahrung gemacht, wenn man da wohnt, dann liegt man nicht drunten am Wasser. Am Wasser liegen nur die, die nicht da wohnen. Also, wir können ruhig einen öffentlichen Weg da unten haben, und das hielt ich für absolut notwendig. Und dann kriegte ich von den Mitbesitzenden in dieser Straße furchtbar böse Briefe, die sie mit Scheiße in den Briefkasten gelegt haben. Und ein ganz Kluger, der Wankel hieß und den Wankelmotor erfunden hat, der hat mir geschrieben: «Sehr gütig, Herr Walser, Sie wissen nicht, wie schrecklich das Ufer ist, wenn es veröffentlicht ist. Was hier dann alles liegen bleibt.» Und so weiter. «Also bitte, seien Sie vorsichtig.» Und ich, Jakob, das kannst du Käthe heute noch fragen, ich wollte das dann sofort wieder verkaufen. Nicht wegen der Finanzen!

Aus schlechtem Gewissen?

Ja, ich hab gesagt: «Käthe, jetzt können wir das verkaufen, und lass uns einen Hof fünf Kilometer im Hinterland kaufen.» Und ich hab's dem Immobilienhändler gegeben, und die Leute sind schon gekommen, um das anzuschauen, einer aus Berlin, und ich bin ja auch gleich zum Herrn Butscher, zum Bürgermeister. Und hab gesagt: «Herr Butscher» – da war Nußdorf noch selbständige Gemeinde –, «wir müssen das Seeufer öffnen!» Da hat er gesagt: «Oh, Herr Walser, das haben wir hinter uns, ich hab schon eine Abstimmung machen lassen. Im Dorf. Von 600 Stimmen waren 400 dagegen, dass das Ufer geöffnet wird. Das können Sie vergessen.»

Aha, es waren also auch die dagegen, die davon profitiert hätten.

6.

Die Liebe der Körper ist nichts, wenn die Poesie fehlt

Über die Stufen der Liebe

Martin, die Liebe und die Frauen?

Darauf habe ich doch bereits reagiert. Ich habe gesagt, dass ich über Hauptwörter nicht reden kann.

Dann über lieben.

Heilandzack, Jakob! Müssen wir denn darüber getrennt von allem übrigen Sachlichen sprechen? Kann denn das nicht vorkommen, wenn es vorkommt? Auch wenn wir uns auf das Verbum konzentrieren, lieben, dann wirkt es so erklärungserzwingend. Sollen wir dann über das «an sich» reden? Also essayistisch? Das glaubst du doch auch nicht.

Wieso?

Ja, bitte schön. Was möchtest du gerne wissen? Willst du mich jetzt fragen, welche Rolle Frauen in meinem Leben gespielt haben und spielen?

Nein, ich habe inzwischen begriffen, dass du das Allgemei-
ne nicht schätzt. Mein Interesse ist allgemein. Aber ich be-
friedige es durch konkrete Fragen. Die Antworten ergeben
dann in der Summe etwas Allgemeines. Ich kann dich bei-
spielsweise fragen, welches die erste Erinnerung an die
Empfindung von Liebe war.

Sehr komisch. Wenn ich das beantworte, da lande ich in der
reinen Idylle – und von der kann ich nicht reden. Höchstens
schreiben. Stell dir mal vor, wenn ich dich frage: Wann hast
du dich zum ersten Mal verliebt?

Ja, das könnte ich ziemlich genau sagen.

Und du würdest dann ein Datum oder einen Inhalt angeben?

Ich würde von einem Menschen erzählen und einem Zu-
sammenhang. Auch wenn ich das Datum nicht kenne,
könnte ich das Geschehen und Empfinden durch Nachden-
ken in einen zeitlichen Rahmen fügen.

Und was wäre das für ein Inhalt? Der vermutbarste Inhalt
überhaupt?

Eine schöne Geschichte.

Schöne Geschichte? Dann erzähl mal eine, damit ich weiß,
welche Art von Geschichte es sein kann.

Das erste Mädchen, das mir in meinem Leben aufgefallen
ist, war ein Mädchen aus dem Zirkus. Der hat bei uns auf

einer Wiese sein Zelt aufgebaut, und das Mädchen ist zu uns in die Volksschule gekommen, so sagte man das damals. Und siehst du, es hat mich erstaunt und auch gefreut, als ich im «Springenden Brunnen» von deinem Zirkusmädchen Anita gelesen habe. Ein hübscher Zufall. Mein Zirkusmädchen hatte lange Haare und ein weißes Kleid, und ich wäre gerne in den Zirkus gegangen und hätte sie da gesehen. Sie wird ja in der Vorstellung irgendeine Rolle gespielt haben. Aber ich war in der dritten Klasse und neun Jahre alt, und eines Morgens war sie wieder weg.

Ja, so einen Zirkus und ein solches Mädchen habe ich in meinem Roman beschrieben. Der Zirkus heißt La Paloma und das Mädchen Anita. Mein Johann fährt ihr ja nach. Nach Langenargen. Das ist genau die Geschichte. Obwohl ich sie nicht erlebt habe.

Das ist alles ganz wunderbar zu lesen. Der Zirkus, die sechs Wagen, die Trompete, der Muskelmann, der römische Rennwagen mit den zwei Ponys und Anita, die Augenwimpern hatte wie kein Mensch sonst. Du sagst, du habest das nicht erlebt – aber dein Johann ja auch nicht. Er fährt ihr ja nicht wirklich nach, sondern träumt nur davon, ihr nachgefahren zu sein. Für mich war das die schönste Stelle im Buch.

Es freut mich, dass du das sagst. Ja, nicht wahr? Er fährt ihr hinterher, und nachher ist nichts geschehen, nur sein Hund hat nicht gefressen, und in seinem Heft findet er einen Aufsatz, den er nicht geschrieben hat.

Kein Wunder. «Wieviel Heimat braucht der Mensch» heißt sein Aufsatz. Und so heißt auch ein Text von Jean Améry aus dem Jahr 1966. Ich habe diese Verbindung beim Lesen natürlich nicht selber gezogen, ich habe sie mir zeigen lassen in einem Buch der Literaturwissenschaftlerin Susanne Klingenstein. Es ist alles, wenn ich das sagen darf, wirklich ganz besonders kunstvoll gemacht.

Aber ich habe das nie erlebt.

Gab es in der Wirklichkeit kein Zirkusmädchen?

Es gab einen Zirkus, und es gab eine Zirkusfamilie, und die Zirkusfamilie hatte auch eine Tochter. Ich weiß nicht mehr, wie sie hieß. Sie war schon faszinierend. Als ich dann den Roman schrieb, da habe ich das Riskante einer ersten sogenannten Liebe, alles, was ich damit erlebt zu haben glaube, auf dieses Zirkusmädchen konzentriert. Aber immerhin, der Zirkus hat tatsächlich bei uns im Hof sein Zelt aufgeschlagen, zwischen den Bäumen.

Ging sie denn in dieser Zeit bei euch in die Schule?

Nein, das nicht. Aber in den Kommunionsunterricht. Ich hoffe, dass ich jetzt von der Wirklichkeit spreche, nicht vom Roman. Aber ich glaube schon, dass es die Zeit unserer Erstkommunion war, und sie sollte kurz davor am Unterricht teilnehmen. Wenn es so war, und meine Erinnerung sagt es mir so, dann ging sie natürlich mit den Mädchen, ich mit den Buben. Das muss schon so gewesen sein. Aber alles, was ich dann davon erzähle und sehr konkret erzähle, ist mein Bedürfnis. So, wie es hätte gewesen sein sollen.

War dein Johann mit elf in der Pubertät?

Ein schreckliches Wort.

Ja, finde ich auch. Es klingt wie eine Krankheit.

Also Johann war sicher in der Pubertät, obwohl er nicht gewusst hat, was das ist. Von heute aus gesehen, darf man sagen, dass das, was so komisch heißt, die Zeit der höchsten Empfindlichkeit ist, und während man das erlebt, diese blühende Kraft, diese Sehnsuchtssüchtigkeit, dieses vor nichts Halt machen wollende Umarmungsbedürfnis, ein reines Leid ist und kein bisschen Erfüllung. Solange es in einem tobt, weiß man nicht, dass man ein Leben lang von dieser Zeit gestimmt sein wird. Alles, was noch kommt, ist gestimmt von der grandiosen Stimmung des Anfangs.

Ich habe dieses Wort Pubertät bei dir überhaupt nur einmal gelesen – und da lässt du es ausgerechnet Goethe sagen. Im «Liebenden Mann» heißt es: «Einige Naturen erleben eine wiederholte Pubertät, während andere nur einmal jung sind.»

Die Formulierung hat Goethe 1828 gegenüber Eckermann benutzt. Die beiden reden über Alter und Jugend und wie wichtig es sei, dass sich in den Staatsämtern Männer von jugendlichem Alter fänden. Eckermann wendet ein, dass es Männer gebe, denen auch im hohen Alter genügend Energie und Beweglichkeit für wichtige Geschäfte nicht fehlten. «Solche Männer und ihresgleichen», erwidert Goethe, «sind geniale Naturen, mit denen es eine eigene Bewandtnis hat;

sie erleben eine wiederholte Pubertät, während andere Leute nur einmal jung sind.» Mit dem Wort Pubertät hatte ich bei Goethe nicht gerechnet. Und dann bin ich auf die Idee gekommen, dass ich den Literaturbetrieb damit ein bisschen ärgern könnte. Ich schreibe, dass auch ein alter Mann noch seine Pubertät erleben könne. Dann erregen sich die Kritiker über den alten Walser – denn das tun sie zuverlässig –, und dann stellt sich heraus: Es war nicht Walser, es war Goethe. Gut, nicht?

Ja, und ein bisschen pubertär.

Umso besser! Ich behielt ja auch recht. Es war Cabaret-reif, was dieser sogenannte Betrieb sich dann geleistet hat. Offenbar habe ich mehr als ein Buch geschrieben, in dem Männer älter sind als ihre sogenannten Geliebten. Das wurde mir zielsicher vor allem von Kritikerinnen übel genommen, mit ziemlich schlimmen Worten.

Man hat dir Altersgeilheit vorgeworfen. Ich weiß gar nicht, was das ist.

Das liegt daran, dass man es dir noch nie vorgeworfen hat. Man soll sich als alternder Mensch offenbar schämen für etwas, das jungen oder doch jüngeren Menschen noch durchaus erlaubt ist. Aber der Unterschied zwischen Alten und Jungen ist nicht so groß, wie diese Kritikerinnen meinen – warum eigentlich immer Frauen? Ich habe mal etwas über Goethe geschrieben, da lasse ich ihn sagen: «Alte wollen, was Junge wollen. Sie kriegen es bloß nicht.» Gut. Jedenfalls habe ich also diesen Vorwurf kommen sehen und wollte ihn, wie man sagt, ausheben. Goethe ist 72 Jahre alt, seine Ulrike ist 19. Aber keine dieser Kritikerinnen hat es mir oder dem Buch übel genommen!

Weil es Goethe war.

So ist es. Verstehst du? Das Goethe-Beispiel hat sie sozusagen hingerissen. Der durfte das. Man erkennt daran eine gewisse Bedingtheit des literarischen Betriebs.

Nimmst du das denn auch für dich in Anspruch, eine solche «wiederholte Pubertät»?

Reifung bedeutet vor allem Verlust. Die Erwachsenen verlieren viel. Ich habe kein Interesse an einem Menschen, der das Kind in sich verloren hat. Es bleibt glücklicherweise nicht nur den genialen Naturen vorbehalten, das Kindliche in sich zu retten. Ich kann es sehen, wenn ich den Leuten ins Gesicht blicke. Aber es ist noch etwas anderes mit dem, was Goethe meint. Die Liebesfähigkeit ist die reine Lebendigkeit. Goethes Liebe zu seiner Ulrike, der er beim Spazierengehen in Marienbad den Arm um die Taille legt, unterscheidet sich in nichts von der Liebe meines Johanns zum Zirkusmädchen Anita – obwohl Goethe damals über siebzig Jahre alt ist und Johann von dem Wort Liebe sicher nichts hätte wissen wollen.

Wie hätte er es genannt?

Die vollkommene Ausdrucksweise für alles Erotische war: Er geht mit ihr. Damit war alles gesagt. In diesem Dorf waren alle Kinder eines Jahrgangs dauernd stürmisch miteinander verbunden. Wir haben uns bemüht, uns Spiele auszudenken, die dazu führen mussten, dass wir uns – vorzugsweise am frühen Abend – irgendwo gemeinsam verstecken mussten, in einem Winkel, in einer Hütte, in einer Nische. Dort steckte man für die möglichst lange Dauer des Spiels eng neben einem Mädchen.

Mädchen – das war schon das Ziel?

Das Ziel, ja. Hast du dieses Wort jetzt absichtlich gebraucht?

Wie meinst du das?

Ziel – das ist das Wort aus dem «Springenden Brunnen». Hier ist die Stelle, ich lese sie dir vor: «Ihn hat alles, Krieg, Gedichte, Bergwelt, Kraft, Kleider, Klang, Reden und Schweigen, alles hat ihn nur interessiert, wenn es ihn ans Ziel bringen konnte ... Es hat ihn noch nie etwas interessiert, das ihn nicht dort hinauf und hinein führte, ins Sehnsuchtsziel sozusagen. Und das war passiert. Durch nichts und niemanden als durch Lena.»

Ah ja, das ist die erste Nacht.

Ja, die erste Nacht.

Und die erste Berührung?

Weißt du, welches mein erstes sozusagen erotisches Erlebnis war? Die Irmgard hat mir in der Schule einen Zettel zugeschoben, ich solle sie im Torggel erwarten. So nannte man damals bei uns noch die Stadel, in denen die Weinfässer gelagert wurden. Ich erwartete sie also im Torggel, und sie kam und brachte die Luise mit, eine sozusagen ihre Würde schaffende Begleitperson. Und dann hat mir Irmgard ein Döschen Leo-Creme geschenkt, das war eine Creme wie Nivea. Ich kann mich nicht daran erinnern, dass wir jemals irgendeine Art von Liebkosung ausgetauscht hätten. Aber dieses Geschenk war wie die zarteste und zärtlichste Berührung, die sich denken lässt. Wir waren damals höchstens zehn Jahre alt.

Die nächste Stufe der Liebe: Mein engster Freund war der Helmut, der mir auch im Kohlengeschäft geholfen hat. Er hatte eine jüngere Schwester. Und natürlich war ich in sie verliebt. Ich bin am Sonntag von der Kirche nicht direkt heimgegangen, sondern noch zuerst zu denen nach Hause. Sie wohnten im ersten Stock, ein bisschen außerhalb des Ortes. Sie hatten ein Klavier, und die Mutter war Witwe. Helmut war so freundlich, seine Schwester und mich allein zu lassen, sie setzte sich ans Klavier und spielte ein bisschen. Und ich bin, das weiß ich noch genau, hinter sie getreten und habe mindestens eine Hand auf eine ihrer Schultern gelegt und zugehört, wie sie Schumann spielte. Und dann bin ich nach Hause gegangen und habe Gedichte geschrieben. Ich habe diesem Mädchen sicher hundert Gedichte geschrieben. Und viel später hat sie mir diese Gedichte im Bündel zurückgeschickt. Ich weiß nicht, warum, ob es ironisch gemeint war oder sentimental. Es waren jedenfalls vollkommen sinnlose, also ganz wertlose Reimereien aus nichts als direkter Verliebtheit.

Du sagst das jetzt so abschätzig. Diese direkte Verliebtheit ist doch etwas Schönes.

Ich meine auch nur die Gedichte. Damals hat es mich durch und durch bewegt. Wenn nichts dazwischengekommen wäre, hätte ich sie wahrscheinlich später geheiratet. Aber stattdessen kam Käthe, das Mädchen, das ich dann geheiratet habe. Darüber kann ich aber nicht so allegromäßig hinwegerzählen.

Fällt es dir leicht, über Sex zu sprechen?

Um Gottes willen! Dieses Wort kommt bei mir überhaupt nicht vor. Der Vollzug als Geschlechtsturnerei interessiert mich nicht. Literarisch. Sex ist kein Sujet für die Literatur. Ich konnte auch mit Henry Miller nie etwas anfangen.

Ich habe in deinen Büchern nicht sehr viele explizite Darstellungen gefunden. Aber mir fällt auf, besonders angenehm liest sich das jeweils nicht. Entweder absurd oder kalt und einsam. Im besten Fall ist es noch so, dass die Männer, die begehren, sich selbst dafür verachten. Als könne man nicht beides zur gleichen Zeit haben, Sexualität und Würde. Und das passt auch zu der Ahnung, die dein Johann schon ganz am Anfang hat, beim ersten Mal: «Vielleicht würde sich herausstellen, dass es das, was ihm das Wichtigste war, gar nicht gab.»

Jakob, das geht jetzt sehr weit, oder? Es liegt in der Natur des Begehrens, dass es nicht stillbar ist. Genugtuung kann es nicht geben. Die Liebe der Körper ist nichts, wenn die Poesie fehlt. Ich glaube, von all meinen Büchern ist «Angstblüte» das eine, in dem die literarische Handlung und die geschlechtliche ein gutes Stück miteinander gehen. Gut, es ist ein Buch über einen Investmentbanker, und man muss sich vielleicht nicht wundern, dass ein Mann aus der Welt des Geldes mit seinen Frauen nicht so spricht, wie Rudolf Borchardt es mit seiner Marel getan hat, als er ihr schrieb: «Wenn du wüsstest, wie unsäglich es dich verschönert, mir nachzugeben, würdest du dich nie gegen mich stellen.»

Nein, nicht direkt. In dem Buch wird gefickt, dass die Schwarte kracht – und dabei ist dieser Mann kein junger Mann mehr.

Mein Freund Günter Grass war so liebenswürdig, mich in einem Interview, das jemand mit uns beiden gemeinsam geführt hat, darauf aufmerksam zu machen, dass das Wort Angstblüte daher kommt, dass die Bäume in der Panik vor dem kommenden Tod noch einmal mit Samen um sich schmeißen. Von allein wäre ich auf diese Idee nie gekommen.

Ich hasse es, über Sexualität zu reden. Ich kenne übrigens überhaupt keine Männer, die das gerne machen. Frauen schon eher.

Da bin ich kein Experte, aber ich wage die Vermutung, dass wir da, wenn wir sozusagen anständig bleiben wollen, zu nichts kommen.

Du hast in deinem Tagebuch einmal diese Passage geschrieben, die ich dir gerne vorlesen möchte:
«Mit einer Frau, die gewissermaßen jenseits aller Möglichkeiten stand, die zu gewinnen man so gut wie keine Aussichten hatte, mit einer solchen Frau muss man nicht schla-

fen, wenn sie sich ergibt: Es genügt zur vollen Befriedigung
zu erfahren, zu spüren, zu wissen, dass es jetzt möglich
wäre. Für diese Frau wird das eine Enttäuschung sein, aber
man gönnt ihr diese Enttäuschung in Erinnerung an die
Schwierigkeiten, die Hartnäckigkeit und Widersetzlichkeit,
die sie einen erleiden ließ. Man schläft oft mit viel weniger
begehrenswerten Frauen, aus Mitleid, bloß weil man fühlt,
dass sie es einem sehr danken werden, dass sie viel davon
haben werden, man will sie in ihrer Schwäche nicht enttäuschen, man spürt, dass ihr schwach entwickeltes Selbstbewusstsein völlig vernichtet wäre, wenn man sich ihrer jetzt,
nachdem man ein freundliches Interesse gezeigt hat, nicht
ganz und gar annähme. Aber einer stolzen, schönen, klugen
und selbstbewussten Frau begegnet man wie seinesglei-
chen, man demütigt sie, weil man weiß, dass sie sich davon
erholen wird, man schläft nicht mit ihr, weil man weiß, dass
sie das stärker beeindrucken wird als alles andere, und das
momentane Unglück, in das man sie stürzt, ist ein Sieg, den
man wirklich genießen kann, weil man es als eine Art Genugtuung für ihre frühere spröde Zurückweisung empfinden kann und weil man sich keiner Grausamkeit schuldig
fühlt, da man ja weiß, dass sie sich bald davon erholt haben
wird. Und doch ist es im Augenblick gar nicht leicht, auf sie
zu verzichten, einmal, weil es wirklich natürlich und schön
wäre, nach all diesem Kampf den Sieg zu feiern, und noch
mehr, weil sie jetzt so unterwürfig, abhängig und schwach
ist, weil sie sich so vollkommen unterworfen hat, dass man
das kaum mit ansehen kann, man spürt, man müsse sie nun
auch ganz zu sich nehmen und ihr dadurch, dass man mit
ihr schläft, wieder einen natürlichen Rang verleihen, oder
sie durch das Schlafen mit ihr in einen Zustand hinüber-

führen, in dem kein Prestige und keine Rangfragen mehr gelten, in einen Zustand, in dem nicht mehr gemessen und gekämpft wird, weil hier beide ihre Kraft zu einem gemeinsamen Ziel lenken. Man wagt ihr nicht zu sagen, dass man sie nicht unbedingt ganz haben muss, weil ihre Unterwerfung schon genügt, das wäre für sie, die jetzt nur noch eine Frau ist, die geliebt werden will, ganz und gar unverständlich und grausam; deshalb erfindet man Hindernisse und Ausflüchte wie ein Impotenter, der alles getan hat, eine Frau zu gewinnen, und der im entscheidenden Augenblick, um seine Impotenz zu verbergen, ein Seelendrama heraufbeschwört, irgendeinen Streit, der als Grund dafür dienen kann, dass es nicht zur Vereinigung kommt. Wenn man dieses Spiel inszeniert, hat man als gesunder Mann sorgfältig darauf zu achten, dass sie in uns nicht gar einen Impotenten vermutet. Wenn sie nur eine Anspielung in der Richtung machen würde, wenn sie unsere Komödie so interpretieren würde, dann gäbe es keine Überlegung mehr für uns, wir könnten alles, nur das nicht ertragen und müssten ihr sofort und mit allen unseren Gaben das Gegenteil beweisen. Eine Frau, die uns dazu bringen will, mit ihr ins Bett zu gehen, kann das durch nichts so leicht erreichen als durch einen leichthin geäußerten Zweifel an unserer Potenz. Man muss schon ein sehr überlegener Mann sein, wenn man sich auch diesen Zweifel mit mitleidigem Lächeln anhört und es mit einer gütigen oder ironischen Antwort bewenden lässt.»

Von wann ist das? Zeig mal, von 1958? Das kommt mir nicht bekannt vor. Da war ich einunddreißig. Am liebsten würde ich mich davon distanzieren. Andererseits, so war man, so war ich offenbar einmal, ich kann nur hoffen, ich sei nicht immer so gewesen. Warum liest du mir das vor?

Ich habe diese Passage wieder und wieder gelesen – und bin geplättet. Der Ton ist so kühl. Du erörterst mit analytischer Vernunft das Für und Wider des Geschlechtsverkehrs. Da geht es um alles Mögliche – um Macht, Herausforderung, Unterwerfung. Es geht nur nicht um Liebe. Oder anders: Es geht gar nicht um die Frau. Und das Wort «schön» bezeichnet auch nicht die Liebe oder die Frau oder die Vereinigung mit ihr, sondern «schön» ist nur der Sieg über sie.

Ach, Jakob, ich würde auch so über das Lieben nicht sprechen. Ist dir bekannt, dass die Tätigkeit, die wir den Geschlechtsverkehr nennen, und das Lieben zweierlei Ding ist? Die Lust am anderen ist die Lust an sich selbst, ist die Selbstfeststellunglust. Wir produzieren uns immerzu im anderen. Das Geschenk, das wir dem anderen machen, machen wir uns selbst. Das ist immer so. Von Anfang an. Wenn ich mich jetzt auf dein Vorhaben einlassen wollte, über die Liebe als Hauptwort zu sprechen, dann würde ich sagen, dass sie etwas mit dem gegenseitigen Begreifen zu tun hat. Der liebende Mensch will begriffen werden – in der Liebe enthüllst du dich. Und nichts ist wichtiger als die Antwort, die deine Selbstenthüllung hervorruft. Die Selbstauslieferung ist eine rührende, aber auch eine sehr riskante Angelegenheit, wie du vielleicht bereits selber festgestellt hast. Du nötigst mir dieses Thema auf, das zu den schwierigsten gehört. Ich will mich nicht verweigern, weil das die Regel unseres Vorhabens ist. Ich erlaube mir aber, mir als Adjutanten wieder den von mir geliebten Rudolf Borchardt zu Hilfe zu holen. Es fällt mir, wenn es denn sein muss, leichter, über seine Liebesfähigkeit zu sprechen als über meine. Borchardt schreibt an Marie Luise, seine Marel: «Lass mich so werden, wie du mich brauchst.» Aber was er meint, ist: Sie soll so werden, im besten Falle so bleiben, wie er sie braucht. Also, Glaube, Liebe, Hoffnung, das gehört für immer dreifaltig zusammen. Aber nach meiner Erfahrung erzeugt man sich die größte Begeisterung selbst. Wenn du eine Bemerkung aus der Sicht eines messdiensterfahrenen Katholiken gestattest: Eine Reliquie muss nicht echt sein, um ihre wundertätige Wirkung zu entfalten.

Das Wort «Begreifen» finde ich interessant. Du hast einen Aufsatz über Borchardts Briefe an die geliebte Frau geschrieben. Da kommt diese Passage vor: «Sie soll es lieben, dass sie ihn nicht begreift. Und um es noch phantastischer zu machen: Er weiß, dass er Marie Luise überfordert, er weiß wahrscheinlich, dass er jeden Menschen mit diesem Anspruch überfordern würde. Sie soll begreifen, dass sie ihn nicht begreift, das ist schon ziemlich viel. Aber dass sie ihn nicht begreift, soll sie glauben, und sie soll auch noch lieben, dass sie ihn nicht begreift.» Verlangst du das von Frauen? Dass sie das Nichtbegreifen lieben lernen?

Das ist der Salto vitale von Borchardt, das soll nur dazu dienen, dass man sieht, was alles möglich ist bei diesem innigen Hin und Her namens Liebe.

Du hast einmal die Überlegung angestellt, wie es wäre, die «unverbrüchliche Zugeneigtheit» der Frauen «als etwas Überlegenes» zu erleben. Das ist aber im Irrealis geschrieben. Ist die Frau dem Mann in der Liebe unterlegen?

Ich glaube, geschrieben zu haben, die Frauen seien den Männern in nichts so überlegen wie in der Liebe. Ich habe auch, glaube ich, geschrieben, warum das so ist. Das will die Natur so, weil die Menschheit ohne die weibliche Liebesüberlegenheit längst ausgestorben wäre. Und das hat fast nichts mit dem Verkehr der Geschlechter zu tun. Die Liebeskraft der Frauen schafft trotz der natürlichen Inkonsequenz der Männer eine Stimmung, in der Kinder aufwachsen können.

In deinem Tagebuch steht: «Wahrscheinlich bleibt, um geliebt zu werden, nichts anderes übrig, als zu lieben. Wahrscheinlich muss man, will man geliebt werden, lieben. Lieben, weil man geliebt werden will. Lieben, um geliebt zu werden.» Ist das eine Enttäuschung oder eine Hoffnung?

Das sagt doch nur, dass männliche Liebe immer zweckgebunden ist, während frauliche Liebe, entschuldige, absolut sein kann.

Wir haben eben über Pubertät geredet. Das Wort bezeichnet die Phase der Geschlechtsreifung. Eine Phase des auf die Probe gestellten Selbstbewusstseins. Erinnerst du dich daran?

Und ich erinnere mich daran, dass man sein Selbstwertgefühl genau davon abhängig macht, wie man bei den Mädchen ankommt. Das ist jedem Bub im Dorf klar.

Ist das denn der Maßstab, wie man bei den Mädchen ankommt?

Ja, natürlich!

*Es gäbe ja auch andere. Zum Beispiel, wer beim Fußball-
spielen vorne liegt. Wer im Unterricht am besten ist. Wer sich
auf dem Schulhof durchsetzt. Man kann Selbstbewusstsein
aus vielen Quellen schöpfen, oder?*

Aber wenn man bei einem Knabenwettkampf so oder so
abschneidet, dann ist das also das Ergebnis dieses einen
Nachmittags. Dann steht man besser da oder schlechter. Für
diesen einen Nachmittag. Aber am nächsten Tag kann alles
ganz anders sein. In mir ist aus solchen Erfahrungen nichts
Dauerndes erwachsen, nichts Bestandhabendes. Aber wenn
ein Mädchen sagt, ich solle am Abend in den Torggel kommen, um mich dort mit ihr zu treffen – dann hat das eine
hohe Feierlichkeit, die mit nichts zu vergleichen ist.

*Ist der Respekt unter Männern weniger wert als die Zunei-
gung der Frauen?*

Meinst du für meinen Johann oder später?

Überhaupt.

Das ist so verschieden voneinander, dass es sich durch keinen Komparativ enthaltenden Satz ausdrücken lässt. Es ist
nicht das eine mehr und das andere weniger. Da kann man
ja ebenso gut den Mond mit dem Leitartikel in der «Süddeutschen Zeitung» vergleichen.

*Das glaube ich dir nicht. Das muss sich doch messen lassen
an der Menge von Genugtuung, die du empfindest. Was
bringt mehr Genugtuung, wenn dir die Kameraden auf dem*

Schulhof auf die Schulter klopfen und wenn Unseld dich für einen tollen Kerl hält – oder die Bewunderung der Frauen, ihre Zuneigung, ihre Hingabe?

Ich kann dir nur sagen, das findet nicht in ein und derselben Seelenfrequenz statt. Und später ist das sowieso verschiedener, als überhaupt etwas verschieden sein kann. Ja, weniger miteinander zu tun haben kann später nichts mehr. Ob du als Autor so und so, gut oder schlecht wegkommst, das ist nicht wichtiger oder weniger wichtig, als wenn du bei Frauen gut oder schlecht wegkommst. Diese Qualitäten und diese Quantitäten, die haben nichts miteinander zu tun. Ja, man könnte natürlich sagen: Wenn du beruflich schlecht wegkommst, dann kann dir keine Frauengunst mehr helfen. Nehmen wir an, eine Niederlage isoliert dich gegenüber jeder möglichen menschlichen Gesellschaft. Nehmen wir an, eine Niederlage macht dich sozusagen einsam. Du willst mit niemandem darüber sprechen. Jeden, der sich, dich trösten wollend, einmischt, findest du entsetzlich. Und gleichzeitig möchte ich sagen: Wenn dir dasselbe mit einer Frau passiert, dann möchtest du das auch mit niemandem erörtern. Und trotzdem sind das Leid, das dir beruflich passiert, und das Leid durch eine Frau nicht ein Leid. Nichts kann verschiedener sein als die erotische und die professionelle Leidenserfahrung.

Hattest du ein starkes Selbstbewusstsein?

Wenn ich mein Selbstbewusstsein mit dem von anderen vergleiche, sowohl erotisch wie professionell, dann muss ich sagen, dass so etwas wie Selbstbewusstsein bei mir nicht erlebbar war.

Warum?

Jakob, man lernt sich erst im Laufe der Jahre kennen. Auch durch die Lektüre. Die beiden Pole des Denkmöglichen, des Empfindungsmöglichen sind mir von Goethe und von Jean Paul beschrieben worden. Goethe, der am Shakespeare-Tag 1771 im Haus seiner Eltern eine Rede hält, in der ein solcher Satz vorkommt: «Ich! Der ich mir alles bin, da ich alles nur durch mich kenne!» Und dann Jean Paul, das ganze Gegenteil davon – obwohl er als Autor im Verkauf ja viel größere Erfolge hatte als Goethe. Ihm hat aber niemand zu Hause ein solches Selbstwertgefühl mitgeliefert, horch, ich lese die Jean-Paul-Stelle, die alles sagt, Moment. Er schreibt im «Hesperus»: «Ihm fiel in jede große Freude der Zweifel, wie ein bitterer Magentropfen, hinein, ob er sie verdiene; ein Zweifel, der regierenden Häusern, Woiwoden, Patriarchen und Hochmeistern in der Kindheit geschickt genommen wird … Das gestörte Gleichgewicht der eigenen Kindheit macht den einzelnen Menschen elend, die Ungleichheit der Bürger, die Ungleichheit der Völker macht die Erde elend.» Das ist Klartext. Und mir ist deutlich geworden, dass ich zweifellos zur Jean-Paul-Fraktion gehöre.

Vorher, als wir über das Schreiben gesprochen haben, waren wir an dem Punkt, dass Lieben, Schreiben, Leben zusammengehören. Brauchst du Frauen für deine Arbeit?

Schreiben bedeutet für mich, am Leben zu bleiben.

Was ist Liebe denn?

«Liebe – bis jetzt hieß das immer, auf sich selber verzichten, um dem anderen nicht wehzutun.» Das ist die Antwort von Susi Gern im «Lebenslauf der Liebe».

Das ist die wenig glückliche Antwort einer nicht sehr glücklichen Frau.

Unsere Sprache befindet sich, wenn es um die Liebe geht, in einem elenden Zustand.

«Lebenslauf der Liebe», «Augenblick der Liebe», «Jenseits der Liebe» – das finde ich übrigens ganz lustig.

Lustig?

Ja, die Titel, das, wenn du erlaubst, Groschenromanhafte. Das gefällt mir.

Komisch. Mir kommt keiner dieser Titel groschenromanhaft vor. «Lebenslauf der Liebe», «Augenblick der Liebe», «Jenseits der Liebe». Solche Titel entstehen ja sozusagen ohne mein Zutun, also ganz von selbst. In den Büchern mit diesen Titeln wird das Lieben zum Schicksal für die davon Betroffenen. Dann ist eben das Schicksal groschenromanhaft. Es ist dein Recht, das so zu sehen. Mich erreicht diese Ansicht nicht. Ich bin für das Pathos, das diese Titel anstimmen.

Sind Mann und Frau gleichberechtigt?

Schmerz kennt kein Geschlecht.

Im «Augenblick der Liebe» heißt es: «Die Ehe ist sicher eine Hölle, aber als Teufel mit einem Engel verheiratet zu sein, ist durchaus erträglich.» Das klingt wirklich nicht nach Gleichberechtigung.

Das Wort Gleichberechtigung gehört überhaupt nicht hierher. Das ist doch pure Politik.

Was ist überhaupt mit der Ehe? Von Anfang an, seit den «Ehen in Philippsburg» 1957 und «Halbzeit» 1960, hast du die Ehe gleichzeitig als Unmöglichkeit und als Unverzichtbarkeit beschrieben. Immerzu hängen deine Männer zwischen den Frauen, zwischen Birga und Orli im «Einhorn», zwischen Anna und Beate im «Augenblick der Liebe», zwischen Elsa und Silvi in «Muttersohn» – da heißt es ja auch: «Elsa immer, Silvi immer wieder.»

Jakob, ich beglückwünsche dich, wenn du in deinem Leben nicht so «hängst», wie du den Zustand meiner Figuren empfunden hast. Unglücksglück auch hier. Das ist meine Erfahrung.

Warum ist das so?

Du fragst nach einem Warum? Aber nichts ist so überflüssig wie diese Frage. Man hat etwas getan, gemacht, geschrieben – und dann kommt jemand und fragt, warum! Wenn man das beantworten wollte, dann müsste man etwas Neues hinzuerfinden. Ich lasse mir dann oft in Interviews dazu etwas einfallen. Aber das wollen doch wir beide, bitte, nicht. Wichtig ist, dass etwas geschieht. Wichtig ist, was geschieht.

Wichtig ist nicht, warum es geschieht. Die Wirklichkeit des Lebens ist eine andauernde Provokation. Du kennst das «Einhorn»? Die Orli-Geschichte? Es gibt dafür ein Vorbild. 1963 war ich in Edinburgh. Da wurde «Eiche und Angora» bei einem Festival aufgeführt, unter dem Titel «Rabbit Race». Am Tag waren Aufführungen und Diskussionen. Abends stand man herum, und es wurde getrunken und geredet. Da war in der Runde ein Mädchen, aus dem wurde dann später Orli. Das war natürlich, bevor der Flughafen in Paris so hieß. Jakob, damals, das musst du dir vorstellen, bitte, da war ich so lebendig, so lebendig kann man gar nicht mehr sein! Mein Stück musste durch die Zensur, das gab es damals in England. Und der Zensor wollte Stellen streichen, weil sie zu unanständig waren. Aber ich hatte in meinem Stück keine einzige unanständige Stelle. Also war mir gleich klar, dass die Übersetzung schuld sein musste. Der Übersetzer hatte einfach unanständige Stellen in meinen Text eingebaut. Vielleicht fand er ihn zu langweilig. Darüber haben wir dann natürlich abends sehr gelacht. Ich habe unheimlich getrunken. Ich weiß noch, und das ist wirklich ein bleibendes Datum in meinem Leben, ich habe so viel getrunken, dass ich den Vornamen meiner Mutter nicht mehr wusste. Und die lebte noch. Also gut, da taucht dieses Mädchen auf. Das war doch eine Provokation! Die stand auf einmal da. Wir müssen wohl Blicke gewechselt haben. Sie kam aus Amsterdam, war die Frau eines bekannten Schriftstellers. Wir haben gesagt: Wir treffen uns auf der Rückreise noch einmal in London. Dazu kam es dann auch. Wir haben uns im Theater verabredet, meine zukünftige Orli und ich. Und da kam sie mit ihrem Mann, der aus Amsterdam angereist war. Er saß also rechts von ihr, und ich saß also links von ihr. Und dann haben wir gemeinsam «What a lovely war» angeschaut.

Du siehst, andauernde Provokationen. Wir haben uns übrigens auch in Frankfurt und sonst wo getroffen. Und diese besondere Provokation hat zu dem Roman «Einhorn» geführt. Ich musste mich verhalten. Man kann der ganzen Wucht der Wirklichkeit nicht einfach besserwisserisch gegenüberstehen und das sozusagen schmerzlos erledigen. Ich habe das mit einem Roman quittiert. Und jetzt fragst du, warum?

Was wurde aus ihr?

Ich bin lange noch mit ihr in Verbindung geblieben. Sie hat sich dann von ihrem Mann getrennt und ist zu ihrer Schwester nach Edinburgh gezogen. Ich glaube, sie hat dort auch noch einmal geheiratet.

Diese Edinburgh-Episode beschreibst du ausführlich in deinem Tagebuch. Vielleicht ist sie für unser Thema ganz interessant, weil sich dort so viel in so kurzer Zeit ereignet hat.

Damals war das, sagen wir einmal, eine solche Häufung der Ereignisse.

Martin, du bist vier Tage in Edinburgh und verliebst dich in zwei Frauen.

Nein, das ist so nicht richtig. Richtig ist, dass da noch diese weibliche Hauptdarstellerin meines Stücks war, die sich an mir sehr interessiert zeigte. Ich stelle mich jetzt vielleicht unschuldig, aber die lange Nacht, der Whiskey, womöglich

ein gewisser betreuungsbedürftiger Eindruck, den ich gemacht habe, all das hat die Darstellerin meiner Anna dazu
verführt, mich zu verführen. Sie hat mich regelrecht verfolgt, wir haben getrunken und noch mehr getrunken, und
dann hat sie mich in ihr Auto gesetzt und ist mit mir hinaus-
gefahren in eine Sportarena. Es war im September, nicht
mehr warm also.

Ich gebe zu, dass ich ob dieser Umstände eine gewisse
Verpflichtung empfand, mich ihr auf geschlechtlichem Wege
dankbar zu erweisen. Aber mit Liebe hatte das nun nichts
zu tun, nicht einmal mit lieben. Ich bin sicher, dass auch
diese Schauspielerin einfach mit dem Autor schlafen wollte,
dessen Stück sie spielte. Das heißt nichts gegen diesen Vollzug, so etwas kann lustig sein oder trostlos, aber es ist eben
nicht Liebe. Und, bitte, was deine Fragen in mir als Antwort
produziert haben, kommt mir jetzt selber zu einseitig vor.
So, als sei in Edinburgh nichts als eine Frauenfigur für das
«Einhorn» entstanden. In Wirklichkeit, lieber Jakob, hat es
auch Anthony Asquith gegeben, einen englischen Regisseur,
deutlich älter als ich. Also bitte, lieber Jakob, es gab nicht
nur die zukünftige Orli, allerdings hat mich dort nichts so
beeindruckt, so sage ich halt, wie Fanny Lichtveld.

*Das ergibt sich aus deinem Tagebuch. Sie kommt ja darin
auch vor. Du nennst sie «eine Wüstenschönheit».*

Das war sie! Ich habe ihr die Passage geschickt. Ob sie mit
der Veröffentlichung einverstanden sei. Sie hat sich das
übersetzen lassen und war damit einverstanden. Wir wollten uns dann irgendwann noch einmal in Zürich treffen.
Aber wir haben es beide nicht geschafft. Aber gut, ich habe

aus ihr meine Orli gemacht. Die sieht ihren Kristlein und er sie das erste Mal auf dem See, er ist mit einem Segelboot unterwegs, sie mit einem Schlauchboot.

Ihr habt es beide nicht geschafft, obwohl du in deinem Tagebuch geschrieben hast: «Fanny Lichtveld hat mich verwundet.»

Oh, habe ich ihren Namen geschrieben? Das war mir nicht mehr bewusst.

Hast du. Du hast nur vergessen zu sagen, dass sie die Frau von Cees Noteboom war.

Ich habe gesagt, von einem holländischen Schriftsteller. Ich wollte seinen Namen nicht nennen. Das war Diskretion.

Nun ja, wenn du ihren Namen schreibst, ergibt sich seiner, oder? Das Tagebuch ist nicht sehr diskret.

Bitte?

Es ist alles ganz öffentlich.

Entschuldigung! Das ist die Hingeschriebenheit des unmittelbaren Tagebuchs!

Aber es ist veröffentlicht worden.

Gut! Heute, viele Jahre später, kommen mir diese Details indiskret vor. Damals, als ich das Tagebuch schrieb, musste ich alles notieren, wie ich es empfand.

Die Geschichte fand im Jahr 1963 statt. Der Band dieser Tagebücher erschien im Jahr 2007, gut 40 Jahre danach.

Ich habe darüber geschrieben, was es bedeutet, Tagebuch zu schreiben. Also, darf man, soll man, kann man das veröffentlichen? Man muss die Betroffenen fragen, ob sie damit einverstanden sind. Das habe ich getan. Fanny war einverstanden, also war es keine Indiskretion. Mein Gott! Indiskretion! Was für ein bürgerlicher Schleier über einer Wirklichkeit, die nichts ist als eine Hinrichtungsstätte von allem, was gefühlt war im September 63, dem Monat der großen Illusion!

Was bedeutet denn im Tagebuch dieser Eintrag:
«17./18. 10. 1969 Maria Augstein»?

Das steht im Tagebuch? Unter welchem Datum?

Unter dem 17. und 18. Oktober 1969.

1969?

Ja.

In München?

Das steht da nicht.

Ah. Wenn nicht mehr dort steht, dann heißt das etwas.

7

Mit Siegfried nie. Mit Uwe immer.

Über Freundschaft

Warst du mal in einen Mann verliebt?

Kannst du die Frage ein bisschen erläutern, damit ich mir bei der Antwort nicht an der falschen Stelle Mühe gebe.

Ich würde jede Freundschaft für eine Art von Liebe halten – aber ich meine etwas darüber Hinausgehendes. Eine Art erotischer Anziehung?

Ich habe mit homosexuellen Männern nur die besten Erfahrungen gemacht. Von Vetter Anselm habe ich dir bereits erzählt, dem seine Vorliebe für die Sennerburschen zum Verhängnis wurde. Im Militär bin ich, anders, als es das Vorurteil will, keinem Homosexuellen begegnet. Aber sogleich im Sender in Stuttgart. Der Leiter der Abteilung für Unterhaltung hieß Fritz Ludwig Schneider. Ein himmlischer Mensch, der mir gleich das Du angeboten hat. Er hat mich aber nie bei meinem Vornamen genannt, sondern bei ihm wurde aus dem stolzen Stamm der Walser, der einst vom Wallis aus nach Osten in die hohen Lagen gezogen war, das «Walserle». Das war ich dann.

Ja, gut, ich meinte, ob du selber Erfahrungen gesammelt hast.

Bei mir hat es zum Begehren nie gereicht, immer nur dazu, mich begehren zu lassen. Ich bin vielleicht niemals so nah an das herangekommen, was du Erfahrungen sammeln nennst, wie bei meinem Besuch in Edinburgh. Der ja in jeder Hinsicht sehr lebendig war, und auch in dieser. Da habe ich, wie schon erwähnt, Anthony Asquith, den Freund meines Hauptdarstellers, kennengelernt, den väterlichen Freund, sagen wir, denn er war ja deutlich älter als wir übrigen. Anthony Asquith war selber ein Regisseur und damals schon über sechzig Jahre alt. Von seinen Filmen kannte ich nur «The Young Lovers». Sein Vater war übrigens der Premierminister Herbert Henry Asquith, der 1910 eine Phrase geprägt hat, die man noch heute im Englischen nutzt: «Wait and see.» Also offenbar ein nachdenklicher Mann. Ich besuchte Anthony in seiner Stadtvilla am Thurloe Square. Da war seit 1740 außer dem elektrischen Licht nichts hinzugekommen. Er erzählte mir von seiner Mutter, er schenkte mir «The Autobiography of Margot Asquith», die ihn vergötterte. Sie nannte ihn Puffin, das schrieb er mir in das Buch. Asquith hat mir jeden Tag neue Zigaretten gebracht, orientalische Marken mit vergoldetem Mundstück. Als er sah, dass ich auch Pfeife rauchte, brachte er Tabak mit. Balkan Sobranie. Er war überhaupt sehr lieb zu mir. Mein Schauspieler Paul Massie hat mit seinem Freund in einer lichtdurchfluteten Sechszimmerwohnung in South Kensington gewohnt. Da wohnte dann auch ich. Asquith wollte mich überzeugen, dass ich bleibe, dass ich nie mehr in dieses Deutschland zurückfahre. Dieser Vorstellung habe ich mich hingegeben, diesem Gefühl, nie mehr zurückzukehren. Ich war bezaubert. Ich habe denen natürlich nie erzählt, dass ich eine Familie hatte, und was für eine: drei prächtige Töchter und eine von Innigkeit unerschöpfliche Frau. Ich habe immer nur von einer «chicken farm» gesprochen, die meine Anwesenheit erfordere und dass ohne mich alle Hühner verhungern müssten. An einem Abend machen sie also ein großes Essen, prächtig, in der Wohnung in South Kensington. Es wird viel getrunken und gesungen, dazu Klavier gespielt. Mir zuliebe spielen und singen wir Schubert. Sehr schön übrigens, der Richard, der Freund von Paul Massie, der konnte wirklich singen, Bariton, «Über allen Gipfeln ist Ruh». Ein wunderbarer Abend. James, der begleitende Pianist, war beim Dinner mein Tischherr. Irgendwann ging man ins Bett. Ich hatte in glorioser Leichtfertigkeit den Eindruck produziert, dass ich durchaus auch in London leben und arbeiten könnte. Und auf einmal war mir nicht mehr so wohl, weil mir plötzlich der Gedanke kam, gewisse nicht erfüllbare Erwartungen geweckt zu haben. Denn es war oft in meinem Leben eine Frage der Höflichkeit, solchen Erwartungen gerecht zu werden. Aber ich muss sagen, dass auch meine Höflichkeit Grenzen kennt, die hier für mich deutlich erkennbar erreicht waren. Ich habe also die Tür abgeschlossen.

Und dann?

Dann wurde geklopft.

Und?

Und ich habe nicht mehr reagiert.

Vielleicht hättest du über deinen Schatten springen sollen.

Nein! Ich wusste, dass ich schon zu alt war! Mit 13 oder 14 hätte ich sofort aufgemacht.

Ja, irgendwann ist man zu alt, das verstehe ich. Dann lass uns über Freundschaft reden.

In einem meiner letzten Bücher heißt es: Freunde sind Phantasie.

Du hast mal über Rudolf Borchardt und seine Freundschaft mit dem Dichter Rudolf Alexander Schröder geschrieben: «Ich wäre schon zufrieden, wenn ich durch das Lesen und wieder Lesen dieser Briefe mir ‹das fast absolute Geltenlassen des Anderen› als erlernbar vorstellen könnte.» Ist das denn so schwierig?

Da denkt man natürlich an die Menschen, die es einem schwermachen, sie «absolut gelten zu lassen». Das dürfte dir ja auch bekannt sein.

Als du ein Kind warst, hattest du doch Freunde, oder?

Kannst du mit dem Wort etwas anfangen, wenn du dabei an einen oder mehrere bestimmte Menschen denken sollst?

Ja.

Kannst du? Wie weit zurück musst du dann denken?

Von der Gegenwart bis zu meinem achten oder neunten Lebensjahr.

So weit zurück? Nenne mal einen Namen vom achten Lebensjahr.

Stefan Guhse war ein Freund von mir.

Du kennst den Nachnamen noch?

Ja, der ganze Name ist mit der ganzen Figur verbunden.

Aber das passt doch nicht zur konkreten Nähe eines Freundes, dass er einen Nachnamen hat.

Doch. Denn wenn man ihn besucht, dann wohnt er in einem Mietshaus, und an der Tür stehen die Namen neben den Klingeln, und man muss wissen, wo man drücken soll. Und wenn ich zu Stefan will, muss ich bei Guhse klingeln. Also ist er bei mir unter seinem vollständigen Namen Stefan Guhse gleichsam abgelegt.

Wo war das?

In Hamburg, in der Gegend, in der ich aufgewachsen bin, zwischen zwei Vierteln, die Othmarschen und Ottensen heißen.

Und was hat man da tun können mit Freunden?

Wir waren ziemlich viel in den Straßen unterwegs und haben Abenteuer gesucht. Das Angebot war im Vorort nicht sehr groß.

Und das habt ihr nur zu zweit gemacht? Das geht doch gar nicht.

Manchmal waren wir zu dritt. Aber wir waren keine Bande. So war es eben. Und wenn ich daran denke, dann ist mir das Wort Freund sehr geläufig.

Aber dieses Wort, das gebraucht man doch für diese Beziehungserfahrung erst später.

Sicher aber mit 14 im Gymnasium. Da hatte ich Freunde, die habe ich auch so genannt. Mich wundert, dass du dieses schlichte Wort so skeptisch hinterfragst. Im «Springenden Brunnen» ist immer ganz einfach von Johann und seinem Freund Adolf die Rede.

Nun, das ist Wasserburg. Da ist man Tag und Nacht miteinander verbunden. Man weiß dann schon, dass einem der eine näher ist als der andere. Aber der Nächste war mir der Ludwig. Adolf war ja eine andauernd auf Konkurrenz aufgebaute Freundschaft. Aber Ludwig war der, den ich liebte, ohne es ihm je sagen oder auch nur andeuten zu können. Er sah aus wie ein Renaissance-Adliger aus Italien. Eine leicht gebogene Nase. Und sein Wesen: Zurückhaltung, Sanftheit. Sein Vater war die beste Stimme im Kirchenchor. Auch im späteren Leben hat sich unser Verhältnis der unausgesprochenen Liebe nicht verändert. Aber ich weiß, dass er mich empfunden hat wie ich ihn. Es käme mir lächerlich vor, wenn ich sagen würde, wir seien befreundet gewesen. Das passt gar nicht. Das ist eine Lebensgemeinschaft im Dorf. Man hat alles miteinander zu tun. Das kann man nicht Freundschaft nennen. Ich kann dir nur sagen, dass ich lebenslänglich dieses Wort nicht gebraucht habe, solange eine Beziehung noch dauerte. Vielleicht ist das typisch, und das bedeutet vielleicht auch etwas.

Ich habe eine ziemlich deutliche Empfindung für die Geschichte mit Siegfried Unseld. Da kann das Wort Freundschaft vorkommen.

Zuerst studieren wir beide in Tübingen und haben nichts miteinander zu tun. Er ist ein bisschen älter, geht auch früher weg. Dann komme ich in seinen Verlag, da ist er nicht der Chef, nur ein Lektor. Dann lernen wir einander kennen, es stirbt bald Peter Suhrkamp, Siegfried wird Chef. Und dann beginnt eine Zeit, die geprägt ist, wie man sagt, von vielen Herausforderungen.

Ja, aber warte damit noch. Lass uns ins Dorf zurückkehren. Gibt es Leute von damals, mit denen du noch zu tun hast?

Natürlich – der Helmut, von dem ich dir bereits erzählt habe. Wir waren in Lindau zusammen in der Schule. Ich habe dir ja auch erzählt, dass er mir beim Verladen der Kohlen geholfen hat. Er war mir also tätig nah. Wir müssen befreundet gewesen sein. Er war ein toller Kerl, ein Sportler, ein Sprinter, mir weit überlegen. Er kam aus Bochum. Und in Wasserburg nennt man jemanden, der aus Bochum kommt, norddeutsch. Er hatte eine Art, bei uns im Haus sprachlich hochdeutsch aufzutreten. Er hat meine Mutter immer so fröhlich lebhaft hochdeutsch angesprochen wie kein anderer. Sie hat ihn auch sehr geschätzt. Das kam mir

immer komisch vor, wie der mit meiner Mutter reden konnte. Sie hat ihm dann auch hochdeutsch geantwortet. Aber
das Hochdeutsch meiner Mutter war eine Komiknummer.
Es war eine sprachliche Überanstrengung. Ich weiß noch,
dass er vor mir gewisse Bücher gelesen hatte, er war ja ein
bisschen älter, zum Beispiel über Psychologisches. Einmal
hat er ein Buch mitgebracht über autogenes Training.

Wann war das denn?

1944 oder 45.

Autogenes Training 1945!

Ich habe darin ein bisschen gelesen. Aber mich hat das nicht
interessiert. Ich konnte das nicht gebrauchen. Aber gut, ich
nehme nicht an, dass er wusste, wer Hölderlin und Klopstock waren, er hat dann ja auch Medizin studiert. Und er
hat mir geschickt, was er geschrieben hat. Er hatte mehr als
eine künstlerische Ader. Er war dann in Berlin ein erfolgreicher Frauenarzt. Und ein gutaussehender dazu. Eigentlich sah er ein bisschen nordafrikanisch aus. Kein bisschen
westfälisch. Also war es kein Wunder, dass Frauen sich ihm
zuwandten. In Wasserburg hatte ja auch ich meine Freundinnen. Aber das waren unschuldige Berührungsabenteuer.
Er dagegen, er hat die Tochter vom Hotel Krone geheiratet.
Darum hätte ich ihn beneiden müssen. Das kann ich also
sagen: Er ist der natürliche und selbstverständliche Freund
in meinem Leben. Ich finde, das kann man als Freundschaft
bezeichnen, wenn das, was er besser kann als du, dich nicht
neiderfüllt macht – sondern wenn du toll findest, was er
kann. Und er konnte ziemlich viel.

Steht der Neid der Freundschaft im Weg?

Neid? Nennen wir es, um es ziviler auszudrücken, Konkurrenz. Wenn du dich mit jemand in Konkurrenz befindest, dann gibt es keine Freundschaft.

Warum nicht?

Muss man das fragen? Wenn eine Nichtkonkurrenz besteht, dann kann einer etwas besser können als ich, und es ist mir recht. Helmut konnte Verschiedenes viel besser als ich. Später hat er angefangen zu schreiben, aber es ist mir nicht gelungen, dafür einen Verleger zu finden.

Als wir beim Jungvolk waren und bei der Hitlerjugend, und es fanden andauernd diese Sportwettkämpfe statt, da war er mir weit überlegen im Sprinten, im Weitsprung, im Hochsprung – nur im Marathon war ich besser. Er hat mit mir so viel Kohlen geschleppt wie kein anderer. Wir haben miteinander die Säcke in die Keller getragen.

Warum hat er das gemacht? Aus Freundschaft? Oder hat er dafür Geld bekommen?

Der hat nichts verdient. Das hat er gemacht, weil er mein Freund war. Wir sind mit unserem Dreirädler herumgesaust, und wenn ich so schnell in die Kurve fuhr, dass wir bald umgefallen wären, dann ist er schnell auf die andere Seite gesprungen.

Ist denn die Konkurrenz unter sozusagen Gleichartigen nicht auszuhalten?

Da muss man schon sehr reif sein. Schiller schrieb 1789:
«Dieser Mensch, dieser Goethe ist mir einmal im Wege, und
er erinnert mich so oft, dass das Schicksal mich hart behandelt hat. Wie leicht ward sein Genie von seinem Schicksal
getragen, und wie muss ich bis auf die Minute noch kämpfen.»

Das hast du so parat?

Nein. Das ist mir nur gerade gegenwärtig, weil ich es einmal
in einer Rede auf einen Freund verwendet habe, und diese
Rede ist mir neulich bei der Sammlung von Notizen wieder
untergekommen.

Wer ist dieser Freund?

Heribert Tenschert, der wunderbare Sammler und Antiquar
und Alleswisser.

Den vergleichst du dir mit Schiller und Goethe?

Es ging in dieser Rede um das Wesen der Freundschaft. Die
Freundschaft zwischen Schiller und Goethe ist für Gefühls-
kalkulierer schwer auszurechnen. Ich habe verstanden, dass
Schiller durch sein Gebenkönnen auf der empfangenden
Seite war und Goethe durch sein Nehmenkönnen auf der ge-
benden. Heribert Tenschert hatte Geburtstag, und ich stellte
in der Rede fest, dass er zu meinen wenigen Freunden gehört. Nehmen wir mein Verhältnis zu Siegfried Unseld. Ich
übertreibe jetzt ein bisschen, aber wir durften uns als aufeinander angewiesen sehen. Er war zwar der Chef in seinem
Haus, aber seine Lektoren glaubten, ihm als Intellektuelle

überlegen zu sein. Darum brauchte er mich auf seiner Seite. Ein gutes Jahrzehnt konnte er mich als Intellektuellen
gebrauchen. Und für mich galt: Ich konnte ihn als Verleger
brauchen. Da gab es keine Konkurrenz, sondern einen gegenseitigen Nutzen. Und dann habe ich in dem Maße begonnen, mich innerlich von ihm zu entfernen, in dem ich zu
spüren glaubte, dass er nur noch in der Erinnerung an unsere Frühlingszeit mein Freund war. Du erinnerst dich, dass
ich am Anfang von der Geschichte mit dem angekündigten
Aufstand der Lektoren erzählt habe? Also. Da habe ich zu
ihm gehalten. Aber nicht nur aus Freundschaft, sondern
weil ich nicht eine Unterwerfung gegen die andere tauschen
wollte.

Moment, da hatte ich ohnehin eine Frage, die ich neulich
nicht gestellt habe: Du hast zwar einerseits bei diesem Auf-
stand der Lektoren, der 1968 stattfand, zu ihm gehalten.
Aber andererseits hast du doch selber 1970 eine solche klei-
ne Palastrevolte anzetteln wollen und Unseld in einem Brief
aufgefordert, die «Rechtsverhältnisse» zu ändern, damit
sich die Arbeitenden der Produktionsmittel bemächtigen
könnten.

Daran kann ich mich nicht mehr erinnern. In Wirklichkeit
habe ich zu ihm gehalten. Dass ich ihn im Denken politisch
ein bisschen vorwärts bringen wollte, ist doch verständlich.
Nachdem ich mich dann schon mehr und mehr zurück-
gezogen hatte, sagte mir die Burgel Zeh, seine wunderbare
Sekretärin: «Sie wissen nicht, wie sehr der Unseld darunter leidet, dass Sie so sind.» Nun, das war ihre Perspektive.
Der hat sicher nicht unter mir gelitten. Das lag ihm nicht.
Übrigens ist dann irgendwann mal später ein Flugzeug bei

Überlingen abgestürzt. Da war der Siegfried schon sehr krank, und mir wurde mitgeteilt, dass er sich große Sorgen gemacht habe, ob mir etwas zugestoßen sei. Das war dann wiederum sehr freundlich. Unsere berufliche Beziehung war vollkommen bis zum Schluss, vollkommen herzlich und befriedigend.

Hast du ihn noch einmal gesehen, kurz bevor er gestorben ist?

Als er krank wurde, wollte ich ihn natürlich besuchen. Da spielte die allmähliche Abschwächung unserer Freundschaft nun wirklich keine Rolle mehr. Natürlich musste ich zu ihm. Aber es hieß auf einmal, niemand dürfe ihn mehr sehen. Und vor allem mich zu sehen würde ihn zu sehr aufregen. Nicht einmal sein Sohn durfte ihn besuchen. In der letzten Nacht hat seine Frau Ulla dann angerufen und gesagt, es gehe dem Siegfried ganz schlecht, ich solle sofort kommen. Aber dann war es zu spät. Wenn man mich ihn vorher hätte besuchen lassen, ich weiß nicht, wie wir geredet hätten.

Aber davor, als er noch agierte, da musste ich mich daran gewöhnen, dass ich für ihn als Freund nicht mehr so wichtig war. Er konnte mich nicht mehr so gut gebrauchen wie in den Jahren zuvor. Damals kam einmal ein Vertreter vom Suhrkamp Verlag nach Überlingen, mit einem Blumenstrauß für Käthe, und sagte: Herr Walser, Sie müssen den Suhrkamp Verlag retten, da ist jetzt dieser Koofmich aus Ulm, der ruiniert den Verlag.

Damit war Unseld selbst gemeint? Das ist ja Meuterei …

Ja, so war manchmal die Stimmung in dieser pseudokulturellen Umgebung. Ich hab das nie mitgemacht. Siegfried konnte sich auf mich verlassen. Das musste er auch. Schau mal, jeder gute Verleger will ja eigentlich ein Autor sein. Also hat auch Unseld geschrieben, er hat literarisch produziert. Und ich nehme an, dass ich der Einzige war, dem er die Ergebnisse gezeigt hat. Wir waren zum Beispiel einmal am Arlberg in einer gewissen Schneesituation, daraus hat er dann eine Geschichte gemacht. Die Wahrheit ist, er war kein Autor. Aber er hatte ein Schreibbedürfnis. Irgendwann kam dann zwangsläufig die Zeit, in der er veröffentlichen wollte. Also hat er Bücher geschrieben, Sachbücher. Und einmal gab es an einem Vormittag ein Essen in Frankfurt. Es ging um ein Buch von mir. Reich-Ranicki war auch dabei. Und da hat Siegfried gesagt, ich solle in meiner kleinen Rede bitte auch das Buch erwähnen, das er selber gerade über Suhrkamp geschrieben hatte. Und zwar nur deshalb, weil Reich-Ranicki anwesend war. Auf diese Weise habe ich miterlebt, dass er im eigenen Haus einen wirklichen Kampf führte, noch dazu auf einem Feld, das nicht unbedingt seines war. Da sollte ich ihm helfen. Da wurde ich gebraucht.

Einmal waren wir mit Siegfried in Bayreuth, Käthe, die Kinder und ich. Seine damalige Frau Hilde hatte die Karten organisiert. Wir wohnten bescheiden, er wohnte in einem Luxushotel vor der Stadt. Da lud er mich vor. Ich durfte und sollte hinauskommen am Vormittag, um mit ihm Schach zu spielen. Er hatte damals einen Verlagsangestellten, mit dem spielte er zweimal in der Woche Schach. Beim Schach ist es wie beim Tennis – es kommt ganz stark aufs Training an. Ich habe in meinem Leben nie Schach gespielt außer mit dem Siegfried. Es hat mich nicht interessiert. Aber er hat trainiert und trainiert, Jakob, ich kann dir sagen! Er hat sich wirklich

Mühe gegeben. Und ich war ihm hoffnungslos unterlegen, von zehn Partien konnte ich vielleicht drei oder vier gewinnen, wenn ich Glück hatte. Ich finde mich also pünktlich um zehn Uhr in seinem schönen Hotel ein, das Spiel steht schon da, Schach. Um eine Minute vor elf Uhr –«Schachmatt»! Um elf kommt Lord Weidenfeld, mit dem er eine Verabredung hat.

In deinem Tagebuch gibt es immer wieder solche Kurzeinträge: «Mit Siegfried Unseld. Ski und Schach.»

Ja, Ski und Schach! Als wir zum ersten Mal zum Skifahren gingen, konnte er das noch gar nicht. Ich hatte es ja von Kindesbeinen an gelernt, nicht wahr? Er dagegen: erbärmlich am Arlberg! Im nächsten Jahr sind wir wieder gemeinsam gefahren, und siehe da, der Siegfried hat inzwischen Stunden genommen, bei einem Lehrer, Gott weiß, wann und wo, aber er ist viel besser geworden. Wir sind dann jedes Jahr gefahren, Arosa, Davos, Zürs, St. Moritz. Und er hat mich regelmäßig versägt. Zack! Er konnte alles! Beim Tennis war es genauso. Er hat gearbeitet wie wahnsinnig, und dann konnte er Schläge, die kannte ich nicht einmal mit Namen.

Das klingt sehr anstrengend. Hast du dich diesem Wettbewerb bereitwillig ausgesetzt oder gezwungenermaßen?

Der sportliche Wettbewerb ist ja etwas anderes als die berufliche Konkurrenz. Die ist nichts anderes als die Kehrseite der Abhängigkeit, und die wiederum sucht man sich nicht aus. Du nennst das anstrengend. Aber man kommt doch schon als Kind in ein Konkurrenzgemenge und findet sich dann da so und so zurecht, wie es einem eben gelingt. In meinem letzten Buch habe ich geschrieben: «Jeder kämpft darum, der zu sein, der er gerne wäre.» Ich stelle für mich fest, dass ich am Wettbewerb nur in dem Maße teilgenommen habe, wie er das mir lebensnotwendige Bedürfnis nach Freiheit nicht zu ersticken in der Lage war.

Hattest du ein Konkurrenzempfinden zu Uwe Johnson?

Nein, niemals. Er war zu verschieden. Wir schwebten nicht auf demselben Stern. Ich habe ihm einen hymnischen Willkommenstext geschrieben, als er 1959 in den Westen übergesiedelt ist.

«Das ist die Prosa, die unsere vom Nachrichtendienst genährte Vorstellung vom Leben im ‹ostdeutschen Teilstaat› ablöst», hast du damals geschrieben und ihn den «ersten Chronisten der deutschen Zweiteilung» genannt.

Ah, habe ich das geschrieben? Ja, gut. Der Uwe hatte jedenfalls nie eine sprachliche Scheu, mich oder den Siegfried als seine Freunde zu bezeichnen. Mir war das immer ein bisschen peinlich. Also, der Uwe wird schon mein Freund gewesen sein, auch wenn ich das Wort nicht für jede Phase benutzen würde. Aber ich hatte sicher keine andere, nennen wir es mal Beziehung, die so andauernd, so konkret, so in alles Reale hinreichend war, wie jene zum Uwe. Gleichzeitig ist er der Mensch, mit dem ich mich am meisten und schlimmsten gestritten habe. Dagegen ist ein Ehepaar nichts. Er hat mal in der Nähe von London gewohnt, und wenn ich ihn mit Käthe und Franziska besucht habe und wir die beiden in die Stadt geschickt haben ins Theater, damit wir zusammen sozusagen einen Männerabend verbringen

können, da war er mit Sicherheit bereits lange aus dem Haus
gestürmt, wenn sie zurückkamen, weil er und ich uns schon
wieder verkracht hatten. Es war einfach nichts zu machen.
Es reichte an körperliche Tätlichkeiten heran.

Ihr habt euch geprügelt?

Nein, das nun nicht. Pass auf, ich hatte in Biberach gelesen.
Der Uwe war dabei. Es ist Winter, Januar, die Straßen sind
voll Schnee. Ich fahre das Auto. Käthe sitzt auch mit dabei.
Ich bekomme mit Uwe Krach, weil er sagt, dass ich Käthe
fahren lassen soll. Aber ich kann doch Käthe nicht in der
Nacht im Schnee auf einer Überlandstraße fahren lassen.
Selbst wenn ich etwas getrunken haben sollte. Er verlangt
das aber. Ich weigere mich. Er nötigt mich, das Auto zum
Stehen zu bringen, und springt heraus, nachts, im Schnee,
zwischen Biberach und Ravensburg. Wir sind im Schritt-
tempo neben ihm hergefahren und haben ihn durch das
geöffnete Fenster, in das der Schnee hereinwehte, gebeten, wieder einzusteigen. Aber er geht und geht und redet
kein Wort. Und erst ein paar Kilometer weiter, Jakob, ich
schwöre es, ist er wieder eingestiegen, stumm. Und kurz
darauf, ich weiß nicht, ob es dieselbe Nacht war oder eine
der nächsten, bekommen wir wieder Krach, er haut wieder
ab, geht zu Fuß von Nußdorf nach Überlingen, ich fahr mit
dem Auto hinterher, sehe ihn, steige aus, lass das Auto stehen und renne, weil ich sehe: Er geht zum Telefonhäuschen
und will jetzt Elisabeth anrufen. Seine Frau. Das wollte ich
nicht. Also erreiche ich ihn noch, und dann kämpfen wir im
Telefonhäuschen darum, dass er nicht telefoniert, und wir
ruinieren dabei das Telefon. Ich habe am nächsten Tag die

Post angerufen und gesagt: Ich bezahle das. Die Post erließ
es mir. Also, verstehst du? Man hatte dauernd Krach mit
ihm. Mit Siegfried nie. Mit Uwe immer. Aber es war, bis auf
dieses Telefon, meist kein schädlicher Krach, nur immer ein
sehr lauter.

*Immerhin hat er dich mitgenommen, als er nach Jahren
seine Mutter das erste Mal wiedergesehen hat.*

Daran erinnere ich mich fast gar nicht mehr.

Fühltest du dich für ihn verantwortlich?

Um Gottes willen, nein! Das hat er gut zu verhindern gewusst durch seine wirklich groteske Besserwisserei. Er
wusste alles besser. Er war wirklich der selbstgerechteste
Mensch, den ich je erlebt habe. Übrigens hielt er sich auch
für einen glänzenden Automechaniker.

Wie bitte?

O ja. Ich hatte damals diesen schönen Fiat, einen 2100, weiß,
mit schwarzem Dach. Wir fuhren von Frankfurt nach Friedrichshafen, Uwe und ich, aus irgendeinem Grund habe ich
in Biberach an der Tankstelle gehalten und mit dem Gara-
gisten gesprochen, dass etwas nachgesehen werden muss.
Da konnte man sicher sein, dass der Uwe sich einmischen
würde, um uns beiden zu erklären, was jetzt an dem Fiat
nicht stimme. In Wahrheit hatte er keine Ahnung. Vom Fiat
ohnehin nicht. Er kam aus der DDR. Abgesehen davon fuhr
ich bereits seit zehn Jahren Auto und kam ganz gut zurecht.

Aber er musste uns die Lektion erteilen, dass er auch hier
bestens Bescheid wusste.

Und du?

Na, entschuldige! In dem Fall hatte ich wirklich keine Be-
lehrung nötig.

Gut. Aber du bist auch ein Rechthaber.

Ja, das mag wohl sein. Aber niemals, was Autos betrifft. Jakob, mit dem Uwe hat man wirklich einmalige Situationen
erlebt. Einmal hat er meine Uhr genommen und sie aus dem
Lokal auf die Straße geworfen.

Warst du wie sein älterer Bruder?

Das will ich nicht von mir selber sagen müssen.

*Oder warst du eher sein väterlicher Schriftstellerfreund, so
wie Flaubert für Maupassant.*

Wie viel älter war Flaubert denn?

Oh, ich glaube, beinahe dreißig Jahre.

So groß war der Abstand zwischen dem Uwe und mir nicht,
ich war ja nur sechs Jahre älter. Einmal hat er bei Käthe
angerufen und ihr nur einfach gesagt, ich sei der einzige
Freund, den er habe. Aber auf Dauer bedeutete das dann
doch nicht so sehr viel. Das habe ich erst nach seinem Tod

erfahren. Nach seinem Tod habe ich ihn noch besser kennengelernt. Es gab da zum Beispiel ein Bändchen von mir
mit 99 Sprüchen, den «Grund zur Freude» von 1978. Also,
der Siegfried wollte die ja nicht bringen, und deshalb erschien es dann nicht mehr im Suhrkamp Verlag. So weit, so
gut. Aber als der Uwe tot war, hat Siegfried mir gesagt, dass
er Uwe das Manuskript geschickt hatte und dass Uwe ihn
darin bestärkt habe, das nicht zu bringen. Er hat ihm offenbar sogar Parodie-Strophen für meine Strophen geliefert.
Das fand ich nachträglich einigermaßen deprimierend. Ich
hatte gedacht, meine Beziehung zu ihm sei mindestens so
eng wie die zum Siegfried, mindestens so wichtig. Und dann
erfahre ich, dass der Siegfried ihn sozusagen um Munition
gegen mich gebeten hat – und er hat sie geliefert. Du erlaubst unter diesen Umständen, dass ich die Frage nach der
Möglichkeit von Freundschaft stelle.

Hast du nie jemanden verraten?

Das klingt sehr dramatisch, da kann ich hoffentlich sagen:
«Nein.»

*Günter Grass hat einmal gesagt, Johnson sei «wie eine
Amme» um dich besorgt gewesen, und hinzugefügt: «Leider, muss man sagen, hätte man Uwe Johnson einen Uwe
Johnson als Amme zur Seite stellen müssen, der auf ihn auf-
gepasst hätte in seinen letzten Lebensjahren.»*

Ja, das ist richtig. Aber das konnte ich nicht sein. Das Misslingen dieser Freundschaft reichte über seinen Tod hinaus.
Da rief mich ein Anwalt aus London an und sagte: «Uwe

Johnson hat Sie zu seinem Testamentsvollstrecker ernannt.»
Ich habe geantwortet: «Bevor ich das annehme, muss ich
das Testament sehen.» Er hat es mir geschickt, und ich habe
dankend abgelehnt. Darin stand nämlich, dass Uwes Tochter
Katharina zu enterben sei, weil er glaubte, sie sei von einem
tschechoslowakischen Geheimdienstoffizier gezeugt worden. An so etwas wollte ich nicht teilhaben.

Hast du denn die «Jahrestage» gerne gelesen?

Ja, habe ich. Ich weiß nicht, ob ich ihm das gesagt oder geschrieben habe, ich finde das Buch toll, wenn es drüben
spielt, in Mecklenburg. Und nicht so toll, wenn es in New
York spielt. Mecklenburg ist wunderbar, New York fand ich
anbiedernd. Aber entscheidend bleibt sein Jakob-Buch. Das
war einzigartig. Das schönste. Er hat dann kein solches Buch
mehr geschrieben.

*Aber wenn du das so sagen kannst, dann bist du doch nicht
so ein Selbstischer, oder?*

Ich hatte mit Uwe kein Konkurrenzproblem. Nicht einmal
in unserem Verhältnis zum Siegfried. Und was den Literaturbetrieb angeht, hatte ich mein Erfolgsbedürfnis durchaus befriedigend erledigen können. Ich musste ihm nichts
neiden.

*Wen hättest du denn beneiden können? Welcher Freund
konnte kein Freund sein, weil die Konkurrenz dazwischen
war?*

Ja, gut, der Grass, das war ein ganz anderer Fall. Als er auf-
tauchte mit seiner Lyrik, 1955, da war er bewundernswert
und löste bei mir sofort ein stürmisches Gefühl der Zustimmung aus. Dann kam sein Blechtrommelerfolg. Da
ging es mir ein bisschen wie mit den «Jahrestagen»: Danzig
war toll, Düsseldorf nicht mehr so. Wir waren in mehr als
einer Hinsicht aufeinander bezogen, durch Herkunft, Beruf,
Jahrgang.

*Du hast mal mit ihm ein Gespräch in der «Zeit» geführt.
Das ist sehr hübsch. Du nennst ihn einen «Spätexpressio-
nisten», der mit seinem lyrischen Temperament für dich
außer Konkurrenz laufe. Er lobt deinen «Halbzeit»-Roman,
«auch wenn es mit meinem Schreiben überhaupt nichts zu
tun hat». Auf diese Weise manövriert ihr euch aneinander
vorbei.*

Er hat antifaschistische Prosa geschrieben, so wie Böll Anti-
kriegsprosa. Ich wollte beides nicht. Darum fühlte ich mich
imstande, ihn zu respektieren, manchmal, ihn zu mögen.
Wir haben uns allerdings rasch voneinander entfernt, nicht
meinetwegen. Es war ein politisches Problem. Als dann
noch die Solschenizyn-Sache passierte, war für lange Zeit
Schluss.

Die Solschenizyn-Sache?

Ja, das kannst du nicht mehr wissen, das war 1974. Nachdem
«Der Archipel Gulag» auf Deutsch erschienen war, gab es
eine große Solschenizyn-Begeisterung im Land, und es war
unübersehbar, wie sehr diese Begeisterung als Domestizie-
rungsmittel in der innenpolitischen Auseinandersetzung

missbraucht wurde. Da Solschenizyn das wirklich nicht
verdient hatte und Stalins Lager, ehrlich gesagt, nichts, aber
rein gar nichts mit der deutschen Debatte über Berufsverbote zu tun hatte, übte ich mich in Gehorsamsverweigerung.
Das nahm man mir dann schon wieder übel. Günter Grass,
der damals die Rolle des intellektuellen Platzanweisers in
der Republik ausübte, gab die Order aus, dass man mit mir
nicht mehr zu reden habe – und mit Peter Weiss und Franz
Xaver Kroetz auch nicht, die hatten es offenbar auch am
entsprechenden Dissidentendienst fehlen lassen.

Heute würde man das eine Fatwa nennen.

Er hat uns ausquartiert.

*Du warst ziemlich sauer. In deinem Tagebuch hast du
damals geschrieben: «Ich möchte durch Selbstkritik und
positive Mitarbeit erreichen, dass Günter Grass noch einmal überlegt, ob er mich nicht herausnehmen könnte aus
der Reihe der Schriftsteller, mit denen er, wie er sagt, nichts
mehr gemein habe und mit denen es, wie er sagt, keinen
Dialog mehr gebe. Ich hoffe zutiefst, dass auch meine Kollegen Peter Weiss, Franz Xaver Kroetz und Günter Herbur-
ger in diesem Augenblick an einer Selbstkritik arbeiten und
darüber nachdenken, durch welche Art von öffentlicher Äu-
ßerung sie das Vertrauen von Günter Grass zurückgewin-
nen können.»*

Wir haben uns viel später wieder vertragen, als dieser ganze
Zirkus vorbei war. Er hat mir immer imponiert – und gleich-
zeitig hat mich seine lebenslängliche Wahlkampftour für die
SPD angeödet. Ich konnte den nennenswerten Unterschied

zwischen CDU und SPD nicht erkennen – und darum auch die Heftigkeit dieses Engagements nicht nachempfinden.

In dem «Zeit»-Gespräch redet ihr über die Lesung bei der Gruppe 47, bei der ihr euch 1955 kennengelernt habt. «Du hast wirklich toll ausgesehen. Und das tust du auch heute noch», sagst du zu ihm, und er antwortet: «Hast du also gar nicht zugehört bei meiner Lesung?!» Du: «Damals hattest du dieses vom Bodensee aus gesehene Exotische, kaschubisch Exotische.» Mir hat dieser liebevolle Ton gut gefallen.

Ja, der Günter war ein toller Kerl. Ich weiß noch, wie der Adriaan Morriën einmal bei uns zu Besuch war. Von Adriaan habe ich schon erzählt, oder?

Nein.

Oh, nicht? Er war ein Schriftstellerkollege aus Holland, den ich auf jener Tagung der Gruppe 47 kennengelernt habe, in Capo Circeo. Er hat auch gelesen, und er hat den Preis gewonnen. Das war 1954. Ich bekam 19 Stimmen. Und er 20. Da war ich überhaupt nicht unglücklich, denn ich liebte ihn sofort. Es gab nichts Schöneres, als dass er den Preis bekam. Wir blieben dann ein Leben lang zusammen, auf eine etwas entfernte Weise. Günter war also zu Besuch, als auch der Adriaan bei uns war. Und eine Tante war auch da, die Tante, musst du wissen, war eine Nonne in einem Kloster. Ich habe den Adriaan und den Günter dann zusammen im Kinderzimmer eingeschlossen. Der Adriaan war ein erklärter Atheist, und Günter war einfach alles zuzutrauen. Ich konnte nichts riskieren, weil meine Tante wirklich eine tolle Klosterfrau war.

Wer war das?

Das war Katharina, genannt Kathrie, die eine Nonne bei den
Franziskanerinnen war und dort Schwester Thaddäa hieß.
Weil ihr Vater Thadeusz geheißen hatte. Und der konnte ich
nun weder den Günter noch den Adriaan zumuten. Obwohl
der Adriaan vielleicht mein intimster Freund war. Jakob,
wenn wir tausend Jahre alt geworden wären, hätten wir nie
ein Problem gehabt, der Adriaan und ich. Wir waren wirklich, das darf man sagen, ein Herz und eine Seele. Der war
nun wirklich ein Freund. Der war dafür zart genug. Mit dem
hätte man niemals auch nur den Hauch eines Krachs haben
können. Der hat uns so oft besucht. Und immer ist er mit
einer neuen Freundin gekommen, und immer wurden diese
Freundinnen jünger und jünger. Ich weiß auf der Welt nichts
so zu schätzen wie Zartheit. Das ist für mich die höchste
menschliche Wesens- und Erscheinungsform.

Bei Männern und Frauen?

Ja, um Gottes willen! Gut, bei Männern vermisst man sie
meistens nicht. Aber man freut sich ungemein, wenn sie da
ist. Also, Jakob, du wolltest über Freundschaft reden. Ich
sehe an der Art und Weise, wie du deine Papiere zurecht-
rückst, dass du der Ansicht bist, wir seien mit diesem Gespräch jetzt am Ende. Du hast deinen Tee getrunken und
mir alle Fragen gestellt und fährst jetzt wieder irgendwohin.
Aber bevor du gehst, bin ich so weit, es dir ganz einfach zu
sagen. Mit Adriaan hätte ich mein Leben auf jeder Insel verbringen können. Die zwei wichtigsten Freundschaften meines Lebens waren Siegfried Unseld und Uwe Johnson. Aber

dennoch – und jetzt werde ich ganz rabiat sentimental, und ich wage kaum, es auszusprechen –, am meisten vermisse ich den Helmut Jedele. Und dann wird das doch wohl auch Freundschaft gewesen sein. Er war der Einzige, mit dem ich in eine Spielbank gehen konnte. Und jetzt, was ist jetzt? Heribert Tenschert. Das ist sozusagen die reifste Frucht an meinem Freundschaftsbaum. Wir genießen schon seit mehr als zehn Jahren, was wir mit und aneinander haben. Ich glaube, sagen zu dürfen: Diese Freundschaft bleibt. Es gibt eben so viel zu bewundern an ihm. Das belebt, und dass er dann auch noch meine Gesamtausgabe gemacht hat, und wie er sie gemacht hat, das macht aus ihm einen Schatz, in jeder Hinsicht. Und dann sieht er auch immer so gut aus, dass man sich nicht sattsehen kann an ihm. Ich glaube, das gehört dazu, dass ein Freund auch gut aussieht. Du kennst meinen Satz: Mehr als schön ist nichts.

Mich wundert, dass der Name Michael Pfleghar noch nicht aufgetaucht ist. Das muss doch auch eine Art Freund gewesen sein.

O danke, danke, danke, lieber Jakob, und wie das passt, mehr als schön ist nichts, denn Micha war, um das gleich zu sagen, von allen Freunden der schönste. Um dir eine vage Vorstellung zu geben, sage ich boulevardverfallen, er hat ausgesehen wie ein persischer Prinz. Glaub mir, das ist kein bisschen übertrieben. Und unsere Geschichte war so schön wie traurig. Ich hatte doch, als ich vom Funk zum Fernsehen wechselte, auch im Fernsehen die Reihe «Zeichen der Zeit». Satirische, kritische, unterhaltende Szenen jeder Art. Wir hatten eine Band, Hazy Osterwald, fünf oder

sechs wunderbare Musiker aus der Schweiz. Dazu brauchte
ich einen Cutter, und das war Michael Pfleghar. In der Zu-
sammenarbeit merkte ich bald, dass er das, was nötig war,
viel besser konnte als ich. Mach du Regie, habe ich gesagt, er
hat sofort übernommen. Es war eine betörende Zusammen-
arbeit. Er ist oft genug zu uns nach Korb gekommen, wo wir
damals wohnten, ca. 20 Kilometer von Stuttgart. Und er hat
dann angefangen, selber Fernsehshows zu machen, war sehr
erfolgreich, am bekanntesten wurde seine Serie «Klimbim».
Dann das Jahr 1986, Micha machte eine gewaltige Show zum
100-jährigen Bestehen von Mercedes. Filmszenen und Live-
szenen gemischt, das Neckarstadion überfüllt, Prominenz
jeder Art, die Chefs der größten Automobilmarken der
Welt, als Conférencier Niki Lauda, der weltberühmte, von
einem Unfall entstellte Rennfahrer. Und der Abend wurde
eine Katastrophe. Einfach überladen, langweilig, furchtbar.
Später hat sich Micha umgebracht. Es können noch private
Gründe mitgespielt haben. Für mich war es entsetzlich. Er
war mit dem Projekt auch zu mir gekommen, hat es mir
entwickelt, ich konnte ihm nichts sagen, was die Katastrophe verhindert hätte. Bezeichnend war, dass er zu diesem
Besuch Nancy Sinatra mitgebracht hat. Er war immer von
aufregender Schönheit umgeben. Er fuhr nur große Autos!
Und wie er sie fuhr! Sein Stil war Übertreibung! Und das
war immer ein Genuss. Bis auf die Mercedes-Show. Dass
eine Freundschaft, die wirklich eine war, einen Selbstmord
nicht verhindern kann, ist eine niederdrückende Erfahrung.
Unsere Freundschaft war innig und wurde nie zwischen uns
zur Sprache gebracht.

8.

Im Dienst des Rechthabenmüssens

Über Politik, Literatur und deutsche Fragen

Bist du ein politischer Schriftsteller?

Es gab eine Zeit, da hätte ich sofort mit Ja geantwortet – und das wäre die Unwahrheit gewesen. Aber das wusste ich damals noch nicht. Aus der Summe meiner Erfahrungen heraus sage ich heute: Nein! Ich habe einen Teil meines Lebens im Dienst des Rechthabenmüssens verbracht. Ich war ein sogenannter Intellektueller, und als solcher war es meine Aufgabe, recht zu haben. Es entsteht da ein ungeheurer Verbrauch an Rechthaben und Sichgerechtfertigtfühlen. Ich zähle mich schon lange nicht mehr zu den Schriftstellern, die wissen, wie alles sein muss.

Ist das die Alternative: Rechthabenmüssen – oder gar kein Engagement?

Ah, da haben wir schon das Wort: Engagement. Das haben wir sozusagen doppelt aus dem Französischen übernommen. Littérature engagée. Ich habe Engagement nie für ein Pflichtfach des Schriftstellers gehalten. Schon als ich den Hesse-Preis bekommen habe, 1957, habe ich gesagt, der

Schriftsteller dürfe nicht so tun, als könne er die Gesellschaft von außen beurteilen. Ich wollte kein gesellschaftskritischer Schriftsteller sein. Aber das musste bedeuten, dass ich – und das war das Schlimmste, was man einem Schriftsteller nachsagen konnte – affirmativ war. Was für eine lächerliche Skala das ist: kritisch oder affirmativ. Wenn ich einen Roman schreibe, denke ich doch nicht daran, ob ich jetzt ein Linker bin oder ein Halblinker oder ein Dreiviertellinker. Ein Roman, der gesellschaftskritisch sein will, ist uninteressant. Als 1960 «Halbzeit» erschien, beschwerten sich einige Kritiker, dass mein Anselm Kristlein alles so mitmacht, gar nicht aufbegehrt. Ein affirmatives Buch also.

Die waren bloß wütend, dass du ihnen ein neunhundert Seiten dickes Buch zugemutet hattest.

Eigentlich hätte das Buch 1100 Seiten haben sollen.

Sind alle gesellschaftskritischen Romane uninteressant?

Das weiß ich nicht, ich habe nicht alle gelesen.

Kennst du einen gesellschaftskritischen Roman, den du gut findest?

Nein.

«Berlin Alexanderplatz»?

Ist das ein gesellschaftskritischer Roman?

So wie man das Wort gebraucht, ja. «Manhattan Transfer»,
«Der Dschungel»?

Diese Romane gehen kritisch mit der Gesellschaft um, in der
ihre Figuren leben. Das ist aber eine ganz andere Angelegenheit als ein sozusagen eindeutiges politisches Bekenntnis.
Ein guter Roman kann nicht aus einem Bekenntnis heraus
geschrieben sein. Ich will dir ein Beispiel vom Anfang der
50er Jahre nennen: Heinrich Bölls «Und sagte kein einziges
Wort». Ich habe das Buch damals für das Radio besprochen.
Da gibt es dieses Ehepaar, das in einem elenden Souterrain
wohnt. Und es gibt den Bischof der Kirche, zu der sie gehören, der seine Prachtmessen im Dom zelebriert. Ich habe
in meiner Besprechung gesagt, interessant wäre der Roman
erst, wenn dieses Ehepaar besser wohnen würde.

Was das Engagement angeht, kann es sein, dass du da von
Anfang an mit dir selbst uneinig warst? Einerseits heißt der
letzte Satz in deinem Band «Flugzeuge über dem Haus» von
1955: «Ich kann das nicht ändern.» Und das könnte auch
heute ein Satz von dir sein. Andererseits hat Hans Werner
Richter dir vorgeworfen, du wolltest die Gruppe 47 politi-
sieren. Und das begleitet dich, wenn ich es richtig sehe, dein
ganzes Leben: Engagement und Abstinenz, Einmischen und
Beobachten. Bis heute, denn es stimmt ja nicht, wenn du
vorgibst, du habest jeden Anspruch auf politische Wahrheit
aufgegeben.

Hans Werner Richter hat die Gruppe 47 wie ein Fürst geführt, ein Literaturfürst. Die Politisierung hat ihm weniger
Sorge bereitet als die Störung seiner Kreise. Aber, ja, was du

da ansprichst, das ist mein Gesang von der Rechtfertigung.
Über meine katholische Kindheit haben wir bereits gesprochen. Aber die Suche nach Rechtfertigung, Luthers Lebens-
thema, ist auch meins. Ich fühle mich nicht zuständig für
das Verhältnis zwischen Gott und dem Menschen, das durch
Sünde getrübt ist – sondern für das zwischen dem Schriftsteller und der Gesellschaft, das unter einer ungeklärten,
unklärbaren Frage leidet, nämlich der Frage nach der Zu-
ständigkeit. Darf ich dir mal aus meinem Tagebuch etwas
vorlesen, aus dem Jahr 1966:

«Dieser Beruf kann sich nicht rechtfertigen. Ich weiß
nicht, ob andere Berufe das für sich selber können. Der
Schriftsteller auf jeden Fall kann sich nicht rechtfertigen.
Ziele gelten nichts. Schöne Ziele kann jeder haben. Und
Wirkungen sind nicht messbar. Der Typhus nimmt nicht
durch Schreiben ab, und die Amerikaner in Vietnam hören
nicht auf den Schriftsteller. Der Schriftsteller muss auskommen ohne jede Rechtfertigung. Deshalb ist die Literatur voller Rechtfertigungsversuche. Asoziale brauchen das.
Über die Rechtfertigung dessen, der auf dem Kopf geht und
deshalb anderen vorwirft, sie gingen auf den Füßen … Der
Schriftsteller ist der laute Moralist. Er weiß, wie alles sein
müsste: die Politik, die Wirtschaft … Alle öffentlichen Funktionen, die er sich anmaßt, sind nichts als Klimbim … Warum erschleichen wir uns eine öffentliche Funktion? Warum brauchen wir eine? Wir können uns nicht engagieren,
wenn wir nicht engagiert sind von Natur aus. Es gibt keine
Wahl. Der Schriftsteller als ein Mensch, der an sich selbst
denkt und der das bemerkt (andere handeln einfach für sich
und bemerken es weniger), und er hat ein schlechtes, oder
besser: er hat kein gutes Gewissen, weil er so sehr auf sich

selbst bezogen ist, das scheint ihm unerlaubt, also mischt er sich ins Großeganze und übertönt sich selbst. Er möchte sich aufheben in einem größeren Geräusch.»

Du hast das Wort «Pflichtfach» gebraucht – so geht der Titel eines Aufsatzes, den du 1966 geschrieben hast: «Engagement als Pflichtfach für Schriftsteller.» Du machst dich darin über den Zwang zum parteipolitischen Engagement lustig und schreibst: «Ich setze voraus, dass man die politische Einstellung eines Autors ohnehin vertrauenswürdiger kennenlernt in seinen Produktionen.» Aber andererseits rufst du zum direkten politischen Engagement geradezu auf, dazu, sich der außerparlamentarischen Opposition anzuschließen.

Habe ich das so geschrieben?

Ich habe das so gelesen.

Und du siehst da einen Widerspruch? Das erkläre ich dir gerne. Es gibt eine Indienststellung des Intellektuellen, der ich misstraue. Und es gibt ein Sichindienststellenlassen des Intellektuellen, das ich verachte. Es war doch damals eine groteske Situation, dass alle Welt wusste, wo der engagierte Schriftsteller zu stehen hat. Und dass er auf alles eine Antwort – und zwar genau nur eine Antwort – haben musste. Dass man als Schriftsteller eine Allzuständigkeit hat, für den Kommunismus, die Schulreform, die Ehe und weiß Gott für was noch. Aber andererseits, und das ist der scheinbare Widerspruch, der dir aufgefallen ist, gibt es Provokationen, denen sich der Schriftsteller ausgesetzt sieht – so wie ein

Rechtsanwalt oder ein Lehrer oder ein Tischler. Dann darf er reagieren. Manchmal muss er sogar. Ich lasse mich nicht gerne provozieren. Hier, ich habe die Stelle in dem Aufsatz von damals, ich lese es dir vor: «Mir schwebt vor, ein Schriftsteller lässt sich provozieren nur noch zum Schreiben, nur noch zu seiner eigenen Arbeit, und weigert sich, den Reizlärm zu verursachen, den man von ihm erwartet als einen Beitrag zum Betrieb … Aber mir selber schriebe ich gerne vor, mich in jedem Fall so lange als möglich zu wehren gegen die Provokationen der Zeitgeschichte.» Der Vietnamkrieg war für mich eine solche Provokation.

Du sagst, du lehnst das Bekenntnis ab – aber du hattest doch mal eines. Du hast dich für links gehalten.

Es ist noch kein Bekenntnis, wenn ich auf eine Provokation reagiere. Und wenn das Ergebnis der Provokation dann links genannt werden kann, bitte. Aber das sind Einstufungen, die von außen vorgenommen werden. Das ist ein äußeres Vokabular, das da zum Einsatz kommt. Mir bedeutet das Wort «links» im politischen Sinne nichts mehr. Ich muss sagen, die Linken haben es mir kaputt gemacht. Ich nenne dir ein Beispiel: 60er Jahre, Vietnamkrieg, im Fernsehen läuft ein Fußballspiel, ich sitze da mit zwei Freunden, einer war ein ziemlich radikales DKP-Mitglied. Das Spiel geht gegen Moskau. München gegen Moskau. Und plötzlich merke ich, die sind dafür, dass Moskau gewinnt. Nachher haben wir darüber diskutiert, und ich habe gesagt: So kommt die DKP nie auf einen grünen Zweig, wenn ihr bei einem Fußballspiel dafür seid, dass Moskau gewinnt. Das war für mich unvorstellbar. Da siegt das Bekenntnis über ein anderes.

*Du hast in einer Rede einmal eine Tagebuchstelle zitiert,
in der es, unter dem Datum vom 14. Juni 2000, heißt: «Da
er öfter bemerkte, dass er etwas dagegen hat, dass es ungerecht zugeht in der Welt, sah er, als er sich umsah nach
einer Bezeichnung für seine ungerechtigkeitsabweisende
Empfindlichkeit, schließlich ein, dass er links war. Da er
Menschen beobachtete, die auf Ungerechtigkeit nicht so re-
agierten wie er, musste er einsehen, dass er besser war als
andere. Das führte dazu, dass er erkannte: der Linke ist der
bessere Mensch.» Warum der Hohn?*

Ist das Hohn?

*Du verhöhnst Menschen, die Mühe haben, Ungerechtigkeit
zu ertragen.*

Große Worte! Ich verhöhne, wie du sagst, höchstens mich
selbst. Und solche, die sind, wie ich war. Ich habe erlebt,
auch an mir, wie der Linke sich für den besseren Menschen
hält. Aber es gibt keine besseren Menschen.

*Ist das so? Ich halte mich für links – aber nicht für den bes-
seren Menschen.*

Das glaube ich dir nicht. Du sagst, dass du dich nicht für den
besseren Menschen hältst, weil du nicht überführt werden
willst. Aber wenn du meinst, dass du im Recht bist, dann
musst du dich geradezu für besser halten als jene, die deiner
Meinung nach im Unrecht sind.

*Das ist eine Logelei. Dann dürfte man nie mit sich einer
Meinung sein.*

Das ist ein spannender Gedanke. Ganz genau so sehe ich das.
Ich will nur noch Leuten glauben, die zu ihrer Meinung auch
die jeweilige Gegenmeinung kennen und erklären können.
Jeder, der etwas behauptet, soll sich selbst zuvor das Gegenteil seiner Behauptung erklären.

Das klingt unpraktisch. Ich habe eine Haltung, für die ent-
scheide ich mich, und ich weiß, dass andere Haltungen
denkbar sind.

Ja, aber du glaubst, deine sei die bessere. Ich habe Auftritte
von dir gesehen, da hast du einen Überfluss an Rechthaben
ausgestrahlt und eine große Verurteilungsbereitschaft. Da
traf auf dich zu, was ich in meinem «Jenseits» schreibe:
«Wenn man mehr recht hat, als man zur eigenen Rechtfertigung braucht, benützt man den Überfluss an Rechthaben
dazu, andere zu verurteilen.» Ich werfe dir das nicht vor. Ich
kenne das. Ich war so.

Und ob. Du warst in den 6oer Jahren, dem großen, politi-
schen Jahrzehnt, ein echter Aktivist. Du hast dich mit DGB-
Leuten wegen der Gründung einer linken Tageszeitung
getroffen, du hast ein Vietnam-Büro ins Leben gerufen, du
hast an der Gründung des «Verbandes deutscher Schrift-
steller» mitgewirkt. Und das ist nur ein kleiner Ausschnitt.
Du hast phantastische politische Pamphlete verfasst: «Wer
die Evolution wirklich will, der muss die Revolution be-
treiben. Das heißt: Er muss die Demokratisierung dieser
Gesellschaft fordern bis zu einem Grad, der von den jetzi-
gen Stoppern als sündhaft, gesetzeswidrig oder gar kom-
munistisch diffamiert wird.» Und 1967 hast du eine Kritik

des Neoliberalismus formuliert, die kürzer und prägnanter heute auch nicht zu formulieren wäre: «Sie haben den Staat degradiert zu einer Bürokratie zweiten Ranges, ihr eigenes Wirtschaftsgesetz aber stilisierten sie zu einem Naturgesetz.» Ich finde das großartig. Ist dir das heute peinlich?

Das kommt darauf an – ich habe die Unterscheidung gemacht zwischen Vokabular und Sprache. Und ich bin bei mir, wenn ich Sprache benutze, aber ich bin nicht bei mir, wenn ich mich des Vokabulars schuldig mache. Und, siehst du, «Demokratisierung der Gesellschaft», das ist Vokabular, keine Sprache. Und ich muss auch nicht über «den Marxismus» reden, mir genügt es schon, wenn ich über meine Kindheit spreche. «Ausbeutung» und «Entfremdung» kenne ich nicht aus Büchern, sondern von zu Hause. Aber auch ich war anfällig. 1961 habe ich einen Band im Rowohlt Verlag herausgegeben: «Die Alternative oder Brauchen wir eine neue Regierung?» Furchtbar! Lauter tolle Autoren: Enzensberger, Lenz, Rühmkorf ...

... und Grass ...

... natürlich, Grass – aber lauter schlechte Texte! Reines Feuilleton der schlimmsten Sorte! Mein Beitrag war sicher einer der dürftigsten! Die meisten von uns haben nichts getan, als unsere Gefühle zu formulieren, warum die SPD unbedingt die nächsten Wahlen gewinnen sollte. Aber parteipolitisches Engagement, um das Wort noch einmal zu benutzen, sollte nicht die Sache von Schriftstellern sein. Jakob, mir war das wirklich peinlich.

Aber das Buch war ein Bestseller.

Ja, das stimmt. Ich glaube, wir haben damals beinahe 80 000 Exemplare verkauft. Aber in diesem einen Fall, ausnahmsweise, wäre mir ein Reinfall lieber gewesen. Es war das reine Vokabular, damals war ich anfällig für Angelerntes. Aber wovon man keine eigene Erfahrung hat, davon soll man schweigen. Das ist aber, so unangenehm mir das ist, nicht das Ende der Geschichte meiner Anfechtungen. Ihren Höhepunkt erlebte sie zu Beginn der 70er Jahre mit einer Rede in Konstanz. Es ging um Kapitalismus und Demokratie.

Das ist doch toll. Darüber habe ich ein Buch geschrieben.

Hast du?

Ja.

Das wusste ich gar nicht. War es ein Erfolg?

Ich fürchte, nein.

Siehst du. Vielleicht war es voll von Floskeln und unerfahrenem Vokabular wie meine Rede in Konstanz.

Guck, hier in deinem Tagebuch steht unter dem 8. 11. 1970, Konstanz. «‹Kapitalismus oder Demokratie›. Rede auf der Jungbürgerfeier. Immer die neueste Aufgeregtheit, ich bin ziemlich weit weg, jetzt muss ich bloß noch lernen, wirklich zu verschwinden, ohne Hoffnung oder Kalkulation abhauen und denen den Lärm überlassen, die ihn noch lieben.» Du warst offenbar schon damals nicht so überzeugt.

Ich schäme mich geradezu für diesen Auftritt. Selbst heute noch. Da habe ich schlimmstes Vokabular gedroschen.

Ist einer denn immer ein «Vokabulardrescher», wenn er sich hinstellt und sagt, dies und jenes müsse besser werden?

An wen denkst du?

An Jean Ziegler. Den Soziologen und Bankenkritiker aus der Schweiz. Er wurde 1934 geboren, ist also nicht viele Jahre jünger als du. Ich habe ihn einige Male erlebt und war sehr beeindruckt.

Ziegler ist ein großer Rechthaber – aber kein Phrasendrescher. Ich bin nicht seiner Meinung, wenn er die Konzerne und Banken als Wurzel allen Übels der Welt darstellt. Aber seine Heftigkeit hat Qualität.

Und Joachim Gauck?

Na, da sind dir ja die Richtigen eingefallen! Auch ein Erzrechthaber. Ziegler und Gauck treten beide so auf, als wüssten sie Bescheid. Beide sind Sonntagsredner. Prediger. Ich beneide sie inzwischen nicht mehr um ihr hohes Maß an Gerechtfertigtsein. Des Rechthabenmüssens bin ich schon vor langer Zeit müde geworden. 1979 hat Habermas einen Band herausgegeben, «Stichworte zur geistigen Situation der Zeit», und mich gebeten, einen Text beizusteuern. Da war ich zwischen lauter Soziologen, Philologen und Politologen der einzige Belletrist. Mein Aufsatz hieß «Händedruck mit Gespenstern». Wenn ich einen solchen Text verfasse, dann bin ich sozusagen nicht souverän, sondern abhängig von den Stimmungen und Einflüssen dieses Jahres. Ich war von Habermas eingeladen, von einem als links gelten könnenden Wissenschaftler. Das hat mich gleich ein bisschen behauptungssüchtig gestimmt. Ich habe mich mit dem beschäftigt, was man die Öffentlichkeit nennt und die veröffentlichte Meinung. Und ich habe in aller Feierlichkeit meinen Abschied von der Eindeutigkeit erklärt. Ich les dir vor, was ich da geschrieben habe: «Es muss jetzt gestanden werden: in jedem, wirklich in jedem Fall, in dem eine Meinung eindeutig vertreten wurde, wurde Schein produziert, anstatt dass der Wirklichkeit zum Ausdruck verholfen worden wäre.» Der Wirklichkeit würde zum Ausdruck verholfen, und jetzt kommt das, was wir eben gerade schon einmal hatten, wenn jeder, der einen Standpunkt vorbringt, auch den Widerspruch zu diesem Standpunkt vorbrächte. Wenn er also mit sich selber im Streit läge. Und so landete ich bei der Aussage, dass unsere Öffentlichkeit in Wahrheit auch nur eine Simulation von Öffentlichkeit ist, dass unsere Medienlandschaft ein ziemlich künstliches Meinungsgelände ist. Habermas hat nachher zu mir gesagt: Du hast einen entsetzlichen Aufsatz geschrieben.

Ich kenne den Aufsatz. Du bezeichnest dich darin als «linken Intellektuellen» – aber du sagst das in der dritten Person und wie von ferne.

Ja, das hast du richtig verstanden. Vielleicht war dieser Aufsatz eine Art Abschied.

Man kann nicht sagen, dass du dich seitdem aus allem rausgehalten hättest. Im Gegenteil. Auf einer Liste der 500 einflussreichsten Intellektuellen des Landes besetzt du gegenwärtig den ersten Platz.

Ich wusste nicht, dass wir 500 Intellektuelle in Deutschland haben.

Es ist noch nicht so lange her, da hast du einen offenen Brief an Angela Merkel geschrieben, wegen des deutschen Engagements in Afghanistan. Du hältst ihr den früheren amerikanischen Verteidigungsminister Robert McNamara vor, der in seinen Memoiren über Vietnam geschrieben hat: «Wir haben uns geirrt, schrecklich geirrt.» Und seine Einsicht, die uns etwas sagen soll: «Militärgewalt von außen kann nicht die politische Ordnung und Stabilität ersetzen, die ein Volk für sich erkämpfen muss.»

Wenn du den Text gelesen hast, dann weißt du aber auch, dass ich dort die Bezeichnung «politischer Schriftsteller» für mich ablehne – und mich stattdessen einen «mitfühlenden Zeitgenossen» nenne. Das ist eine mir angemessene Rolle. Der Krieg ist ein eigenes Thema. Wir sollten keine Kriege mehr führen. Das ist nun eine der wenigen von der Geschichte gelieferten Gewissheiten. Wenn der Krieg ein Mittel der Politik ist, ist es falsche Politik. Eines der schönsten Ereignisse war doch, dass Gerhard Schröder uns aus dem Irakkrieg herausgehalten hat. Nachher wussten alle, was das für ein scheußlicher Krieg war. Aber währenddessen gab es eine gewisse Presse, die diesen Krieg unbedingt rechtfertigen wollte, weil Saddam Hussein so schlimm war.

Selbst Enzensberger hatte ihn ja mal als «Nachfolger Hitlers» bezeichnet.

Gibt die Geschichte denn Verbote für die Zukunft?

Wenn du das so formulierst, dann möchte man gleich sagen: Nein! Das liegt aber an der Tendenzfärbung deiner Frage.

Du hast es eben einfach so konstatiert: Weil die Geschichte so und so war, dürfen die Deutschen keinen Krieg führen. Das ist ja eine umstrittene These. Die andere Variante lautet: Gerade weil die Geschichte so war, müssen die Deutschen bestimmte Kriege führen.

Meine Variante ist: Krieg ist kein Mittel der Politik.

Wenn du intervenierst – wer ist das Publikum, wen willst du erreichen?

Oh, wenn man da mein Motiv durchleuchtet, wird es wahrscheinlich beschämend für mich. Das ist mir klar. Ich sehe die Nachrichten, dass Merkel einen Truppenbesuch macht, dass sie Soldaten die Hand schüttelt, und ich erinnere mich an alle früheren Nachrichten, nach denen diese Soldaten dort nichts bewirken können, dass sie sich selbst in Gefahr bringen und daran teilnehmen, andere in Gefahr zu bringen. Dann reagiere ich sofort. Ich muss noch am selben Abend schreiben, sonst kann ich nicht schlafen. Ich habe das inzwischen als Schwäche erkannt, wenn ich bislang daraus auch noch nicht die richtigen Konsequenzen gezogen habe – nämlich den Brief nicht zu veröffentlichen. Stattdessen schicke ich ihn der «Zeit», die ihn dann veröffentlicht. Aber in der folgenden Nummer antwortet mir ein Staatssekretär, warum der Einsatz politisch unabdingbar sei. Und ein leitender Redakteur schreibt, der Walser habe seine militärischen Erfahrungen beim Volkssturm in Sonthofen gesammelt, und darum ist er ein Ignorant.

Das war Josef Joffe, er hat damals geschrieben, Sicherheit sei «neuerdings etwas komplizierter, als in letzter Minute den Volkssturm in Hindelang aufzubieten». Ich halte das übrigens für keine gute Art, den Text eines Autors erst zu drucken und ihn dann niederzumachen. Eine Zeitung ist ja kein Schwarzes Brett.

Das muss ich mir dann gefallen lassen und bin wohl selber schuld.

Wolltest du mal in eine Partei eintreten?

Am Anfang stand ich natürlich, wie es sich gehörte, der SPD nahe. Aber die SPD kam mir bald wie eine Enttäuschung vor ...

... die Erfahrung teilst du mit vielen ...

... vor allem nachdem ich mit Willy Brandt geredet hatte. Das muss in der ersten Jahreshälfte 1965 gewesen sein, Wahljahr, Brandt gegen Erhard. Die allgemeine Stimmung war, jetzt müsse man sich entscheiden und Position beziehen. Ich begriff mich damals sozusagen als natürlichen Verbündeten der Sozialdemokraten, aber die Haltung der SPD zum Vietnamkrieg, die leuchtete mir noch nicht ein. Ich wollte mein Engagement für Brandt von Vietnam abhängig machen. Also habe ich an die Geschäftsstelle in Bonn geschrieben und um ein Gespräch mit Brandt gebeten. Ich erfahre, dass Brandt im Wahlkampf auch an den Bodensee kommt. Er wird die Fähre von Konstanz nehmen. Während dieser Fährfahrt soll ich ihn treffen. Wir begrüßen uns, ich habe ihn als stattlichen Mann in Erinnerung. Und weil die Zeit kurz ist, frage ich ihn gleich: Wie halten Sie es mit Vietnam? Er antwortete: «Ach, machen Sie sich keine Sorgen, das ist im Herbst vorbei. Der britische First Secretary of State Brown fährt gerade nach Amerika. Das ist bald gar kein Thema mehr.» Aber ich habe ihm angemerkt, dass er sich drückt. Danach mochte ich mich nicht mehr für die SPD einsetzen. Es dauerte nicht lange, und man hat mich für einen Kommunisten gehalten. Siehst du, so geht das: Erst bin ich affirmativ, dann Kommunist, später Nationalist und am Ende Antisemit. Kommt jetzt noch was?

Es ist ja interessant, dass du immer mit der jeweils schlimmsten Brandmarkung versehen wurdest. Entlang dieser Zuschreibungen ließe sich eine Geschichte der Gewissheiten der alten Bundesrepublik schreiben.

Ich sage doch: Der Überfluss an Rechthaben führt zur Verurteilung der anderen. Du kennst doch dieses Zitat von Adorno: «Es gibt kein richtiges Leben im falschen.» Das war in den ersten Jahrzehnten nach dem Krieg in den Gesellschaften des guten Gewissens sicher das am häufigsten genutzte Zitat. Der Satz kommt mit der ganzen Wucht eines alttestamentarischen Gesetzes daher. Eigentlich sagt er:

Du lebst falsch, ich lebe richtig. Ich fand es immer kurios, dass die meisten Leute, die diesen Satz gebrauchen, gar nicht wissen, aus welchem Zusammenhang er stammt. Er findet sich in den «Minima Moralia», im Abschnitt: «Asyl für Obdachlose». Der handelt von Wohnungen, wie traditionell die sind, wie modern, wie behaglich, was auch immer. Aber es geht um Wohnungen. In dem Zusammenhang steht auch der Satz: «Eigentlich kann man überhaupt nicht mehr wohnen.» Wer also sagt: «Es gibt kein richtiges Leben im falschen», der muss auch sagen: «Eigentlich kann man überhaupt nicht mehr wohnen.» Macht aber niemand, weil es niemand so erlebt. Außer Adorno. So funktioniert dieses Gedankenarrondierungsgeschäft, dieses Zuschreibungsgeschäft, in dem du tätig bist.

Ich?

Du bist doch Journalist. Es sind die Medien, die diese Gewissheiten mit Dauer und Verlässlichkeit versehen.

Dem Journalisten geht es doch nicht anders als dem Schriftsteller. Du hast einmal geschrieben und es vorhin zitiert: «Der Schriftsteller muss auskommen ohne jede Rechtfertigung. Deshalb ist die Literatur voller Rechtfertigungsversuche.» Da kann ich nur sagen: die Zeitungen auch. Und was die Gewissheiten angeht, das ist ja nur ein anderes Wort für Konsens. Sobald es Öffentlichkeit gibt, gibt es auch gleich den Konsens. Und sobald es Konsens gibt, gibt es Abweichung. Die Frage ist nur, was auf die Abweichung folgt.

Auch bei uns ist Abweichung nicht kostenlos. Man muss sie sich leisten können. Manchmal habe ich mein Konto beinahe überzogen. In dem schon erwähnten Band «99 Sprüche zur Erbauung des Bewusstseins» heißt es beispielsweise an einer Stelle: «Viel hörte man, wovon man jetzt wenig hört, in den sechziger Jahren von Demokratie. Viel kostet jetzt, was damals wenig kostete, das Bekenntnis, zum Beispiel, zum Sozialismus.» Das war die Zeit der Berufsverbote. Wer denkt daran heute noch? Ich habe über Jahre solche Vierzeiler geschrieben, wenn ich mich provoziert gefühlt habe. Das waren meine Reaktionen in kürzester Form. Irgendwann wurde mir bewusst, das könnte auch ein Buch sein. Siegfried Unseld wollte, wie gesagt, das Buch nicht bringen. Ein Spruch hieß nämlich: «Über mir keiner, am Werktag und am Sonntag, den ich nicht abwählen kann. Unter mir keiner, am Werktag und am Sonntag, der mich nicht abwählen kann.» Siegfried sagte, das geht nicht. Er sei der Chef und wolle es, bitte, auch bleiben.

Welche Rolle spielte der Vietnamkrieg für dich?

Eine große. Für mich fühlte es sich an, als sei das unser Krieg. Was Amerika angeht, bestehe ich ja auch heute noch auf meiner geradezu unbedingten Naivität – trotz allem. Es war einmal ein für mich möglicher Gedanke, dass man sogar Amerikaner werden könnte. Aber ich habe immer gelitten unter diesem Dröhnen, in das Amerika die Welt einhüllt. Es war ja dieser amerikanische Offizier, der mich mit meinem Rucksack voller Bücher vom Stadion in Garmisch nach Hause brachte. Ich habe die Amerikaner nie als Besatzer erlebt. Die Franzosen durchaus. Das ist allerdings auch

kein Wunder, wir haben den Franzosen mehr angetan. Aber
dennoch, solche frühen Eindrücke wirken nach. Es waren
die Amerikaner, die den Sender aufgebaut hatten, der dann
zum «Süddeutschen Rundfunk» wurde, meinem ersten Ar-
beitgeber. Und dann meine erste Amerikareise im Jahr 1958,
Jakob, mit dem Schiff, verstehst du? Das war doch einfach
wundervoll! Ich durfte drei Monate in Harvard sein.

*Ich weiß, du hast während der Schiffsreise Aufzeichnungen
gemacht, über die schöne Inderin Devaki, die einen Dia-
manten im linken Nasenflügel trug, den Ägypter Hamal,
der Eindruck bei den Frauen machen wollte, den beleibten
Politiker aus dem Irak, der immer aussah, als beobachte er
gerade aus einem Versteck eine Frau, die sich auszieht. Alles
wie aus «Tod auf dem Nil». Nur mehr Sex.*

Gut. Aber, bitte, wir waren bei Vietnam. Es hat mich in einer
Zeit, da ich mich für einen Linken hielt, provoziert, dass man
von uns nach den Solschenizyn-Anklagen erwartet hat, den
Sozialismus fallenzulassen – aber gleichzeitig durften die
Toten in Indochina, die ich damals für Opfer des Kapitalismus halten musste, nicht als Anlass des Zweifels an diesem
dienen? Es konnte doch keinen Zweifel geben, dass dieser
Krieg ein furchtbares Verbrechen war – und ein ganz sinn-
loses dazu. Die Franzosen waren in Indochina gescheitert,
nun scheiterten die Amerikaner – aber auf wessen Kosten?
Millionen von Toten, buchstäblich! Es war empörend, dass
die Deutschen, die Regierung, die Journalisten, diesen Krieg
halb schweigend, halb favorisierend hinnahmen und dem
Bundesgenossen Amerika nur nicht widersprechen wollten.
Im Gegenteil: Bundespräsident Lübke hat dem amerika-

nischen Präsidenten Johnson aus Anlass der Angriffe auf
Hanoi ein regelrechtes Glückwunschtelegramm geschickt
und viel Erfolg gewünscht. Du musst dir vorstellen, es gab
damals Politiker der CDU, die hätten am liebsten deutsche
Soldaten nach Vietnam geschickt. Es war eine schreckliche
Treue, in der Deutschland sich da gebunden sah. Das hat
unsere Zungen gelähmt. Meine nicht.

Ich war während des Vietnamkrieges einmal in Hamburg bei einer Diskussionsveranstaltung. Da traf ich Herrn
Bucerius, dem habe ich gesagt, wie unmöglich ich es finde,
dass die Presse eine kriegstolerante Stimmung produziert.
Bucerius antwortet also: «Fahren Sie für uns, für die ‹Zeit›,
nach Vietnam, berichten Sie darüber!» Eine Woche später
hat er mir geschrieben: «Herr Walser, inzwischen sind wir
zu der Überzeugung gekommen, dass Sie bereits wissen,
was Sie schreiben werden, daran kann uns nicht liegen.»
Damit war meine Reise abgesagt. Stattdessen fuhr, so glaube
ich, die Gräfin Dönhoff. Sie hat ein Gespräch geführt mit
dem General Ky, vor einem gläsernen Bungalow.

1966 sollte die Gruppe 47 nach Princeton reisen, zu einer
Tagung. Die deutschen Autoren wollten sich da gegensei-
tig Texte vorlesen, während in Vietnam gleichaltrige Amerikaner auf Vietnamesen schossen. Diese Einladung habe
ich dankend abgelehnt. Die anderen sind hingefahren. Ich
habe stattdessen ein «Büro für Vietnam» gegründet – ich
hielt es damals für wichtig, der regierungsoffiziellen Kriegs-
propaganda andere Informationen entgegenzusetzen. Aber
ich habe peinlich darauf geachtet, keine Ostnachrichten zu
verbreiten – ich habe immer nur französische und amerikanische Quellen genutzt. Ich war ja weder Kommunist noch
Agent Moskaus noch ein Feind der Amerikaner.

In derselben Rede, in der du 1966 in München die Gründung
deines Büros angekündigt hast, hast du immerhin gesagt:
«Wenn wir nichts vermögen gegen den Verfall der USA und
gegen unsere eigene Verfallenheit an dieses seit zehn Jahren
rasant dekadierende System, dann kann es nicht sinnlos
sein, diesen Verfall und unsere Verfallenheit wenigstens
festzustellen.»

Ja, der Krieg hat mich wirklich provoziert. Weißt du, dass
ich sogar Unterschriften gesammelt habe? Es gibt eine Art
Gesetz, wenn man 100 000 Unterschriften zu einem Begehren hat, dann muss der Bundestag darüber diskutieren.
Das hatte ich wenigstens so gehört, also habe ich gesammelt. Mein Ziel waren 100 000 Unterschriften gegen den
Vietnamkrieg und gegen seine deutsche Duldung. Hat aber
nicht funktioniert. Es kamen nur 30 000 zusammen.

Du hast dich aus Enttäuschung von der SPD abgewendet.
Hattest du dir einen Einfluss erhofft?

Um Himmels willen! Nein! So weit gingen meine Missinter-
pretationen des Engagementsbegriffs nie. Ich weiß, dass es
solche Schriftsteller gibt, die brauchen ihren Augustus oder
zumindest dessen Ohr. Und obwohl sie ihn brauchen, er-
heben sie sich auch ein bisschen über ihn. Weil sie in die
Niederungen der Alltagspolitik dann doch nicht eintauchen
wollen. Sie sind für Höheres bestimmt. Und die Politiker,
eine besondere Art von Politikern, umgibt sich gerne mit
solchen Schriftstellern. Der Schriftsteller als Accessoire. Das
war früher so, heute nicht mehr.

Du meinst Grass und seine Nähe zur SPD, zu Brandt und Schmidt?

Ich habe Günter sehr geschätzt. Aber sein Ratgebertum war mir immer fremd. Wenn ich mich in den aktuellen Dienst gestellt habe, wusste ich immer, dass ich gleichsam nur ein Leiharbeiter war. Bei Günter hatte ich manchmal den Eindruck, es handele sich um seine wahre Profession.

Kannst du dir denn vorstellen, dass ein Politiker auf einen Künstler hört?

Die Mächtigen haben ihre eigene Sprache. Ich wurde einmal von Kohl eingeladen. Um 18 Uhr saß ich auf dem Stuhl. Er kam herein, hat eine Stunde geredet – und dann ist er wieder gegangen. Ich war erleichtert. Er hatte nicht erwartet, dass ich etwas sage. Und ich habe offenbar ein Gesicht gemacht, das es ihm ermöglicht hat weiterzureden. Ich fand ihn imponierend. Es war eine erfolgreiche Kraftdemonstration. Kohl hatte ja nun wirklich nicht den Ruf, ein Kanzler der Intellektuellen zu sein. Aber ich erinnere mich, dass ich ihn noch ein anderes Mal getroffen habe, als er mehrere Schriftsteller und Intellektuelle zu sich eingeladen hatte. Es war beinahe eine Party. Alle haben verblüffend viel getrunken. Und während des Essens hat dann der Leiter des Nachtprogramms vom «Südwestfunk» zu einer improvisierten Sprachkritik angesetzt, also einer Kritik an der Sprache dieses Bundeskanzlers. Da habe ich mich heftig eingemischt und mich sehr erregt, wie lächerlich es sei, wenn nicht einmal ein Nachtlokalmensch, sondern ein Nachtprogrammmensch, einer von uns, an dieser Wirklichkeitssprache Kritik üben wollte. Das missfiel einigen der Herren sehr. Mir wurde später zugetragen, dass Reich-Ranicki, der an diesem Abend auch anwesend war, nachher gesagt habe: «Der Walser ist dem Kohl in den Arsch gekrochen.» Ich fand es peinlich, dass Schriftsteller meinten, die Sprache eines Handelnden kritisieren zu müssen.

Du erinnerst dich aber noch daran, wie Kohl aufgenommen wurde, gerade von den Pressegrößen in Hamburg? Karasek schrieb 1982 zur Amtseinführung einen Artikel über Kohls Sprache: «Der sprachlose Schwätzer». Er verspottet da Kohls Satz: «In Hölderlin war ich gut», und stellt sich vor, was der Neu-Kanzler aus Goethes «Über allen Gipfeln ist Ruh» gemacht hätte: «Wenn wir uns nun auf dem Felde der Meteorologie in die höheren Berglagen begeben, so ist dort ein vollkommenes Nichtstun, wie ich offen sagen darf, zur Anwendung gelangt.» Das war hart, aber auch sehr lustig.

Ja, sie haben sich lustig gemacht. Aber in Wahrheit war das eine unpolitische Haltung. Das ist denen gar nicht aufgefallen in ihrer ganzen Selbstüberzeugtheit. Darum fiel es ihnen so schwer, Kohl nachher zu seiner Leistung bei der deutschen Einheit zu gratulieren.

Dann lass uns jetzt über Deutschland reden.

Gut.

Du hast in «Dorle und Wolf» geschrieben, am Bonner Hauptbahnhof könne man «lauter Halbierte» sehen: «Die anderen Hälften liefen in Leipzig hin und her.» Das war ein bisschen übertrieben, oder?

Jakob, lass mich dir eine Frage stellen: Warst du damals in der DDR, vor der sogenannten Wende?

Ja, sicher. In Ostberlin sowieso. Aber auch einmal für ein paar Tage in Stralsund. Der Pastor unserer Kirche hat eine Reise dorthin gemacht und meine Schwester und mich mitgenommen.

Woran erinnerst du dich?

An Stralsund als eine schöne alte Stadt mit sonderbar farblosen Straßen, einen Kirchturm, in dem wir eine halsbrecherische Holztreppe emporsteigen konnten, an lilafarbene Lampen, die nachts die Zimmerpflanzen in den Plattenbauten am Stadtrand beleuchteten. Von heute aus gesehen, würde ich sagen: an eine graue Normalität. Aber ich war ein Kind. Die DDR hat mich nicht wirklich interessiert. Für mich endete die bewohnte und wahrscheinlich auch die bewohnbare Welt 60 Kilometer östlich von Hamburg. Ich gebe da zu, das war keine sehr politische Haltung.

Aber du beschreibst da dein Gefühl. Ich glaube dir das. Mein Gefühl war immer ein anderes. Ich habe mir niemals vorstellen können oder wollen, dass Karl May und Nietzsche ausländische Autoren sind. Aber der Zeitgeist hatte sich damit gut abgefunden. Leipzig? Ausland! Dresden? Ausland! Ich war unter meinesgleichen immer einsam mit meinem Leid an der Scheußlichkeit dieser deutschen Teilung.

Du kommst vom Bodensee. Das ist nicht direkt Zonenrandgebiet. Die Schweiz und Frankreich liegen dir näher.

Seelische und geographische Landkarten sind nicht so ohne weiteres in Deckungsgleichheit zu bringen. Dieses Argument, die Teilung gehe mich nichts an, da sie sich in weiter Entfernung von mir abspiele, habe ich immer für besonders abwegig gehalten. Du hast mir eben von deiner Erinnerung an die DDR erzählt. Ich habe eine andere. Ich bin einmal zu DDR-Zeiten mit dem Zug von Weimar ins bayerische Lichtenfels gefahren. Das kennst du nicht. Aber mach das einmal. Fahr einmal diese Strecke mit der Bahn. Jakob, jeder Weiler, jeder Wald, jede Brücke, jeder Kirchturm sind da so deutsch, wie man es sich nur denken kann. Ich habe mich nie so in Deutschland gefühlt wie in dieser Eisenbahn.

Ich kenne das nicht? Du hast den Thüringer Wald durch-quert. Ich war da mal. Schon beim Gedanken daran be-komme ich Beklemmungen.

Na, da geht es dir wie seinerzeit Franz Xaver Kroetz, der gesagt hat: «Mir ist die DDR so fremd wie die Mongolei.» Und Marcel Reich-Ranicki hat ihm zu dieser Weisheit noch gratuliert. Mir ging das anders. Ich habe mich geweigert, Thüringen und Sachsen als Verluste zu verbuchen.

Aber du hattest eben Schriftsteller genannt. Das ist doch bezeichnend. Spielt der jeweilige Grenzverlauf für den Schriftsteller eine so große Rolle? Was ist mit deinem Kaf-ka? Gehört der für dich nicht zur deutschen Literatur?

Nicht jede deutschsprachige Literatur ist deutsche Literatur. Die k.u.k. Kultur hat eine eigene Literatur hervorgebracht. Die Schweiz hat eine eigene Literatur hervorgebracht. Die

DDR nicht. Ich weiß nicht, wie es gewesen wäre, hätte es die DDR länger gegeben. Also, Kafkas Heimat war nicht Deutschland. Uwe Johnsons Heimat schon. Es macht eben einen Unterschied, ob ich sage, dass ich Leipzig nicht für Ausland halten kann oder Prag.

Aber gerade in Deutschland und in Osteuropa gibt es doch Gegenden, über die sind in den vergangenen hundert Jahren die Grenzen mehrerer Staaten hinweggezogen. Was bedeutet das dann: Ausland? Sprachraum, Kulturraum, Staatsraum sind nicht immer deckungsgleich. Beim Versuch, sie in Deckungsgleichheit zu bringen, fließt regelmäßig Blut. Die Kulturnation besteht doch unabhängig von den nationalen Grenzen.

Ah, die Kulturnation. Ja. Das erinnert mich an einen Text von Wolfgang Mommsen. Wir zitieren mal daraus, ja? «Wenn nicht alles täuscht, so ist die Geschichte der deutschen Frage in ihre Normallage zurückgekehrt ... nämlich in die der Existenz einer deutschen Kulturnation in der Mitte Europas, die in mehrere deutsche Staatsnationen gespalten ist. Alles spricht dafür, dass die Phase des konsolidierten nationalen Gesamtstaates von 1871–1933 eine Episode in der deutschen Geschichte gewesen ist und dass wir wieder, freilich auf höherer Ebene, den Zustand erreicht haben, der in Deutschland nach 1815 bestand, nämlich einer Mehrheit deutscher Staaten, mit gemeinsamer kulturnationaler Zugehörigkeit.» Das hat er 1983 geschrieben. Ich will diesem Text jetzt nicht den kostengünstigen Vorhalt machen, dass er offenbar in seiner Prognose falschlag. Das war einfach ein Missbrauch historischen Denkens. Mich hat dieses Gerede von der «höheren Ebene», auf der die deutsche Geschichte da zu sich finden soll, schon damals erzürnt, weil es eben nur einem westdeutschen Deutschlandinterpreten so flüssig über die Lippen gehen konnte. Ich habe einmal gesagt, dass ich heute in Leipzig ins Theater gehen möchte, und morgen wäre ich in Dresden, und dann wäre es das Unwichtigste, dass ich dabei in Deutschland wäre. Da hat man mir geantwortet: Aber Sie können doch in Leipzig ins Theater gehen. Was für ein Hohn! Dass die Leute aus Leipzig auch bei uns ins Theater gehen können müssen, das fiel diesem Gegenredner gar nicht ein. Das war ihm ganz gleich.

Martin, du fegst das zu schnell weg. Ich war in Hamburg auf einer Schule, die trägt den Namen des dänischen Königs, der sie gegründet hat. Das bedeutet doch etwas. Die Gegend, in der ich aufgewachsen bin, gehörte zwar zum Reich, war aber Hunderte von Jahren unter dänischer Verwaltung. Das Wesen Europas besteht aus solchen Überlappungen. Nation ist doch ein flüssiger Begriff.

Ah, du willst mir sagen, du fühlst dich wie ein Däne? Das glaube ich dir einfach nicht. Wem könnte es denn im Ernst in den Sinn kommen, die deutsche Nation als solche zu leugnen? Dass wir nur die kleindeutsche Lösung bekommen haben, ohne Österreich, das ist nun wirklich kein Argument gegen unsere Staatenwerdung. Damit hadert doch nur, wer das ganze Thema ins Lächerliche ziehen will. Wien, die österreichische Literatur, das ist alles auf k. u. k. bezogen, das hat einen anderen Charakter. Ich lasse mir die Freude an der deutschen Nation weder durch das Fehlen der Österreicher verderben – noch durch die frühere Vormacht der Preußen.

Es brauchte eben Bismarck, die Geschichte zu vollenden. Ich habe ihn einmal einen Erfüllungspolitiker historischer Tendenzen genannt. Das sehe ich immer noch so. Aber die Tendenz weist eben über Preußen hinaus. Sieh dich um, Deutschland ist nicht Preußen geworden. Im Gegenteil. Wenn mich heute jemand fragt, was ich zur Beruhigung unserer europäischen Nachbarn sagen würde, die sich vor einer neuen deutschen Großmacht fürchten, dann würde ich antworten: Das 19. Jahrhundert ist vorüber. Bismarck konnte mit der Hegemonie umgehen. Seine Nachfolger haben es verpfuscht. Aber wir Gegenwärtigen, wir haben an der Hegemonie gar kein Interesse mehr.

Wenn ich Pole oder Franzose wäre, würde das allein mich nicht beruhigen. Die historische Tendenz, von der du eben geredet hast, weist die nun über Deutschland hinaus nach Europa?

Nein. Ich hatte damals ein Gespräch mit Egon Bahr im Südwestfunk, da hat er gesagt: «Ach, Herr Walser, wir bauen jetzt das europäische Haus, nicht mehr deutsch-deutsch.» Das ist ein großer Unsinn. Er wollte einfach die Teilung rechtfertigen mit Gerede über Europa.

Du hast in deinem Tagebuch geschrieben – und zwar schon 1976 –: «Unsere Realität selbst ist gestört. Unsere nationale Realität. ... Vielleicht sogar zerstört. Und wenn etwas so Ausschlaggebendes gestört ist, ist es möglich, dass man zu allem weniger Ausschlaggebenden kein rechtes Vertrauen mehr gewinnen kann. Das ist es nämlich, was mir vor allem fehlt: Vertrauen.» Das finde ich interessant. Die Wiedergut-

machung an der deutschen Geschichte wäre für dich eine
an dir selbst gewesen?

Ja, ich habe die Störung der deutschen Wirklichkeit nach
dem Krieg ganz unmittelbar empfunden. Aber eine Hoffnung, wie du sie beschreibst, habe ich mit der Aufhebung
der sogenannten deutschen Teilung nicht verbunden. Aber
dass unsere deutsche «Normallage» auf die Kulturnation
beschränkt bleiben soll und dass uns die Staatsnation vor-
enthalten bleiben soll, das hat mir nicht einleuchten wollen.
Die Idee von der Kulturnation ist genauso ein Gerede gewesen wie das Wort vom Verfassungspatriotismus – beides
waren Formulierungen zur Festsetzung und Rechtfertigung
einer deutschen Sonderlage.

*Ich glaube dir das nicht. Die Frage der deutschen Teilung
war immer auch eine Frage der deutschen Heilung. Es ist
doch kein Zufall, dass viele Linke die Teilung als Sühne für
Auschwitz betrachteten – und dass du das vehement abgelehnt hast.*

Weil diese Sicht ein großer historischer Unfug war. Auschwitz war die Tat der ganzen Nation. Und die Teilung war
die Folge des Kalten Krieges. Die beiden Phänomene in
einen höheren Sinnzusammenhang zu bringen, das war die
eigentliche Instrumentalisierung von Auschwitz. Dagegen
habe ich mich in meiner Rede in der Paulskirche gewendet.

*Wir werden darüber auch noch sprechen. Aber die Einord-
nung der Geschichte in die Kategorien von Schuld und Sühne liegt doch angesichts des Umfangs der deutschen Ver-*

brechen nahe und müsste sich doch einfügen in die Muster
deiner katholischen Kindheit.

Aber Jakob, es gibt in der Geschichte keine Beichte, es gibt
keine Reue, und es gibt keine Vergebung der Sünden. Es gibt
keine Erlösung. Die Teilung war eine deutsche Wunde, die
geschlossen werden musste, ja. Aber Auschwitz wurde mit
der Teilung weder gesühnt, noch ist mit der Aufhebung der
Teilung die deutsche Schande ausgelöscht.

Du hast eben vom Verfassungspatriotismus gesprochen.
Was stört dich an dem Begriff?

Er ist zu intellektuell.

Das Wort hat uns den Patriotismus hinweggerettet über die
Zeit, in der man hier Mühe hatte, sich dazu zu bekennen.
Inzwischen ist man schon wieder weiter und hat den Zusatz
mit der Verfassung gestrichen.

Und? Bedauerst du das?

Die Deutschen brauchten nach dem Krieg etwas, worauf
sie stolz sein konnten – da haben sie sich die Verfassung
genommen. Nicht die schlechteste Wahl, finde ich. Ich kenne
den Phantomschmerz des amputierten deutschen Natio-
nalgefühls durchaus, den du in «Dorle und Wolf» beschrieben hast. Aber ich habe mich daran gewöhnt, weil ich weiß,
dass bei mir an der Stelle nichts mehr wächst.

Ohne es zu wollen, vielleicht ohne es zu wissen, redest du da wieder einem deutschen Sonderweg des Wort. Ich bin dankbar dafür, dass wir diese Debatten hinter uns haben. Dankbar dafür und froh darüber! Es war ein gefährliches Denken der Linken, den Deutschen verwehren zu wollen, was für alle anderen Europäer mehr als selbstverständlich ist. Ich nehme für mich in Anspruch, diesen Fehler früher als viele meiner Gedankengenossen bemerkt und ausgesprochen zu haben. Ich habe 1978 in einer Rede gesagt, dass ich es für unerträglich halte, die deutsche Geschichte in einem Katastrophenprodukt enden zu lassen. Für mich war immer klar, dass die deutsche Geschichte nicht nur einmal in Versailles gemacht wurde. Nicht nur im Moment der Reichsgründung. Sondern auch als jener Frieden dort geschlossen wurde, der keiner war, sondern ein Diktat.

Das sagst du, weil du das rote Strickkleid nicht verkraftet hast.

Nein, ich spreche in vollem Ernst. Dieses Diktat hat dazu beigetragen, Deutschland ins Elend zu stürzen. Für mich führt der deutsche Weg von Versailles in den Krieg und in die Teilung. Der Amerikaner George Kennan hat den Ersten Weltkrieg als «Urkatastrophe unseres Jahrhunderts» bezeichnet. Ohne diesen Krieg kein Versailles, ohne Versailles kein Hitler, ohne Hitler keine Teilung. Und, wie ich hinzufügen will, an die These von der deutschen Alleinschuld am Ersten Weltkrieg glaubt niemand mehr. Für mein Deutschlandgefühl ist es sehr wichtig, diesen Weg so nachzuvollziehen. Ich frage dich: Wie könnte ich es sonst als Deutscher aushalten? Wie hältst du es aus? Wir gehören doch dazu! Wir gehören dazu!

Ja, ich kenne diese Rede. Du hast darin vom «Vaterlands-
leichnam» gesprochen, den wir auf dem Rücken haben.
Und du hast gesagt, dass wir die BRD so wenig anerken-
nen dürfen wie die DDR: «Wir müssen die Wunde namens
Deutschland offenhalten.» Mir leuchtet nicht ein, dass der
Nationalstaat mit allem, was so an seelischem Mobiliar da-
zugehört, die letzte Antwort auf die Frage sein soll, wie das
Zusammenleben der Menschen am besten zu organisieren
sei. Martin, mir kommt es so vor, als suchtest du in der Ge-
schichte nach Lossagung von der Schuld, nach Vergebung.
Aber die Geschichte kann die Deutschen nicht freisprechen.
Sie waren nicht allein verantwortlich für den Ersten Krieg,
das ist richtig. Aber sie haben nach der Niederlage ihren Teil
der Verantwortung mit aller Macht geleugnet und dadurch
die Chance auf eine demokratische Wiedergeburt im Keim
erstickt. Stattdessen kam Hitler. Wenn man nicht ohnehin
der Meinung ist, es gebe nur Notwendigkeiten und niemand
habe eine Wahl, dann muss man doch sagen: Die Deutschen
haben sich so entschieden, für die Schuld.

Schuld, das ist ein Wort, das zum Argumentieren einlädt.
Für mich ist, was wir verbrochen haben, eine Schande un-
abwaschbar.

Aber du tust so, als sei es nur um das Recht der Deutschen
auf ihre Nation gegangen. Ganz so, als hätten die anderen
Völker den Deutschen etwas verwehren wollen, was sie für
sich ganz selbstverständlich in Anspruch nehmen. In dieser
Erzählung fehlt aber der Teil, in dem die Deutschen vom
Westen nichts wissen wollen, in dem sie die Demokratie als
solche ablehnen, in dem sie eine weltromantische Sonder-

rolle für sich beanspruchen. Dieser Teil der deutschen Iden-
tität ist heute nur noch mit sehr feinem Gespür überhaupt
wahrnehmbar. Aber ich würde nicht darauf wetten wollen,
dass er nie wieder zu Leben kommt. Oder, um in der Spra-
che eines deiner Aufsätze zu bleiben: Diese Gespenster sind
noch da draußen, und wer weiß, ob die schlimmsten unter
ihnen nicht eines Tages hineindrängen?

Jakob, ich bin um so vieles älter als du. Und offenbar doch
um so vieles wohlgestimmter, wenn ich in eine Zukunft
blicke, die ich selber doch keinesfalls mehr erleben werde.
Aber das Hohenzollerndeutsche, das Hitlerdeutsche, das
wirst auch du nicht mehr erleben.

Ich finde es interessant, dass die beiden großen Themen,
die dich zum Engagement – da ist es wieder, das Wort –
provoziert haben, der Vietnamkrieg und die deutsche Frage
sind. Aber vielleicht sind es in Wahrheit auch gar nicht zwei
Themen.

Wie meinst du das?

Es kommt mir so vor, als sei Deutschland dein eigentliches
und einziges Thema. Vietnam war eine Chiffre für die Rolle
als «linker Intellektueller», die du damals spielen wolltest.

Nein, das ist mir zu wenig.

Warte. In dem Aufsatz, über den wir vorhin gesprochen ha-
ben, wird das deutlich, «Händedruck mit Gespenstern». Du
beschreibst da, in der dritten Person, deine Engagements-

ermüdung. «Man setzt sich für nichts mehr ein», heißt es
da. Und: «Offenbar hat die Ichsucht, diese lebenslange
Kinderkrankheit der Intellektuellen, in ihm zugenommen.»
Der Text markiert einen Abschied. Dein Biograph Jörg Magenau hat ihn darum einen «Schlüsseltext» genannt, der
den Übergang von den 70er zu den 80er Jahren markiere.
Das halte ich für eine kluge Beobachtung. Du warst danach
kein «linker Intellektueller» mehr – und die Bundesrepublik
machte sich nach den Jahren des gesellschaftlichen Auf-
bruchs und der linken kulturellen Hegemonie auf den Weg
in die Ära Kohl.

Ich bin froh, dass ich da nur noch zustimmen muss.

9

Das Publikum liebt die Mächtigen

Über Kritik und Literaturbetrieb

Martin, was darf der Kritiker?

Ich glaube nicht, dass du dir diese Frage ernsthaft selber gestellt hast.

Ich formuliere es anders: Was erlaubst du dem Kritiker?

Ich habe dem Kritiker nichts zu erlauben und nichts zu verbieten. Du weißt, ich halte den Kritiker für einen Schriftsteller. Das hat Folgen. Ich erkläre das anhand eines Beispiels aus einem anderen, aber sehr ähnlichen, auf jeden Fall vergleichbaren Zusammenhang: Du kennst aus der Germanistik das Wort Sekundärliteratur. In Wahrheit kann es so etwas gar nicht geben. Es ist ein ganz sinnloser Einteilungsbegriff. Wer ein Buch über Goethe schreibt, schreibt ein Buch über sich. Goethe ist nur der Anlass, sich auszudrücken. Ich habe das einmal an Emil Staigers Goethe-Buch zu erklären versucht. So ist es auch mit der Kritik. Der Kritiker muss so tun, als schriebe er über einen Autor. Aber er schreibt natürlich über sich selbst. Anders sind viele Kritiken gar nicht erklärbar. Denn oft haben sie mit dem Autor viel weniger zu

tun als mit dem Kritiker. Und das ist gut so. Als Leser von
Kritiken, die mich betreffen, sage ich, dass ich einen Kritiker
umso lieber lese, je deutlicher dieser Sachverhalt wird. Ich
will der Anlass dafür sein, dass der Kritiker schreiben kann.
Und als Leser jeder Art von Texten sage ich: Dann kommt es
darauf an, wie gut eine Kritik geschrieben ist.

*Aber du hast dein Schreiben selber sozusagen mit der Kritik
begonnen. Deine Sendung «Zeichen der Zeit» beim Rundfunk war auch eine Kritik-Sendung. Du hast Medienkritik
betrieben und die Kritik der Literaturkritik. Du warst selber
ein Kritiker.*

Darum weiß ich ja auch so gut, dass jeder Kritiker ein Autor
ist. Aber um etwas direkter auf deine Frage einzugehen: Natürlich habe ich die Erfahrung gemacht, dass man negative
Kritiken genauer liest als positive. Und ich habe gelernt,
dass man einem Kritiker Zeit geben muss. Das habe ich weder immer gewusst noch praktiziert. Ich habe im Gegenteil
manchmal selber zu schnell reagiert. Aber in meinen wichtigsten Kritikerbeziehungen habe ich das mit Erfolg so ge-
handhabt! Es gibt dafür zwei leuchtende Beispiele. Joachim
Kaiser und Reinhard Baumgart, das waren, so kann man es
sagen, zu ihrer Zeit die Spitzenleute. Die waren nun keineswegs immer voll des Lobes. Aber ich habe mir gestattet ab-
zuwarten, und von Mal zu Mal wurden sie verständnisvoller,
verständnisreicher, und sie waren dann immer schöner und
angenehmer zu lesen.

Woher kommt das?

Ich erkläre es an einem Beispiel. Mein einziger Roman, auf den das Beiwort «politisch» passen würde, war «Dorle und Wolf». Wolf kam aus der DDR und Dorle aus der BRD. Dieses Buch wurde mir, kurz gesagt, von der SPD-nahen Linken übel genommen. In der «Süddeutschen Zeitung» hieß der letzte Satz einer Rezension sinngemäß, der Walser werde ja auch mal wieder etwas Besseres schreiben. Ich konnte das später umso leichter ertragen, als das Buch in Amerika von den großen Zeitungen in New York, Los Angeles, San Francisco und Boston hoch gelobt wurde. Es gefiel den Amerikanern, dass sich ein deutscher Autor erzählerisch mit der deutschen Teilung beschäftigt. Die linke Kritik in Westdeutschland war darüber alles andere als glücklich: Die Teilung galt denen eben als Sühne für die Kriegsschuld und durfte nicht in Frage gestellt werden. Sie hatten sich damit abgefunden und erfanden dafür groteske Rechtfertigungen. Aber Joachim Kaiser stammte seinerseits aus der Stadt Sowetsk, die früher Tilsit hieß. Er hatte ein anderes Verhältnis zum historischen Verlust. Darum konnte er eine so wunderbare Kritik über dieses Buch schreiben. Du fragst, was ich einem Kritiker erlaube und was nicht. Aber du siehst, sie schreiben immer über sich. Einer, der nur ein bisschen links tendiert und sagt, dies und das dürfe man nicht schreiben, der steckt im Medienopportunismus des Zeitgeistes. Der andere, der eine eigene historische Erfahrung hat, verfügt über die Freiheit des anderen Blicks. Und die Amerikaner, die gar keinen eigenen Grund haben, in dieser Sache für oder gegen etwas zu sein, zeigen ein offenes Interesse.

Hast du jemals etwas aus einer Kritik gelernt?

Nein, das ist auch nicht ihr Sinn. Der Einzige, der geglaubt hat, das sei möglich oder müsse so sein, war Reich-Ranicki. Das passte eben zu ihm. Er hat über «Jenseits der Liebe» diese sagenhaft furchtbare Kritik geschrieben. Und das nächste Buch, das «Fliehende Pferd», hat er hoch gelobt und sich selber dazu beglückwünscht, mich gleichsam erzogen zu haben. Das war eine kabarettreife Einbildung.

Du hast das Buch «Jenseits der Liebe» mit einem Zitat von Jakob Böhme eingeleitet: «Wer es verstehen kann, der verstehe es, wer aber nicht, der lasse es ungelästert und ungetadelt, dem habe ich nichts geschrieben. Ich habe für mich geschrieben.» Das klingt, als hättest du Reich-Ranickis Verriss, über den wir später noch reden werden, vorwegnehmen wollen.

Das ist ein Abschirmungszitat. Jakob Böhme bittet um die Erlaubnis, für sich selber geschrieben zu haben. Und so ist es ja auch. Man schreibt nicht für JEMANDEN, man denkt beim Schreiben nicht an JEMANDEN. Das gibt es gar nicht. Da fällt einem nichts ein. Ich habe mit meinen Figuren zu wirtschaften, nicht mit dem Leser. Ich lerne die Figuren im Laufe des Schreibens kennen, was sie sein wollen und was sie sind. Es sind meine Figuren, sie entspringen meinen Erfahrungen, und ich will sie verständlich machen, ja, für den Leser, an den ich nicht denken muss, nicht denken kann. Ich habe einmal formuliert, wie schön es sein muss für einen Zahnarzt, wenn er später den Leuten begegnet, die mit den Zähnen, die sie von ihm haben, gut aussehen. Mir hat ein Chirurg, Professor Niedner, 1957 in einer sechsstündigen Operation das Leben gerettet. Darauf durfte er sicher stolz sein. Diese Art von Hilfe oder Zuwendung oder überhaupt von Nützlichkeit gibt es im Literaturbetrieb nicht. Wer da auch immer schreibend auftritt, er meint immer zuerst sich. Ob er lobt oder tadelt, er ist es, der lobt oder tadelt. Der Autor ist nur ein Anlass. Beide zusammen, Kritiker und Autor, sind da zur Unterhaltung eines Publikums.

Als Autor hattest du deine erste Begegnung mit der Literaturkritik nach deiner Lesung bei der Gruppe 47 in Mainz, 1953. Da schrieb die FAZ nachher: «Einen Schulfall problematischer Versuche lieferte der sehr junge Autor Walser aus Stuttgart, der im dortigen Sender literarisch tätig sein soll. Man wurde sich über diesen schwäbischen Kafka nicht recht einig.»

«Schwäbischer Kafka», sieh an.

Ich bin nicht sicher, dass das als Kompliment gedacht war. Hat dich das verletzt?

Dieser Satz sicher nicht.

Nicht gekränkt?

Ich weiß gar nicht, ob ich das gelesen habe.

Das kann doch gar nicht sein: erste Lesung, erste Kritik und dann nicht gelesen?

Ach, Jakob. Ich weiß es wirklich nicht mehr. Manchmal habe ich mir gedacht, wenn dem Kritiker schon so wenig einfällt,

wenn er mich niedermacht, dann würde ihm nichts einfallen, wenn er mich loben wollte. Denn das Niedermachen
fällt ja um so vieles leichter. Also, schwäbischer Kafka, warum nicht? Ein alemannischer Kafka wäre zwar passender
gewesen, aber immerhin, besser als ein schwäbischer Hemingway.

*Wusstest du, dass man Ilse Aichinger bei der Gruppe 47
damals auch das «Fräulein Kafka» genannt hat?*

Nein, aber es überrascht mich nicht. Sie kam, wenn ich das
so sagen darf, aus demselben Literaturklima wie ich. Und
das ist eben der Zeitgeist, da gibt es nur so oder so, Kafka
oder Hemingway, Literaturbetriebsplakate!

*Das erste Manuskript, das du zur Veröffentlichung einge-
reicht hast, wurde abgelehnt, und Peter Suhrkamp hat dir
dazu geschrieben. Das ist ein schöner Brief, er lehnt zwar
das Manuskript ab – will dich aber als Schriftsteller.*

Er war ein kluger, ein weiser und fast edler Menschenfänger!

*Ihm ging das Kafka-Epigonentum offenbar auch auf die
Nerven. Jedenfalls hat er geschrieben: «Was jeden an Kafka
interessieren muss, ist, dass er für sich selbst auf sich gekommen ist und dass ihm das die wesentliche Angelegenheit seines Bemühens war. Ein anderer Schriftsteller soll
nun aber nicht auch auf Kafka kommen, sondern auf sich,
wobei man nicht annehmen und wünschen darf, dass die
Armut Kafkas und die Leiden Kafkas auch seine sind.» Toller Brief.*

Ein toller Verleger! Ein kluger Verleger ist einem Autor, noch dazu wenn er so jung ist, wie ich damals war, wie ein Freund. Ein nicht so toller Verleger, der fühlt sich eher als Kritiker. Oder, genauer gesagt: Der Verleger kann oder muss vielleicht sogar auch der erste Kritiker des Autors sein. Als ich schon Suhrkamp-Autor war (durch «Ein Flugzeug über dem Haus»), hatte ich das Manuskript von «Ehen in Philippsburg» eingereicht, wurde nach Frankfurt geladen, Herr Suhrkamp fand ein Nachtlokal-Kapitel zu tumultuarisch. Das Wort hörte ich zum ersten Mal. Und als kluger Verleger riet er, ich solle das Kapitel drei Lektoren vorlesen: Walter Boehlich, Walter Maria Guggenheimer und Siegfried Unseld. Das fand ein Stockwerk höher statt. Ich las es denen vor. Dann wieder bei Herrn Suhrkamp im Zimmer. Für mich war er immer der Herr Suhrkamp, nie Peter Suhrkamp. «Und?», fragte er. Ich: «Mir kam es nicht tumultuarisch vor.» Die drei bestätigten das. Das Kapitel blieb! Das ist das schönste Verhältnis zwischen Verleger und Autor.

Ist der Lektor der erste Kritiker?

Nein, das ist etwas anderes. Der Lektor ist mein erster Leser. Das ist ein riskanter Beruf. Er ist der Erste, der sich dann zu dem Buch öffentlich verhalten muss. Er mag sich einbilden, er müsse den Autor erziehen oder bilden oder lehren oder weiterbringen. Aber das ist ein anderer Beruf als der des Kritikers.

Aber wie ist das Verhältnis zur Kritik? Kann man sich gegen die schlechten Kritiken immunisieren? Oder nimmt die Verletzbarkeit eher zu? Oder kann man nicht vielleicht auch

einfach unverletzbar sein. Wenn man nur für sich selbst ge-
schrieben hat – und die anderen es nicht verstehen ...

Du weißt, selbst der, der in Drachenblut badet, hatte an
der Schulter eine Stelle, wo das Lindenblatt ihn verwund-
bar gemacht hatte und er tödlich zu treffen war. Ein solches
Lindenblatt hat jeder Autor.

Wo sitzt es denn bei dir? Mit deiner Metapher wird der Ver-
letzungspunkt ja so klein und lokal begrenzt.

Egal, dann mache ich es nicht klein, dann mach ich es riesen-
groß. Du kannst dich in jedem Drachenblut baden, und du
wirst dennoch immer an einer Stelle verletzbar sein. Und es
ist keine Kunst, jemandem diese Verletzung beizubringen.

Ist es nicht? Nimm mal Lessing, der war zwar nicht der ers-
te deutschsprachige Kritiker – aber der erste, der wirklich
bösartig sein konnte. Lessing hat über Gottscheds Gedichte
geschrieben: «... diese Gedichte kosten in den Vossischen
Buchläden 2 Taler und vier Groschen. Mit zwei Talern be-
zahlt man das Lächerliche und mit vier Groschen ungefähr
das Nützliche.» Also, auch die Vernichtung ist eine Kunst,
oder?

Glaubst du, der Gottsched hat diese Kunst zu würdigen gewusst?

Nein, bestimmt nicht. Aber du selber beherrschst sie in
Wahrheit doch auch, oder?

Das geht jetzt sehr weit, finde ich.

Ich habe dich auf der Bühne erlebt, wie du deine Gesprächs-partner zum Spaß vernichtest. Und in deinem Tagebuch steht einmal: «Gestern, weil das Publikum bei der ‹Sau-spiel›-Lesung vollkommen freundlich reagierte, fühlte ich mich übermäßig ins Recht gesetzt gegen meine Diskussi-onsteilnehmer, gegen die Kritiker Bock, Roeder, Stoll und gegen den Kulturreferenten Dr. Glaser, und beleidigte wild drauflos und immer so, dass ich wieder Beifall bekam. Ich verwandelte, ohne mich im Geringsten bremsen und be-herrschen zu können, diese moderne Aula in ein Tribunal. Die Kritiker hatten keine Chance. Sie verstummten all-mählich, und ich musste sie, um sie noch ein weiteres Mal beleidigen zu können, wieder auffordern, noch einen Satz vorzubringen.» Erzähl mir nicht, dass du die Freuden des Gemetzels nicht kennst.

Aber Jakob, es ist doch ganz und gar unvergleichbar, wenn ich auf einer Bühne mit einem mehr oder weniger schlecht vorbereiteten Moderator ein gegenwärtiges, lebendiges Ge-spräch führe oder wenn ein Kritiker sich zum machthaben-den Entscheider über meine Existenzberechtigung in der Literatur aufschwingt. Aber lass mich einfach zu den Kri-tiken sagen: Sie werden für das Publikum geschrieben und nicht für den Schriftsteller. Jeder schreibt um sein eigenes Leben.

Wirst du gerne gelobt?

Was für eine Frage, du nicht? Natürlich werde ich gerne gelobt. Lernen kann man aber aus dem Lob so wenig wie aus
der Kritik.

*Es gibt aus deinem Tagebuch einen Eintrag von 1979. Da
ist eine Kritik von Joachim Kaiser erschienen. Und du
schreibst: «Die Kritik erweist sich nicht als hymnisch, sondern als ungeheuer um Lob bemüht. Ich hatte das Gefühl,
dass er sich andauernd zurufen musste, wie gut das Buch
sei. Sonst hätte er es beim Schreiben seiner Kritik vergessen.
Und das wollte er keinesfalls. Er wollte es gut finden.» So
richtig gefreut hast du dich über dieses Lob nicht.*

Das war halt mein Eindruck. Man konnte es mir damals
nicht recht machen. Schau mal, was ich jetzt sage, das galt
damals natürlich nicht für Joachim Kaiser, aber für andere
galt es schon: Wenn du ein hinlänglich bekannter Autor bist
und es kommt ein ganz unbekannter Kritiker und der ver-
geht sich sozusagen gleich an dir, dann weißt du doch: Das
macht er, um sich selber zu erhöhen.

Hast du dich selber mal kritisiert?

Wie?

*Hast du später deine eigenen Bücher noch einmal gelesen
und dir überlegt, was du besser anders gemacht hättest?*

Ah, du meinst Selbstkritik. Meine Erfahrung: Wenn ich
wieder etwas lese, was ich früher geschrieben habe, lese ich
es mit Zustimmung. Ich kann mir nicht einbilden, es jetzt

besser machen zu können als damals. Es gibt natürlich verschiedene Grade der Zustimmung. Aber das Gemachte ist gemacht. So warst du damals. Ich habe einmal formuliert: «Jeder Mensch ist immer schon alles, was er sein kann; und da er sich selber lieben muss, kann er sich nicht selber verneinen.» Das klingt vollmundig. Aber ohne sich selber zu lieben, kann keiner leben. Auch wenn er gegen sich sein muss, er liebt den, gegen den er glaubt sein zu müssen. In meinem Buch «Selbstbewusstsein und Ironie» habe ich das genauer darzustellen versucht. Übrigens, wenn ich etwas vorlesen muss, was ich vor längerer Zeit geschrieben habe, erfahre ich, wie ich mich wirklich zu dem verhalte, was ich geschrieben habe. Habe ich dir erzählt, wie ich einmal zu einem Proktologen-Kongress eingeladen war?

Nein!

Der Präsident des entsprechenden Verbandes war ein Leser von mir und lud mich ein, auf der Jahrestagung zu lesen. Das war irgendwann in den 6oer Jahren. Dann habe ich «Halbzeit» genommen und eine Stelle zum Vorlesen herausgesucht. Also habe ich ein Kapitel vorgelesen, das vom Krankenhausaufenthalt meines Kristlein handelt. Er ist in einem Zimmer mit einem über achtzigjährigen Mann, der dieses Zimmer nicht mehr lebend verlassen wird und der dem Kristlein erzählt, was ihm im Ersten Weltkrieg passiert ist. In diesem Kapitel kommen lauter Namen vor aus Flandern, aus Belgien, Nordfrankreich und die Namen von Truppenteilen und Kommandeuren aus Australien. Da habe ich die Erfahrung gemacht, dass mein Mund das noch kannte. Ich konnte es mühelos vorlesen. Als ich das wieder las, da war ich ganz dafür und ganz darin, ohne jeden Abstand.

Deine Selbstkritik führt also zu großer Übereinstimmung mit dir selber?

Selbstkritik ist ein Pseudowort. Es gibt jede Art von Zweifel. Mehr nicht. Nach dem Preis der Gruppe 47 und dem Hesse-Preis lebte ich doch von einer Fülle von Bestätigung. Selbst wenn es negative Kritiken gab. Meine Haupterfahrung war jene mit der FAZ nach «Halbzeit». Ich war in Köln mit meinem Fiat 2100 und kaufte die FAZ, weil ich wusste, dass da die Kritik über «Halbzeit» zu lesen war. Dann fand ich den Artikel, Friedrich Sieburg hatte ihn geschrieben. Es war ein Verriss. Das war im Dezember 1960. Später hat man über Sieburg noch einiges erfahren ...

Du meinst über sein Verhalten in der Nazizeit? Er war als Deutscher in Frankreich, hat die Kollaboration unterstützt, ein Begleiter von Maréchal Pétain.

Ja. Aber damals war er eine Instanz, der bedeutendste Kritiker des Landes. Zwei Sachen haben mich sozusagen überleben lassen. Erstens ist mir aufgefallen, dass er das Buch vom Standpunkt seiner durch und durch bürgerlichen Werte aus verurteilt hat. Es gibt eine Szene in dem Buch, die hat ihn regelrecht angeekelt: Eine Party, in großbürgerlichen Frankfurter Kreisen, in denen Sieburg sich mutmaßlich bewegte, der Sohn der Gastgeberin kann nicht schlafen, kommt herunter, mischt sich unter die Gäste, umarmt seine Mutter – das hat ihn angewidert.

Im Buch steht, der Junge presst seinen Kopf «in die Gegend, aus der Ärzte ihn herausgelockt hatten».

Ja, also, ich bitte dich! Die Aufregung über diese Szene empfand ich beinahe als Trost! Das andere war, dass der ganze
Artikel mit dem sinngemäßen Satz endete: «... abgesehen
davon, dass der Walser ein Genie der deutschen Sprache ist.
Wenn auch vorerst noch nichts dabei herauskommt.» Damit
muss man leben – kann man aber auch, oder?

*Ich finde es interessant, dass du das jetzt so erzählst. In der
Magenau-Biographie steht noch, du habest wie gelähmt in
deinem Auto gesessen, ohne Kraft, den Zündschlüssel um-
zudrehen.*

Ach, tatsächlich? Hat der Magenau das so geschrieben? Dann
gebe ich ihm bereitwillig recht. Ich habe ihm sicher geschildert, wie ich diese Kritik damals erlebt habe. Inzwischen tut
sie mir nicht mehr weh. Da sieht man wieder einmal, dass
die Vergangenheit immer im Fluss ist. Jedenfalls ist Kritik
keine schlechthin negative Größe. Ich habe der Kritik sicher
mehr zu verdanken als übel zu nehmen. Als ich erst kürzlich
mein Buch «Das Dreizehnte Kapitel» geschrieben habe, da
hatte ich doch keinen Roman geplant, der nur aus Briefen
besteht. Das hat sich so ergeben. Heilandzack! Dann war da
plötzlich ein Liebesroman mit einem Liebespaar, das sich
nachher nie mehr wiedersieht! Und ich dachte mir natürlich:
Mein Gott, jetzt hast du einen Liebesroman, und niemand
landet im Bett. Obwohl doch heute jedes Mädchen daher-
kommt und einen Roman schreibt, in dem noch mal etwas
ganz Neues über den Geschlechtsverkehr zu lesen ist. Gewisse Befürchtungen meinerseits, dass dergleichen bei mir
nicht vorkam, waren also mehr als gerechtfertigt. Und dann
stellt sich heraus, die Kritik ist begeistert und lobt das Buch

in den höchsten Tönen. Da habe ich mich glücklich gefühlt, in einem Land zu leben, in dem so etwas möglich ist. Ja, das war eine Art von Glück.

Peter Handke hat einmal einem FAZ-Journalisten einen Fausthieb versetzt. Auf so eine Idee wärst du nicht gekommen?

In einem neueren Buch von mir heißt es, ganz am Schluss, dass die Hand zum Streicheln da ist, zur Faust hat sie ja nie getaugt. Körperliche Gewalt ist mir fremd. Das habe ich nicht gelernt in meiner Sozialisierung. Und wenn so etwas über andere in der Zeitung steht, dann ziehe ich es vor, das für Märchen zu halten.

Gut, Handke hat selber gesagt, es sei kein Fausthieb gewesen, sondern eine Ohrfeige.

Eine Ohrfeige! Stell dir vor! Aber ich fange jetzt nicht von dem an, was mir nachgesagt wurde.

Wie meinst du?

Mordphantasien. Lächerlich.

Gegen Marcel Reich-Ranicki?

Ja.

Gut, eure Verbindung, so muss man das ja nennen ...

... nicht von meiner Seite aus ...

... ist wohl die am besten ausgeleuchtete Autor-Kritiker-Beziehung. Ihre katastrophale Wendung nahm sie mit seiner Rezension von «Jenseits der Liebe», die am 27. März 1976 in der FAZ erschien ...

... unter der Überschrift «Jenseits der Literatur».

Ja, wenn man den Text heute liest, fragt man sich, ob er so immer noch gedruckt würde – oder ob sich da nicht ein Redakteur schützend zwischen Autor und Kritiker werfen würde. Es ist eine Vernichtung, nicht nur des Buches, sondern des Menschen. Diese Vernichtung beginnt so: «Ein belangloser, ein schlechter, ein miserabler Roman. Es lohnt sich nicht, auch nur ein Kapitel, auch nur eine einzige Seite dieses Buches zu lesen.» Deine Bücher seien von einer eigentümlichen Mischung aus «Vitalität und Sterilität» geprägt, die Vitalität habe aber nachgelassen, die Sterilität sei unerträglich geworden.

Müssen wir uns das anhören?

Ich glaube, ja. Es gehört zur Geschichte. «Die einst erstaunliche Beredsamkeit verwandelte sich in pure Geschwätzigkeit. Walser konnte die Worte nicht mehr halten.» Dann wirft er dir vor, du habest dich dem Kommunismus zugewandt: «Wenn es mit dem Dichten nicht weitergehen will, ist hierzulande die Barrikade des Klassenkampfes ein attraktiver und meist auch gemütlicher Aufenthaltsort, auf jeden Fall aber eine dekorative Kulisse.» Denn er nimmt dir

auch den Kommunismus nicht ab, sondern nennt dich den
«unermüdlichen Spieler, den liebenswürdigen Wort- und
Windmacher, den Jongleur, Showmaster und in der Tat be-
gnadeten Unterhaltungskünstler vom Dritten Programm».
Und bis dahin hat man von dem Buch, um das es geht, noch
nichts erfahren.

Jakob, im Ernst, ich glaube nicht, dass ich das alles noch
einmal lesen und hören will. Was soll das?

Aber wieso? Die Leute haben in Erinnerung, was du über
Reich-Ranicki geschrieben hast. Aber sie haben vergessen,
was er über dich geschrieben hat. Also, wo waren wir? Er
nennt dich den «geistreichen Bajazzo der revolutionären
Linken in der Bundesrepublik Deutschland». Und kommt
dann – endlich – zum Buch, bei dem er eine «leicht über-
schaubare, weil simple Handlung» feststellt. Den Rest er-
spare ich uns – bis zum Ende, da heißt es dann: «Martin
Walser, den wir für einen der besten Erzähler seiner Gene-
ration gehalten haben, trieb viele Jahren mit seinem Talent
Schindluder. Er hat es fast ruiniert und ist nun erneut an
einem Tiefpunkt seiner Laufbahn angelangt. Doch es gibt
Tiefpunkte, die sich als Wendepunkte erweisen. Hinter diesen Worten verbirgt sich keine Voraussage, wohl aber, das
soll nicht verheimlicht werden, immer noch eine Hoffnung.»

Ja, siehst du. Ich habe das damals als reine Machtausübung
erlebt.

Du hast ihm dann einen Brief geschrieben. In deinem Tagebuch wenigstens. Martin, bitte, ich möchte gerne daraus

vorlesen: «Herr MRR, Sie waren, bevor Sie aus dem Osten zu uns kamen, glühender Stalinist. Konsequenterweise sind Sie jetzt wieder glühender Konservativer; als solchen wird man einen leitenden Redakteur bei der FAZ doch wohl bezeichnen dürfen. Ich habe deshalb immer widersprochen, wenn jemand Sie als einen Renegaten bezeichnet hat. Sie sind sich treu geblieben. Und ich habe nie die Ernsthaftigkeit Ihres Stalinismus und Ihres Konservativismus in Frage gestellt. Sie haben meine Mitarbeit an der Bildung der öffentlichen Meinung als unseriös, scharlatanesk, als Jux und Bajazzerei diffamiert, als niemals ernst gemeint. Da Sie keinen Versuch gemacht haben, solche weitgehenden Behauptungen durch irgendwas zu beweisen, wirken diese bloßen Behauptungen auf mich nicht aufklärend, sondern nur beleidigend. Sie haben mich also beleidigt, zum ersten Mal in Ihrer ränkereichen Praxis. Ich habe nicht das Geld, um gegen Sie und Ihre mächtige FAZ zu prozessieren. Keine Zeitung in der BRD, die eine mit der FAZ vergleichbare Auflage hat, druckt heute noch einen Aufsatz, in dem ich Ihre Praxis mit allen politischen Implikationen darstellen würde. In einer linken Zeitung, die nicht ein Zehntel der Auflage der FAZ hat, etwas über Sie zu schreiben wäre unsinnig, da die Leser solcher Zeitungen über Sie so gut Bescheid wissen wie ich. Das allgemeine Publikum, vor dem Sie die Motive meiner zehnjährigen publizistischen Arbeit diffamierten, kann ich nur erreichen, wenn ich gegen Sie prozessiere oder Sie ohrfeige. Da mir zum Prozessieren, wie gesagt, das Geld fehlt, bleibt mir nichts als die Ohrfeige. Ich sage Ihnen also, dass ich Ihnen, wenn Sie in meine Reichweite kommen, ins Gesicht schlagen werde. Mit der flachen Hand übrigens, weil ich Ihretwegen keine Faust mache. Sollte Ihre Brille

*Schaden leiden, wird meine Haftpflichtversicherung dafür
aufkommen. Sie werden, bitte, nicht auch noch die Geschmacklosigkeit haben, diese Ankündigung und ihre gelegentliche Ausführung als Antisemitismus zu bezeichnen.
Diese Ohrfeige ist nichts als ein Publikationsmittel: Ich
möchte dadurch erreichen, dass Sie vor dem allgemeinen
Publikum, an dem mir so viel liegt wie Ihnen, beweisen,
warum mein politisches Engagement nach Ihrer Meinung
niemals ernst gemeint gewesen ist. So was mag man sich
nicht einmal von einem Ex-Stalinisten und Erzkonservati-
ven nachsagen lassen. Sollten Sie den Beweis schon liefern,
bevor Sie in meine Reichweite kommen, entfällt natürlich
der Grund für die Ohrfeige. Sie können also geradezu etwas
dafür tun, diese Ohrfeige nicht zu bekommen: Sie brauchen
bloß zu beweisen, was Sie öffentlich behauptet haben. Aber
nicht, dass ich Sie drängen möchte. Es ist nur so: Meine Lust,
Sie zu berühren, ist nicht groß. Aber wenn Sie die Beweise
schuldig bleiben, zwingen Sie mich dazu.»*

Ich habe das damals als den Versuch der Vertreibung aus
der Literatur erlebt. Der machthabende Großkritiker MRR
wollte mich aus der Literatur ausweisen, aus dem einzigen
Land, in dem ich leben wollte. Er war der Erzengel mit dem
Flammenschwert.

*In deinem Tagebuch beschäftigst du dich lange damit. Du
hast auch einen Brief an die Buchhändler geschrieben. All
das war ein ungewöhnlicher Vorgang. Und so haben es
auch andere gesehen.*

O ja, als er geschrieben hat, keine Seite, kein Satz sei lesbar in diesem Buch, da haben 27 Kritiker dieses Buch an die erste Stelle einer gerade neu entstandenen Bestenliste gesetzt. Und ich bin ganz sicher, das haben sie nicht dem Buch zuliebe getan. Sondern weil sie die Äußerungsart von Reich-Ranicki als eine Machtausübung erlebt haben, die sie für unannehmbar im Bereich der Literatur hielten. Ich durfte damals erleben, dass es eine literarische Welt gibt, in der andere Gesetze und Bräuche herrschen als in der übrigen Welt. Da kann einer, der zu Unrecht hingerichtet wurde, wieder zum Leben erweckt werden. Ich habe danach die Welt der Literatur einen sechsten Kontinent genannt. Und bei uns herrschen andere Bräuche als draußen. Reich-Ranicki ist wie ein Machthaber von draußen dahergekommen, und er wurde zurechtgewiesen. Das hat in mir bei allem Furchtbaren, was mit dieser Erinnerung verbunden ist, eine große Friedlichkeit hinterlassen.

Dein Brief an MRR wurde dann zusammen mit dem Tagebuch veröffentlicht, in das du ihn geschrieben hast. Und ein Satz daraus wurde dir viel später noch vorgehalten: «Sie werden, bitte, nicht auch noch die Geschmacklosigkeit haben, diese Ankündigung und ihre gelegentliche Ausführung als Antisemitismus zu bezeichnen.»

Ich wollte es ihm nicht zu einfach machen. Er darf über mich schreiben, was er will, und mich, wenn ich mich gegen ihn wehre, Antisemit nennen. Das geht doch nicht.

In deinen Tagebüchern aus den 70er und 80er Jahren kommt er dauernd vor. Ein ständiger Begleiter sozusagen.

Reich-Ranicki dies, Reich-Ranicki das. Irgendwann der
Seufzer: «Ich war so naiv zu glauben, ich lebte für mich,
aber jetzt wird schon publiziert, welche Bücher Reich-Rani-
cki von mir bespricht und welche nicht.» Das liest sich wie
eine Obsession. Deinerseits? Seinerseits? Wechselseitig?

Mein Verhältnis zu Reich-Ranicki habe ich einmal in Versen
beschrieben, die ich zu seinem Geburtstag verfasst habe. Da
sind wir, Käthe und ich, mit dem Auto hingefahren. Und in
Ludwigshafen an einem Antiquitätengeschäft haben wir an-
gehalten und einen Glaskrug gekauft, der verschenkbar war.
Ich habe ihn mit einem Blatt Papier beklebt und drauf geschrieben: «Clowns sind wir, der Zirkus heißt Kultur / Unsre
Nummer: Watschen mit Gesang. / Streicheln dürfen wir uns
nur / Draußen in dem dunklen Gang.» Mehr ist das alles am
Ende nicht: «Watschen mit Gesang».

Das ist ja eine sonderbare Wendung. Eine Zirkusnummer?
Mehr nicht? Das klingt plötzlich so spielerisch.

Aber so ist es doch. Wir waren ein Team zur Unterhaltung
der Welt.

Das ist jetzt aber sehr milde. So hast du es damals nicht
gesehen. Du hast dich doch existenziell bedroht gefühlt.

Existenziell? Das war eher momentan, auf der Fahrt mit dem
Zug von Friedrichshafen nach Frankfurt. Das war der un-
mittelbare Schmerz des Getroffenen. Aber nicht existenziell,
sondern gesellschaftlich bzw. finanziell. Tatsächlich haben
es mir manche übel genommen, als sie gesehen haben, dass

ich auch weiterhin mit ihm aufgetreten bin. Aber ich konnte ihm nichts dauerhaft übel nehmen. Und gleichzeitig war er eine Machtfigur in meinem Leben, einer, auf den ich reagieren musste. Aber ich habe ja auch reagiert.

Kein anderer Kritiker hat versucht, Macht auszuüben?

So nicht. Ich habe diese Kritik unter der Überschrift «Jenseits der Literatur» so gelesen, als dürfe ich nicht sein, wer ich sein muss: ein Schriftsteller. Aber, wie gesagt, 27 andere Kritiker haben mir den ersten Platz eingeräumt. Daran sieht man, dass man in die Irre geht, wenn man das gesamte Verhältnis von Autor und Kritiker an diesem Spezialfall Reich-Ranicki bemisst. Das entspricht nicht der Wirklichkeit.

Hättest du denn Reich-Ranicki mögen können, wenn er nicht so über dich geschrieben hätte?

Ja, natürlich, den konnte man mögen. Er war gewinnend. Er war charmant, alles, was ein Intellektueller sein kann, geistreich, genießbar, liebenswürdig. Manch ein Zuschauer unserer Händel nahm mir übel, dass ich nicht beleidigt bleiben konnte. Er hat mich einmal eingeladen, vor der jüdischen Gemeinde zu lesen. Nachher sollten wir unten signieren. Aber die Leute wollten von seinen Büchern viel weniger haben als von meinen. Also hat er angefangen, meine Bücher zu signieren. Mit diesem großen R-Bogen – und ich habe dann dahinein meinen Namen gekritzelt. Da der Kritiker vor allem ein Autor ist, kann man mit einem Kritiker ebenso gut oder ebenso schlecht befreundet sein wie mit jedem anderen Autor auch. Aber ich bin sicher, dass Reich-Ranicki mich nie gemocht hat. Er musste sich anfangs ja auch in diesem Kulturbetrieb durchsetzen. Und jeder, der sich durchsetzen will, braucht Hilfstruppen. Wenn er also mit mir nett war, dann sollte ich ihm in einem nicht sagbaren Zusammenhang nützlich sein. Als er das «Literarische Quartett» plante, rief er mich an, ich sollte sein erster Gast sein. Ich habe das damals abgelehnt. Vielleicht wäre ich sonst später besser behandelt worden? Ich bin einmal mit ihm Auto gefahren, er fuhr miserabel.

Auto?

Ja, es war ein ganz gesichtsloser Mercedes 180, wahrscheinlich auch noch ein Diesel. Ich weiß noch, dass er überhaupt nicht fahren konnte. Er saß ganz dicht hinter dem Lenkrad, und immer, wenn er eine Kurve machte, überzog er total, und dann musste er wieder in die andere Richtung gegenlenken. Mir wurde schlecht, wenn ich mit ihm im Auto saß.

Nach der schlimmen Rezension gibt es einen sonderbaren Eintrag in deinem Tagebuch: «Gestern Jürgen Habermas und Frau. Habermas sagt, dass er bei der R-R-Kritik einen Augenblick lang vermutet habe, das sei mit Einwilligung von Siegfried Unseld geschehen. Als ich sage, dass Günter Grass mich gefragt habe, ob ich sicher sei, dass mich mein Verleger nicht verkaufe, sagte Habermas: Genau das habe er auch gedacht.» Was für eine eigenartige Vermutung, eine fast schon paranoide Angst. Wie kommt man denn darauf?

Bist du denn ganz weltfremd?

Erklär es mir.

Ja gut, dann muss man dir also alles von Anfang an erklären. Da ist der Großverleger in Frankfurt, und da ist der Großkritiker in Frankfurt. Und der Großverleger will natürlich ein möglichst enges Verhältnis zum Großkritiker haben. Sodass der möglichst alle Bücher von ihm positiv bespricht. Und für diesen Preis könnte er auch einmal, das war der Gedanke der beiden Kollegen, einen kleinen Verrat begangen haben. Anders ist ja nicht erklärbar, dass die zwei Kollegen es für möglich erklärt haben, er habe mich verraten. Ich habe das Unseld niemals mitgeteilt. Übrigens, selbst wenn er so mit mir verfahren wäre, dann hätte er es eben aus seinem Interesse heraus getan. Basta.

Zwei Jahre danach hast du dein «Fliehendes Pferd» veröffentlicht – und Reich-Ranicki war begeistert. Er schrieb: «Ein Glanzstück deutscher Prosa dieser Jahre ... Martin Walsers Novelle ‹Ein fliehendes Pferd› halte ich für sein reifstes, sein schönstes und bestes Buch.» Er war der Meinung, an diesem Erfolg beteiligt gewesen zu sein, als hätte er dich durch seine Kritik gleichsam erzogen.

Das ist schon fast rührend, dass jemand, der dich rücksichtslos misshandelt, nachher glaubt, er habe dich gefördert. Das hat mir gezeigt, wie unempfindlich jemand ist, der Macht ausübt. Er weiß nicht, was er tut, und bildet sich dann das ein, was ihn am meisten auszeichnen könnte: Fördern durch Vernichtung!

Und fehlt jemand wie Reich-Ranicki?

Bitte?

Fehlt diese Art von Literaturkritik in Deutschland heute?

Das fragst du mich nach dem bisherigen Verlauf unseres
Gesprächs? Also, der Schirrmacher, der hat das auch gesagt:
Ranicki fehle! Bei einer Veranstaltung im Literarischen Col-
loquium in Berlin.

*Er hat damals gesagt, dass es der Kritik heute an Reich-
Ranicki-hafter Entschiedenheit mangele. Du hast ihn dann
einen quotensüchtigen und quotenabhängigen Machthaber
genannt. Und er hat dir vorgeworfen, dass dein andau-
ernder Ranicki-Groll «pathologisch» sei. Es war also ein
schöner Abend im Literaturbetrieb.*

Es war ein Abend, an dem sich feststellen ließ, dass dieser
Betrieb wie eine Fabrik Produkte herstellt – aber es handelt
sich bei diesen Produkten wahrhaftig nicht um Literatur.
Der Literaturbetrieb ist nur ein Herstellungszusammen-
hang für Souvenirs an die Literatur – so, wie es Werkstätten
gibt, in denen Votivkarten und Schlüsselanhänger mit Hei-
ligenbildern hergestellt werden, die man im Andenkenladen
neben einem Dom kaufen kann. Dabei haben die Produkte
des Literaturbetriebs mit der Literatur ebenso wenig zu tun
wie die Schlüsselanhänger mit der Religion. Literatur und
Religion sind dafür da, die Welt zu verklären, weil sie ohne
Verklärung nicht aushaltbar ist. Jakob, haben wir jetzt lange
genug über diesen schrecklichen Spezialfall gesprochen, der
wirklich nicht aussagekräftig ist für das Verhältnis des Autors zur Kritik? Sondern nichts als eine Sackgasse der Zeitgeschichte.

Nun, er war lange Jahre der größte deutschsprachige Literaturkritiker, und euer Verhältnis – oder Unverhältnis – war einzigartig.

Gut. Dann reden wir hier über das Untypische. Aber du hast eben gesagt, er sei der Größte gewesen – nein, er war nur der Mächtigste, niemals der Größte. Oh, Jakob, du bist wie die Ruth Klüger, die hat ihn ja mit Lessing verglichen.

Apropos Lessing – habe ich dir erzählt, dass er mir mal einen Brief geschrieben hat?

Reich-Ranicki? O Gott. Nein.

Doch. Ich hatte in der «Süddeutschen Zeitung» einen Artikel über Lessing geschrieben, und dazu hat er mir einen Brief geschrieben: «Es ist in deutschen Landen nicht üblich, so klar, so vernünftig und so intelligent über Lessing zu schreiben.» Das war 2003, ich war natürlich irre stolz.

Natürlich. Ja. Himmel!

Bist du sehr nachtragend?

Nachtragend? Als er starb, Jakob, da habe ich dieses hier über ihn geschrieben. Ich lese es dir vor: «Ich bin ihm nahe, weil ich allen Gestorbenen nahe bin. Näher als zu unseren Lebzeiten. Auf einmal sehe ich, ich hätte mich nie über ihn ärgern müssen, weil seine temperamentsbestimmte Art, auf mich zu reagieren, immer genauso viel über ihn wie über mich gesagt hat. Glaube ich. Jetzt. Ich war damals nicht im-

stande, seine virtuosen Paraden als Kunststücke zu würdigen, bloß weil ich dafür als Anlass und Figur herhalten
musste. Gerade dass ich noch imstande war zu erleben, wie
er, mich benützend, ein unwiderstehliches Unterhaltungs-
talent entwickelte. Ganz von selbst wuchs ihm so Macht zu.
Die erlebte er, die hegte und pflegte er. Er genoss die Macht,
und das Publikum genoss ihn, seine Gesten der Macht. Das
Publikum mag eben Mächtige.»

10.

Seit Auschwitz ist noch kein Tag vergangen

Über die deutsche Vergangenheit

Martin, wann hast du das Wort Auschwitz das erste Mal gehört?

Ich habe an diesen Moment, den es ja gegeben haben muss, keine Erinnerung. Daraus schließe ich, dass das Wort zunächst nicht die Bedeutung hatte, die es später entfaltete. Wir wussten in Wasserburg nichts von Auschwitz, aber wir hatten genug über Dachau gehört, wie gesagt. Ich weiß, dass ich an einem Sonntagvormittag in der Wirtschaft bin, die Stube ist noch ziemlich leer. Da ist ein Gast aus dem Hinterland, den meine Mutter gut kannte, und er hat von Dachau gesprochen. Meine Mutter hat nachher zu mir gesagt: Was wir hier eben gesprochen haben, das darf man nie erwähnen, sonst verliert man sein Leben. Genau so: Man verliert sein Leben. Ich kriegte nur mit, dass es sich um etwas Furchtbares handeln musste. Dachau war jedenfalls ein Begriff. Als wir Flakhelfer waren, sind wir durch die Straßen von Friedrichshafen marschiert, und da sind wir Kolonnen in Häftlingskleidung begegnet, wir wussten, das sind die, die aus dem KZ zur Arbeit geführt wurden.

Aber was konnte es denn bedeuten, wenn gesagt wurde, man darf über Dachau nicht reden?

Dass es dort schlimm zugeht, dass die Menschen dort elend dran sind, dass man sie umbringt, dass dort die Hölle ist. Dachau war für uns der Inbegriff des Schrecklichen.

Und warum sollte man darüber nicht sprechen? Wegen der Repressalien der Nazis – oder wegen der Vergeltung der Alliierten?

Es war doch Krieg. Wir wussten doch, wer im Dorf ein Nazi war und wer nicht. Der Metzger Gierer war ein Nazi, Hagen, der Fleischbeschauer, war keiner, Zürn, der Bauernführer, war einer, wenn auch nicht ein so schlimmer wie der Metzger Gierer.

Wie kam denn die Kunde von Dachau nach Wasserburg?

Ja, woher wusste der Mann davon, der sich mit meiner Mutter unterhalten hat? Ich kenne die Antwort auf diese Frage nicht. Aber es wundert mich nicht, dass die Leute von jenem Grauen, das sich so nahe bei München abgespielt hat, etwas mitbekommen haben. KZ – das war das Wort, und das kannte man.

Als du Soldat warst, wurde da über die KZs gesprochen?

Nein, niemals. Wir haben in Garmisch auch nie KZ-Häftlinge gesehen. Erst am Ende des Krieges, in den Bergen, im Frühjahr 1945, als die Kameraden und ich in der Höhe marschiert sind, sind uns vor Garmisch die Männer aus dem KZ begegnet. Das hatte ich dir erzählt, oder?

Ja, aber lass uns noch im Dorf bleiben, vor Kriegsende. Gab es Juden in Wasserburg?

Es gab Frau Hensel und die beiden Fräulein Hörenberg – aber von beiden habe ich das erst nach Kriegsende erfahren. Und noch die Frau vom Foto-Späth – obwohl ihr Mann ein Nazi war. Die Fräulein Hörenberg waren dann eines Tages fort, und man erzählte sich, dass sie nach Amerika ausgewandert seien.

Sind sie wirklich nach Amerika ausgewandert – oder sind sie deportiert und ermordet worden?

Das muss in den 30er Jahren gewesen sein. Wenn sie mit Gewalt weggeführt worden wären, das hätte man im Dorf wahrgenommen. Ich weiß nur, dass ihr Haus dann zum Verkauf stand und dass dort Leute aus der Pfalz eingezogen sind.

Aber Frau Hensel hat die Nazizeit in Wasserburg verbracht?

O ja. Sie war eine Pianistin, eine feine Dame, die wunderbare Sachen trug und in einem sympathischen älteren Holzhaus wohnte. Ich habe ihr immer die Kohlen gebracht. Die Säcke habe ich ihr durch die Wohnung auf den Balkon getragen, und sie hat Zeitungspapier ausgelegt, damit mein Kohlenstaub ihren Teppich nicht schmutzig mache, sie hat mir also einen Sackweg gemacht. Sie war meine beliebte Kundin. Ich habe die Kunden danach eingeteilt, wie großzügig sie mir Trinkgeld gaben. Sie war großzügig, also bei mir beliebt. Es gab dann irgendwann ein Dorfgerücht, dass sie Protektion aus München hatte, wo sie vielleicht einmal Pianistin gewesen war. Hitlers Stellvertreter soll sie einmal besucht haben, wie hieß der noch?

Rudolf Hess.

Ja, den Namen merke ich mir nie.

Aber wie hat denn Frau Hensel überlebt?

Ich weiß es nicht. Sie hat jedenfalls überlebt.

Hat denn der Bürgermeister von Wasserburg keine Liste gemacht, wer ein Jude sei und wer abgeholt werden müsse?

Der Bürgermeister von Wasserburg war ein tiefgläubiger, liebenswürdiger Kleinbauer. Der hätte niemals irgendeine Liste gemacht und auch nie jemanden angezeigt.

Aber die Juden wurden doch am Bodensee nicht anders behandelt als im Rest Deutschlands.

Aber es gab keine Juden in Wasserburg – es gab Frau Hensel und Frau Späth, Foto-Späth, aber nicht als Juden. Wer wusste denn, wer da eine Jüdin war? Ich habe das alles erst nach dem Krieg erfahren. Erst nach 45 konnte ich mir vorstellen, warum Herr Späth als Nazi galt. So hat er seine Frau gerettet.

Wie wurde denn überhaupt über Juden gesprochen?

Gar nicht. Nicht einmal in der Schule – und dabei hatten wir wirklich einen Nazi als Lehrer. Aber bei ihm ging es immer nur um Deutschland, ums Nationale, ums Nationalsozialistische. Es ging nicht um Juden. Ich weiß schon, dass man sich das heute nicht mehr so richtig vorstellen kann. Schau mal, es gab so ein Gewächs, das konnte man rauchen, Tabak war ja rar, das nannten wir Judenstrick. Das hat man so von anderen gehört, und dann hat man es selber gesagt, basta! Das war der Name für eine Pflanze. Lange strickartige Zweige, die man abbrechen, in den Mund stecken und anzünden konnte. Das war einfach eine Bezeichnung, ohne jeden politischen Geschmack. So wie eine bestimmte Art von Werkzeug «Franzos» hieß.

Wusste man in Wasserburg nicht, dass die Juden im «Dritten Reich» ihre Rechte verloren, dass man ihnen ihre Häuser und Unternehmen wegnahm, dass viele emigrierten?

Ich kann dir nicht sagen, was in Wasserburg gewusst wurde. Ich kann nur sagen, was ich wusste und worüber ich die Leute habe reden hören. Und da lautet die Antwort: Nein. In der Schule, beim Arbeitsdienst, beim Militär, es wurde viel geredet, aber nicht über Juden. Jakob, ich sage doch nicht, dass die Leute in Wasserburg nichts gegen Juden hatten – ich sage nur, sie kannten keine Juden und haben sich mit ihnen nicht beschäftigt und auch nicht mit ihrem Schicksal. Es erreichte sie schlicht nicht. Ich weiß noch, dass beim Militär einer aus Norddeutschland war, der hatte ein kleines Grammophon und Platten dabei. Da haben wir dann immer dieses Lied gehört, das kennst du doch auch: «Was kann der Sigismund dafür, dass er so schön ist?» Natürlich ein jüdisches Chanson, von 1930 – aber das weiß ich erst jetzt, damals war es kein Thema. Für mich war in diesem Zusammenhang das eindrucksvollste Vorkommnis die Geschichte des Eisenbahnbeamten Teuerling. Er hatte eine sehr elegante Frau, war aber selber eher unscheinbar. Dieses Paar hatte selber keine Kinder, aber sie hatten eine Adoptivtochter – eine Schwarze, in Wasserburg! Die war im Dorf sehr beliebt. Alle nannten sie nur das Mohrle.

Oh.

Ja, das Mohrle. Sie war, wie man sagt, rundum akzeptiert. Aber eines Tages hieß es, das Mohrle sei in die Schweiz gezogen, weil es für sie hier nicht mehr sicher gewesen wäre. Das habe ich damals als sehr krass empfunden. Sie war circa 25 Jahre alt und unser aller Mohrle, und plötzlich soll sie bei uns nicht mehr sicher gewesen sein? Aber so war nun einmal der Bewusstseinszustand dieses Dorfes: Nazizeit und Idylle.

Im «Springenden Brunnen» kommt Auschwitz auch nicht vor.

Ja, eben. Wie auch? Aber mit diesem Argument – Auschwitz kommt nicht vor – hat Reich-Ranicki das Buch im «Literarischen Quartett» niedermachen lassen. Er hatte zu diesem Zweck den Schweizer Kritiker Andreas Isenschmid ins Rennen geschickt. Der hat diese Aufgabe treu erfüllt. Ein Buch über eine Kindheit während der Nazizeit, während des Krieges, und dann kein Wort über Auschwitz. Was kann das anderes sein als Verleugnung, Verharmlosung, Antisemitismus, was weiß ich. Solche Leute verstehen von ihren Vorurteilen mehr als von Literatur. Sie behandeln nur ihre eigenen Erwartbarkeiten. Die wollten eben, dass ich meinem Johann ein Auschwitz erfinde. Man sieht: Ästhetik gilt nichts, die politische Korrektheitsforderung gilt alles.

Das war im Sommer 1998. Es hat dich offenbar sehr geärgert. Im Herbst desselben Jahres hast du deine Rede in der Paulskirche gehalten, und da hast du gesagt: «Ein smarter Intellektueller hisst im Fernsehen in seinem Gesicht einen Ernst, der in diesem Gesicht wirkt wie eine Fremdsprache, wenn er der Welt als schweres Versagen des Autors mitteilt, dass in des Autors Buch Auschwitz nicht vorkomme. Nie etwas gehört vom Urgesetz des Erzählens: der Perspektivität. Aber selbst wenn, Zeitgeist geht vor Ästhetik.»

Die Indienstnahme der Literatur für die Zwecke der Erinnerungspflicht muss doch ihre Grenze wenigstens noch an den Gesetzmäßigkeiten der Literatur finden. Der «Springende Brunnen» ist kein Geschichtsbuch – oder er ist eben nur mein Geschichtsbuch. Du hast Jean Améry erwähnt. Der taucht mit seinem Aufsatz bei mir auf, ohne selber aufzutauchen. Du weißt, dass er in den Lagern war. Du weißt, dass er sich das Leben genommen hat. Also bitte, Jakob, aber du wirst von mir nicht erwarten, dass ich meinem Buch ein Schild umhänge, auf das ich schreibe: Ich lege meinem Johann die Worte eines Mannes in den Mund, den mein Johann unmöglich kennen kann, der Gefangener in einem Lager war, von dem mein Johann unmöglich etwas wissen kann, der sich schon umgebracht hat, als ich, der Autor

meines Johanns, all dies tue. Denn das ist Literatur. Herr-
gottsakra!

*«Wie wenig Johann weiß ...» heißt es am Ende des «Sprin-
genden Brunnen», als es dann doch noch um die Judenver-
folgung geht. Da kann er plötzlich einen Blick in die Ab-
gründe werfen, die sich auch unter dieser dörflichen Idylle
auftaten. Und seine Reaktion: «Er konnte überhaupt nichts
sagen.» Vielleicht ist es das, woran sich die Kritiker störten:
dieses Schweigen, diese Sprachlosigkeit. Mir hat das unmittelbar eingeleuchtet. Du hast mir auch einmal erzählt,
dass du mit Ruth Klüger nie über die Nummer geredet hast,
die man ihr unter den Arm tätowiert hatte.*

Sie hat sie mir nie gezeigt.

Du hast sie nie gesehen?

Nein.

*Ruth Klüger hatte ihre Nummer am linken Unterarm:
A3537*

Ich habe sie sehr verehrt. Ich habe ihr Gedichte geschrieben.
Aber unser Thema war Kafka, nicht Auschwitz.

*Ja, sie hat eines dieser Gedichte in ihren Memoiren erwähnt:
«Sie kam wie die Sonne ihres Landes
Und schenkte meinem Dämmer einen Tag.
Ich sah nicht nach dem Saum ihres Gewandes,
Auf dem von vielen Fahrten Fremdes lag.»
    Sie nennt es «das Gegenteil einer Annäherung».*

Das kam mir damals nicht so vor.

Wusstest du denn, dass sie im KZ war?

Ich wusste es wahrscheinlich. Aber es war nie ein Gegen-
stand unseres Gesprächs.

*Sie hat zu dem Gedicht geschrieben: «Eigentlich hätte ich
ihm gerne etwas über meine ‹vielen Fahrten› erzählt und
seine Äußerungen dazu gehört. Aber es war zu schwer,
einen Ansatz zu finden.»*

Ja, aber das galt für sie wie für mich. Wir konnten darüber
nicht sprechen. Und das war nicht unser persönliches Versagen. Später wurde das immer wieder von Überlebenden berichtet, dass sie nicht sprechen konnten über ihre
schlimmsten Erfahrungen.

*Sie nennt dich in ihrem Buch ja Christoph, und sie schreibt
über dich: «Später, als auch Christoph, wie alle deutschen
Intellektuellen unserer Jahrgänge, sein Wort zu Auschwitz
gesagt hatte, nahm ich es ihm übel, dass er mich nicht
vorher ausgefragt hatte. Er war erstaunt: Er habe nicht
gewusst, ich sei dort inhaftiert gewesen. Theresienstadt
ja, Auschwitz nicht. Das ist unwahrscheinlich und glaubwürdig zugleich. Unwahrscheinlich, denn gesagt habe ich
es ihm bestimmt, denn es war schon damals ein Wort, das
aufhorchen ließ. Glaubwürdig ist es aber deshalb, weil so
ein deutsches KZ etwas für Männer war, nichts für kleine
Mädchen, die erwachsenen Männern nicht ganze Erfah-
rungsbereiche voraushaben durften. Er sah eben nicht nach
dem Saum meines Gewandes.»*

Diese Passage hat mir schon nicht eingeleuchtet, als ich sie
das erste Mal gelesen habe: Das war doch nun kein Thema,
bei dem das männliche oder weibliche Erleben eine besondere Rolle gespielt hätte. Wir waren beide Beteiligte – sie
war eine Überlebende, ein Opfer. Ich war kein Täter. Aber
ich gehörte zu den Tätern. Und das wird sich nie ändern.
Ich habe später den Aufsatz geschrieben «Auschwitz und
kein Ende». Damals hat niemand bemerkt, dass ich damit
einen Goethe-Satz variiere. Goethe hat als 22-Jähriger vor
seinen Freunden eine Rede gehalten: «Shakespeare und kein
Ende». Und das ist der Unterschied zwischen Goethe und
den Deutschen, die wir sind. Goethe konnte über Shakespeare schreiben – wir müssen über Auschwitz schreiben.
Verstehst du? Da gibt es keine Lösung. Das ist ununter-
bringbar in jedem deutschen Selbstverständnis. Ununter-
bringbar. Jakob, ich war vielleicht sieben Jahre alt, als die
«Verordnung zum Schutz von Volk und Staat» in Kraft trat,
acht Jahre, als das «Gesetz zum Schutze des deutschen Blu-
tes und der deutschen Ehre» erlassen wurde, elf Jahre, als
die sogenannte «Reichskristallnacht» sich vollzog. Aber gegenüber Ruth Klüger musste ich natürlich zu den Tätern gehören. Sie war eine Überlebende. Ich war ein Täter. Du weißt,
dass ich im Auschwitzprozess war? Da trafen die Menschen,
die einmal Häftlinge waren, auf jene, die sie in Haft gehalten
und gequält hatten. Die früheren Häftlinge waren in Freiheit, und die früheren Wärter waren nun selber Häftlinge.
Aber es waren die Häftlinge von früher, die weinen mussten
beim Anblick ihrer einstigen Peiniger – die mussten nicht
weinen. Ich weiß es noch genau. Einige von ihnen haben sogar gescherzt. Warum? Weil sie noch damals, zwanzig Jahre
danach, nicht vom selben Auschwitz sprechen konnten. Die

einen hatten Auschwitz als Täter erlebt, die anderen als Opfer. Die einen erinnerten sich immer noch an ihr Opfersein, die anderen litten immer noch nicht unter ihrem Tätersein.

Das ist, was Ruth Klüger meint, wenn sie schreibt: «Erinnerung verbindet uns, Erinnerung trennt uns.»

Ja. Das ist unheilbar. Ich wusste das damals nicht. Ich wusste es lange nicht. Später habe ich es erfahren. Auf jeden Fall habe ich das Manuskript, das mir Ruth Klüger nach und nach aus Amerika zugeschickt hat, an Siegfried Unseld weitergegeben, und natürlich habe ich gesagt, wie wichtig es ist, dass dieses Buch im Suhrkamp Verlag erscheine. Siegfried hat es abgelehnt, seine Begründung war extrem töricht: Das sei ihm zu privat! Er wird dann schon noch anders darüber gedacht haben.

1960 hast du deinen Roman «Halbzeit» veröffentlicht. Auschwitz taucht darin zwar auf. Aber es ist immer noch ein Wort, zu dem man sich weitere Worte erspart: «... nach Auschwitz, wo er, Sie wissen ja.»

Bis das Reden über Auschwitz beginnen konnte, musste Zeit vergehen. Ich war 1958 bei Kissinger in Harvard, das hatte ich schon erzählt, nicht wahr? Er hatte da so eine International Summer School. Es gab Vorträge von allen möglichen Leuten, auch von Roosevelts Witwe übrigens, die mich offen gestanden nicht sehr beeindruckt hat. Ein beeindruckender Präsident, von dem eine ganz und gar unbeeindruckende Frau übrig geblieben war. Jedenfalls war dort auch von Auschwitz die Rede, von den Überlebenden, den Flüchtlingen, den Altnazis, wie sie sich im Exil begegnet sind. Das habe ich für «Halbzeit» mitgenommen.

Du hast Auschwitz erst durch die Amerikaner kennengelernt?

Nicht Auschwitz. Davon hatte ich vorher reden gehört. Aber die deutsche Schande war dort auf eine andere Art und Weise ein Thema, als ich das bis dahin erlebt hatte.

Eugen Kogons Buch «Der SS-Staat», das erste und wichtigste Buch über das Lagersystem der Nazis, war 1946 erschienen.

Ja, aber ich habe das Buch damals nicht gelesen.

Warst du eigentlich mal in Auschwitz?

Nein. Ich war nicht in Auschwitz, ich war nicht in Dachau, ich war nicht in Buchenwald. Für mich war das alles deutlich genug.

Warst du in Israel?

Ja, natürlich.

1963 begann in Frankfurt der erste Auschwitz-Prozess. Du bist dorthin gegangen, du hast dir die Verhandlung angesehen, du hast in einer Zeitung darüber geschrieben. Wie ein Journalist. Warum?

Ich wollte es wissen. Es lag vor allem an Fritz Bauer, dem Generalstaatsanwalt. Lange vor dem Beginn des Prozesses hatte er damit begonnen, Zeugen zu vernehmen. Er hat dazu Interviews gegeben. Man sah gleich: Das ist ein imponierender Mann, von dem kann man etwas erfahren, er kann uns etwas zeigen. Nicht erklären. Aber zeigen. Das Thema lag an. Es drängte sich auf. Das spürte man doch. Das wussten wir alle. Aber erst dieser Prozess hat uns Damalige in Bewegung gesetzt. Er war ein Signal. Ein Anfang. Dann Hochhuths «Stellvertreter», Peter Weiss' «Ermittlung» und mein «Schwarzer Schwan». Aber es war eben durch den Prozess auch gleich sehr deutlich, das Recht war kein Instrument, um Auschwitz zu fassen. Konnte es ein solches Instrument geben? Nein. Nicht einmal die Sprache war dafür geeignet, Jakob, nicht einmal die Sprache. Das war für mich, auch wenn es dir sonderbar vorkommt, das zu hören, vielleicht die schlimmste Erfahrung dieses Prozesses.

Da saßen alle und hörten zu, während das Schrecklichste erzählt wird – mit Worten, die sonst auch ganz anderen Zwecken dienen können. Die Worte täuschten. Ich habe mir damals einen Gedanken notiert, den ich nie mehr vergessen habe: «Es gibt keine Sprache für Auschwitz.» Jedes Wort ist eine Verharmlosung. Jedes Wort macht uns beinahe zu Komplizen, weil wir unsere Unbetroffenheit dadurch zum Ausdruck bringen, dass wir über Auschwitz reden, wie wir über alles reden. Jedes Sprechen über Auschwitz ist wie eine Lüge. Nur die Opfer konnten über Auschwitz die Wahrheit sagen.

Ganz gleich, welche Furchtbarkeit, welche Unerträglichkeit dort ausgebreitet wurde, die Leute im Saal hörten einfach zu. Ich erinnere mich an einige Zusammenbrüche der

Zeugen, der Opfer, der Überlebenden, einige haben geweint, gezittert.

Du hast die Grausamkeiten der Täter im Detail beschrieben, jedenfalls in deinem Tagebuch. In deinem Aufsatz «Unser Auschwitz» kommen sie nur noch als Andeutung vor.

Ja. Es gibt einen Voyeurismus der Grausamkeit, vor dem muss man sich hüten. Alle haben sich auf die Grausamkeiten gestürzt. Auf den Schrecken. Die Täter wurden dann als Monstren und Bestien dargestellt. Das war der einzige der damaligen Öffentlichkeit zur Verfügung stehende Weg, sich mit Auschwitz zu befassen. Die Täter sind Bestien, aber wir sind es nicht, also sind wir an Auschwitz unschuldig. Indem wir die Angeklagten zu Tieren erklärten, wollten wir uns unsere Menschlichkeit im Angesicht des Unmenschlichsten bewahren. Aber das war eine Täuschung. Dagegen habe ich meinen Aufsatz «Unser Auschwitz» gestellt. Die Täter waren eben keine Bestien. Sondern sie waren Deutsche, uns ähnlich. Sie waren wie wir. Es gab keine Entschuldigung.

Also hätte jeder von uns in der Rolle dieser Angeklagten sein können?

Da möchte ich natürlich sagen: Ich hoffe, nicht. Diese Frage ist ganz sicher falsch beantwortet mit Ja. Und ganz sicher falsch beantwortet mit Nein. Wir wussten ja von Auschwitz nichts. Das ist ein gefährlicher Satz, wenn man ihn danach gesagt hat. Aber darum ist er nicht weniger wahr. Ich hatte es ja schon gesagt: Kein Mensch hatte in Wasserburg je von Auschwitz gehört. Wer erlebt hat, wie die Juden aus den

Städten verschwanden, der hat dann nicht gefragt: Wohin gehen die? Das ist der Grund für unsere Verpflichtung zur Scham. Aber das Grauen von Auschwitz, das dieser Prozess veröffentlichte, war so erschütternd, dass das schamvolle Wissen um das eigene Wegschauen plötzlich ersetzt wurde, überlagert wurde von der sich selbst beruhigenden Gewissheit: Das haben wir nun wirklich nicht gewusst! Das war ein sonderbarer, unerwünschter Nebeneffekt dieses Prozesses. Ich habe versucht, das aufzudecken. Aber wir reden hier so leicht dahin. Schau, es gab einen eindrucksvollen Intellektuellen nach dem Krieg, der hieß Hans Egon Holthusen. Der hat zum Beispiel in der «Süddeutschen Zeitung» den ersten großen Artikel über Ingeborg Bachmann geschrieben, Überschrift: «Rilkes Thron steht nicht mehr leer». Ein toller und intelligenter Autor. Hans-Joachim Sperr von der «Süddeutschen Zeitung», über den wir noch sprechen werden, hat irgendwann gesagt: «Der Holthusen möchte dich gerne kennenlernen.» Aber es lief im Zusammenhang mit Holthusen ein Wort um: Reiter-SS. Was war das? Eine Nazi-Formation! Das wusste ich also von diesem Mann: «Rilkes Thron steht nicht mehr leer» und Reiter-SS. Ich bin da also einem echten NS-Intellektuellen begegnet. Ich gebe zu, dass ich mich nicht getraut habe, ihn zu fragen: «Was hat es denn für Sie bedeutet, bei der Reiter-SS gewesen zu sein?» Hätte er mir das erklären können? Ich weiß es nicht. Es ist eine Sache, sich mit Ingeborg Bachmann auszukennen, und eine andere, was man über das eigene Leben weiß. Aus solchen Splittern besteht das Bewusstsein. Und manche Fragen, die sich aufdrängen, sind im Vergleich zur Kleinheit dieser Splitter zu gewaltig.

Ist Auschwitz ein deutsches Verbrechen – oder ein menschliches?

Ich habe auf jeden Fall in meinem Aufsatz über den Auschwitz-Prozess geschrieben, dass sich in der Fähigkeit, einen Mord massenhaft zu organisieren, eine deutsche Fähigkeit zeigt. Ich habe doch mal dieses Gespräch mit Rudolf Augstein geführt, das war im Jahr der Paulskirchenrede, darum habe ich es mir auch gemerkt, da hat er dem Sinn nach gesagt, Auschwitz ist und bleibt das deutsche Übel, aber es könne in der Gegenwart keine Konsequenzen mehr daraus geben, weil man das unseren Kindern nicht mehr zumuten könne. Aber das ist nicht richtig. Darum habe ich in meinem Aufsatz «Auschwitz und kein Ende» auch geschrieben: «Seit Auschwitz ist noch kein Tag vergangen.» Wir können eben über Auschwitz nicht historisch abgeklärt sprechen wie über die anderen Schrecklichkeiten der Geschichte. Die Geschichte ist wirklich reich an solchem Schrecklichem. Auschwitz ihr unvorstellbarer Gipfel. Die Engländer haben in ihrem Krieg gegen die Buren «Konzentrationslager» erfunden – aber es war nicht Auschwitz. In Ruanda wurden zu Beginn der 90er Jahre innerhalb von drei Monaten mehr als achthunderttausend Menschen ermordet – aber es war nicht Auschwitz. Ich habe es ja schon gesagt: Das Wesen von Auschwitz waren nicht die brutalen Verbrechen der Angeklagten dieses Prozesses damals. Dieser Oswald Kaduk, der sich mit seinem Bergsteigerstock den Häftlingen auf den Hals gestellt hat, das war zugleich der Alltag von Auschwitz, aber nicht das Wesenhafte. Dieses eigentliche Wesen von Auschwitz ist uns viel schwerer vorstellbar als die Brutalitäten. Das Brutale ist banal. Aber dieses Betriebssystem des

Bösen, das ist eigentlich unvorstellbar – von deutschen In-
genieuren, Bürokraten, Idealisten des Nationalsozialismus
geplant und tadellos exakt umgesetzt. Das gut Organisierte
an Auschwitz, das war wohl tatsächlich das Deutsche daran.

*Aber in deinem Aufsatz hast du damals geschrieben: «Wenn
in Auschwitz etwas Deutsches zum Ausbruch kam, was ist
dann in mir das Deutsche, das dort zum Ausbruch kam?
Ich verspüre meinen Anteil an Auschwitz nicht, das ist ganz
sicher. Also dort, wo das Schamgefühl sich regen, wo Gewissen sich melden müsste, bin ich nicht betroffen. Nun fällt
es mir allerdings immer schwer, das Deutsche in meinem
Wesen aufzufinden.» Ich hatte in unseren Unterhaltungen
immer das Gefühl, gerade das falle dir nun gar nicht so
schwer – das Deutsche in deinem Wesen aufzufinden.*

Jakob, lass es uns einmal umdrehen. Ich will dich fragen:
Was bedeutet Auschwitz denn für dich?

*Das ist eine schwierige Frage. Die ehrliche Antwort ist: Seit
ich davon weiß, leide ich unter Auschwitz. Aber wie klingt
das? Reklamiere ich Opferstatus, weil ich unter Auschwitz leide? Durch Auschwitz sind alle Deutschen Verant-
wortliche und In-Mitleidenschaft-Gezogene zur gleichen
Zeit. Wer soll das aushalten? Ich konnte früher an keinem
Bahnhof vorübergehen, ohne mir vorzustellen, wie dort die
Leute zusammengetrieben wurden. Als meine Kinder klein
waren, habe ich sie angesehen und gedacht: Solche Kinder
wurden damals ermordet. In all das bin ich verwickelt. Du
hast es ja in einem deiner Auschwitz-Aufsätze geschrieben,
man kann sich nicht aussuchen, zwar der Kompatriot von*

Goethe zu sein, aber nicht der von Göring. Du hast eben
das Gespräch erwähnt, das du mit Rudolf geführt hast.
Die Passage, die du meintest, liest sich so: «Auschwitz ist
und bleibt eine Katastrophe. Aber in der praktischen Politik
können wir das doch nicht perpetuieren. Das geht nicht.
Das können ja unsere Kinder gar nicht mehr verstehen.»
Also, was bedeutet Auschwitz heute für die Politik? Das ist
ja erst recht eine schwierige Frage. Ich glaube auch, dass er
sich damals geirrt hat. Oder anders: Er hat einen Wunsch
geäußert, aber nicht die Wirklichkeit beschrieben. Denn in
Wahrheit ist Auschwitz allgegenwärtig, explizit oder im-
plizit: Als es um die Debatte um den Krieg in Bosnien ging,
wenn Deutschland atomwaffenfähige U-Boote nach Israel
liefert, wenn sich die Öffentlichkeit über westliches Versagen im syrischen Bürgerkrieg erregt, wenn der israelische
Premierminister sich über das Verhalten eines deutschen
Außenministers ärgert – immer steht Auschwitz im Raum,
ist von Auschwitz die Rede.

Jetzt redest du gleich noch von der Instrumentalisierung
von Auschwitz!

Ich weiß, dass dir dieses Wort wie ein Mühlstein um den
Hals hängt. Seit deiner Paulskirchenrede. Was soll das bedeuten, «Instrumentalisierung»? Geschichte wird immer
«instrumentalisiert». Nur wenn sie in Vergessenheit gerät,
hört das auf. Das reine, sozusagen vollkommen zwecklose
Gedenken kann ich mir gar nicht vorstellen. Das wäre dann
eher Meditation als Historiographie oder Politik. Auschwitz
muss geradezu instrumentalisiert werden.

Muss instrumentalisiert werden? Jakob, wo warst du während der sogenannten Debatte über meine Paulskirchenrede? Du hättest mir helfen können.

Wir kommen zur Instrumentalisierung zurück, aber lass uns jetzt über die Rede sprechen. Du hast am 11. Oktober 1998 in der Frankfurter Paulskirche eine Rede gehalten, nachdem man dir den Friedenspreis des deutschen Buchhandels verliehen hatte: «Erfahrungen beim Verfassen einer Sonntagsrede».

Ja. Diese Veranstaltungen finden immer am Sonntag statt. Und dann findet das auch noch in einer Kirche statt. Was immer man da also sagt, gewinnt ganz von selbst den Charakter einer Predigt. Aber ich wollte keine Predigt halten.

Du hast stattdessen eine Anti-Predigt gehalten. Es ist ja interessant, heute erinnert man sich an die Rede nur wegen ihrer Passagen zu Auschwitz. Aber die Rede beginnt und endet mit dem Schicksal des Ostspions Rainer Rupp, für dessen Begnadigung du dich einsetzt. Dafür hat sich nachher niemand mehr interessiert.

Ja, das ist mir auch aufgefallen.

War es ein Fehler, die Rede zu halten?

Ein Fehler? Wenn ich im Moment, da ich sie ausspreche, von der Richtigkeit und Notwendigkeit meiner Worte überzeugt bin, werde ich auch später keinen Fehler gemacht haben, indem ich sie aussprach. Und gleichzeitig sage ich heute,

dass ich dieselben Worte nicht mehr gebrauchen würde. Ich
wollte diese Rede damals halten und konnte damals auch
nur diese Rede halten. Ich habe dann die Simplifizierungs-
lust des Zeitgeistes erlebt, eine Vereinfachungsfreude, die
nur dem Zweck der zeitgeistigen Selbstbestätigung dient.
Dafür eignet sich aber das Thema nicht. Wenn ich jetzt selber simplifizieren würde, dann müsste ich sagen: Ich habe
den Fehler gemacht, mich in die Position der Vorwerfbar-
keit zu bringen, Auschwitz zu einem essayistischen Thema
gemacht zu haben. Das ist es nicht, das wollte ich nicht. Es
war eine Rede über das Gewissen. Es war der Däne Kierkegaard, dem aufgefallen ist, dass im Deutschen das Gewissen eben eigentlich das Gewisse sei, also das, dessen man
sich sicher sein könne. Und es war Hegel, der das Gewissen «diese tiefste innerliche Einsamkeit» mit sich selbst
genannt hat. Ich habe öffentlich über dieses Gewisse und
diese Einsamkeit gesprochen. Und die Menschen, die mir
in dem Saal zugehört haben, die haben mich verstanden.
Vielleicht hätte diese Rede nur gehört werden dürfen, aber
niemals gelesen. Mein Percy im «Muttersohn» redet ohne
Manuskript, was ihm der Augenblick eingibt, und nachher
soll es auch niemand lesen können. Denn wem es in diesem
Augenblick nichts sagt, dem sagt es auch nichts, wenn er es
nachher liest. Die Leute sind aufgestanden und haben Beifall geklatscht. Ich weiß, dass viele von ihnen sich danach
eines Schlechteren besonnen haben. Aber wiederum nur
für eine gewisse Zeit. Sloterdijk hat ein Buch veröffentlicht,
«Theorie der Nachkriegszeiten», und da kommt auch die
Paulskirchenrede vor, und er sagt, dass die, die dem Walser
stehend applaudierten, sich für wenige Minuten zehn Jahre
voraus waren.

Es sind nicht alle aufgestanden.

Nein. Nicht alle. Ignatz Bubis ist sitzen geblieben.

Das war der Beginn der sogenannten Walser-Bubis-Debatte. Seitdem hat man dir vorgeworfen, dass du einen Schlussstrich willst, dass du die deutsche Schuld abschütteln willst, dass du ein Antisemit bist.

Ich war beschuldigt, wie ich nicht beschuldigt sein wollte.

Siegfried Unseld und seine Frau Ursula Berkéwicz hatten die Rede vorher gelesen, und ihnen war daran nichts Anstößiges aufgefallen.

Ja. Ich glaube, das hatten sie nachher vergessen.

Martin, ich glaube, als du die Rede geschrieben hast, wusstest du genau, was geschehen würde, wenn du sie hältst – und du hast sie trotzdem gehalten.

Bist du sicher, dass das jetzt nicht eine Selbsterhöhung deinerseits ist?

Verzeih, das war nicht meine Absicht. Aber dennoch glaube ich dir nicht. Die Mechanismen des, wie du es einmal genannt hast, «Reizklischees» sind dir absolut vertraut. Du hast eben deinen Percy zitiert – das ist doch ein, wie man sagt, Schlüsselgedanke: Das gesprochene Wort ist das Eigentliche. Du hast immer nach den Möglichkeiten der freien Rede gesucht. Ein paar Jahre vor der Paulskirchenrede hast du in Heidelberg gesagt:

«Dass die freie Rede schöner wäre als die vorgelesene, ist sicher. Die Zuhörer würden Zeugen des Entstehens der Sätze. Schwieriges schwierig sagende Sätze entstünden dann langsamer, deutlich schwerer schnaufend als ein paar diskurssicher mitschwimmende Redensarten.

Frei zu reden – für den Redenden eine Möglichkeit, zu erfahren, ob er noch identisch sei mit sich. Die freie Rede – eine fabelhafte Hochzeit der Erfahrung mit der Spontaneität. Aller Geschichte mit dem jetzigen Augenblick. Das ist doch bei uns sozusagen Geistigen die Crux: dass wir nie da sind, wo wir gerade sind. Wenn wir in der Vergangenheit sind, fehlt die Hauptsache, die Gegenwart. Wenn wir in der Gegenwart sind, fehlt die Hauptsache, die Vergangenheit.

Wie könnten wir uns erleben, wenn wir alle nur noch frei reden würden! Die Rede trüge uns, wie Luft etwas trägt, das fliegen kann. Und warum brichst du dann nicht endlich aus aus der Vorlese-Routine? Es gibt immer andere Gründe, nicht frei zu reden. Heute zum Beispiel muss ich mich sorgfältig an das Aufgeschriebene halten, weil ich viel verschweigen muss. In jedem Jahr sind es andere Sätze, die unmöglich sind.»

Ich glaube, du hast in der Paulskirche sozusagen das ultimative Experiment auf der Suche nach der freien Rede gemacht. Und das Eigenartige ist, dass dieses Experiment für einen Moment bei beinahe allen Anwesenden geglückt ist – nur eben nicht bei Ignatz Bubis.

Bubis hat mich missverstanden. Er meinte, ich werfe den Juden vor, Auschwitz in der Entschädigungsdebatte zu instrumentalisieren. Aber um Himmels willen! Wie käme ich dazu? Mir ging es um Leute wie Günter Grass und Walter

Jens, die von uns allen immer gefordert hatten, die deutsche Teilung als gerechte Strafe für Auschwitz zu akzeptieren. Das war die eigentliche Instrumentalisierung. Die Teilung war eine Folge des Kalten Krieges. Dann wurde gesagt, es gehe um eine metaphorische Auslegung der Geschichte. Und metaphorisch sei die Teilung eben eine Strafe für Auschwitz. Darin habe ich einen Missbrauch gesehen. Auschwitz war ein nationales Verbrechen und kann auch nur national verantwortet werden. Aber ich weiß inzwischen, dass ich einen Fehler gemacht habe: Ich habe aus Auschwitz ein essayistisches Thema gemacht. Mit Zitaten von Hegel und Heidegger. Ich wollte über das Gewissen reden und dass es nicht delegierbar sei. Aber verglichen mit dem Tatbestand Auschwitz, ist das alles Quatsch, Quatsch, Quatsch. So kam es, dass Ignatz Bubis gesagt hat, ich sei ein «geistiger Brandstifter». Im Jahr 1998 lag mein Roman «Die Verteidigung der Kindheit» in der vierten oder fünften Auflage vor. Im Roman beschäftigt sich die Hauptfigur, ein junger Jurist, beruflich mit der Entschädigung der damals rechtlosen Juden. Nelly Pergament heißt die Frau, um deren Recht er streitet. Er nennt das Wiedergutmachungsgesetz eine Illusion. Am liebsten würde er, so denkt er, in Tel Aviv auf dem Bett der Nelly Pergament sitzen, weil dort ein Sohn fehle. Natürlich war nicht zu erwarten, dass Bubis meinen Roman gelesen hatte, aber die Intellektuellen, die mir nachher die schlimmsten Vorwürfe machten, von denen hätte ich erwarten können, dass sie meinen Roman gelesen hatten. Da hatte ich mich 40 Jahre mit Auschwitz beschäftigt, geschrieben, gedacht, gelitten. In jedem Jahrzehnt habe ich mich erneut auf Auschwitz eingelassen. Wusste Bubis das nicht? Leute haben gesagt, ich wolle einen Schlussstrich ziehen? Ich bin Schriftsteller!

Was ist das für eine Idee, dass ich einen Schlussstrich ziehen könnte? Bubis hat seinen Brandstifter-Vorwurf später wieder zurückgenommen. Aber ich habe gesagt, dass wir nicht im Offizierskasino seien und er bei mir gar nichts zurücknehmen müsse. Das war auch schon wieder falsch. Ich hätte seine Entschuldigung einfach annehmen sollen. Überhaupt, ich hätte über etwas anderes reden sollen.

Aber Martin, das sagst du jetzt, weil du des Streitens müde bist.

Des Streitens? Der Selbstverteidigungspflicht bin ich müde.

Ignatz Bubis hat dir vorgeworfen, dass du deine Verantwortung ignoriert hast. Er hat gesagt, wenn Martin Walser «so was» sagt, dann habe das eine ganz andere Wirkung, als wenn ein anderer «so was» sagt. Er meinte diese Passagen der Rede: «Kein ernstzunehmender Mensch leugnet Auschwitz; kein noch zurechnungsfähiger Mensch deutelt an der Grauenhaftigkeit von Auschwitz herum; wenn mir aber jeden Tag in den Medien diese Vergangenheit vorgehalten wird, merke ich, dass sich in mir etwas gegen diese Dauerrepräsentation unserer Schande wehrt. Anstatt dankbar zu sein für die unaufhörliche Präsentation unserer Schande, fange ich an, wegzuschauen.»
Dann suchst du nach Motiven für die Vorhaltung unserer Schande und sagst, du seist «fast froh», wenn du glaubst, entdecken zu können, «dass öfter nicht mehr das Gedenken, das Nichtvergessendürfen das Motiv ist, sondern die Instrumentalisierung unserer Schande zu gegenwärtigen Zwecken. Immer guten Zwecken, ehrenwerten. Aber doch

Instrumentalisierung ... Auschwitz eignet sich nicht dafür, Drohroutine zu werden, jederzeit einsetzbares Einschüchterungsmittel oder Moralkeule oder auch nur Pflichtübung.» Das haben nachher viele Menschen als Zumutung empfunden – nicht nur Bubis.

Jakob, wenn eine Mutter in Syrien ihr totes Kind in die Kamera hält, schaue ich auch weg. Ich kann ein solches Bild nicht ertragen. Aber ja, mir ist inzwischen deutlich geworden, ich hätte diese Empfindung nie in Bezug auf Auschwitz äußern dürfen. Man hat es mir übel genommen, weil man glaubte, ich wollte speziell von Auschwitz wegschauen. In solche Zusammenhänge darf man sich angesichts dessen, was geschichtlich passiert ist, nicht begeben. Heute würde ich das nicht mehr sagen.

Ich verstehe, dass du von diesem Thema nicht mehr viel wissen willst – aber ich glaube, es ist sehr wichtig. In der Rede geht es an einer Stelle um Thomas Mann, aber in Wahrheit auch um dich – es ist geradezu eine Vorwegnahme des Kommenden: «Wie er wirklich dachte und empfand, seine Moralität also, teilt sich in seinen Romanen und Erzählungen unwillkürlich und vertrauenswürdiger mit als in den Texten, in denen er politisch-moralisch recht haben musste.» Du wolltest in der Paulskirche einen nichtromanhaften Text verlesen, in dem du nicht moralisch recht behalten wolltest. Und dieser Aufsatz, den du geschrieben hast, der hieß «Unser Auschwitz» – aber eigentlich hätte er heißen müssen: «Mein Auschwitz». Du hast einmal gesagt, du seiest nur für dich zuständig. In dem Text schreibst du von der «unvergänglichen Schande» und dass kein Tag vergehe,

«an dem sie uns nicht vorgehalten wird». *Du vermutest,
dass dieser Schandvorhalt auch den Zweck hat, sich zu entschuldigen, auf die Seite der Opfer zu wechseln, während
du von dir sagst: «Ich habe es nie für möglich gehalten, die
Seite der Beschuldigten zu verlassen.» Das glaube ich dir
sofort – aber du redest dann auch wie ein Beschuldigter.
Das Wort ist Trotz.*

Jakob, wenn ich so eine Rede halte, will ich niemanden überzeugen. Es kann sein, dass ich immer ein Rechthaber war,
aber ich habe nie ein Interesse daran gehabt, recht zu behalten. Ich rede nicht über das, was ich weiß, sondern nur über
das, was ich bin. Ich spreche über mich selbst. Man ist den
anderen am nächsten, wenn man über sich selbst spricht.
Ich bin nur für mich zuständig. Ich will nur sehen, ob ich
allein bin mit meinen Gedanken. Und wenn ich feststelle,
dass ich nicht allein bin, dann beruhigt mich das. Denn ich
will nicht allein sein. Das ist ein bescheidener Anspruch, den
ich da habe.

*Martin, ich glaube, du musstest diese Paulskirchenrede hal-
ten, es gibt eine gerade Linie, die zu dieser Rede führt. 1988
hast du gesagt, du wolltest dich mit dem «Strafprodukt»
der deutschen Teilung nicht abfinden. 1993 hast du die
«Vernachlässigung des Nationalen durch uns alle» für den
«Kostümfaschismus» mordgieriger Jugendbanden mitver-
antwortlich gemacht. 1994 hast du in Heidelberg von der
«Banalität des Guten» gesprochen und gesagt: «Ich gebe
zu, ich erwarte von keinem Menschen, dass er sich öffentlich rechtfertige. Es sei denn vor Gericht. Ich erwarte überhaupt nicht, dass jemand sein Gewissen veröffentliche. Ich*

fürchte, Gewissen öffentlich – das sei Zwang zur Anpassung.» Ich habe den Eindruck, sie haben dir das Leid nicht geglaubt. Sie haben sich nicht leiden sehen. Das ist der Vorwurf.

Wenn du mit deinem Gewissen befasst bist, dann erträgst du schon fast keine Zeugen mehr in deiner Einsamkeit. Ich sage dir noch einmal den Hegel-Satz: «Das Gewissen, diese tiefste innerliche Einsamkeit mit sich, wo alles Äußerliche und alle Beschränktheit verschwunden ist, diese durchgängige Zurückgezogenheit in sich selbst.» Siehst du? Ich mag jetzt nicht mehr!

Darf ich dann noch etwas zum Begriff der Instrumentalisierung sagen?

Ich bitte sogar darum.

Als die Deutschen im Jahr 2015 so viele Flüchtlinge aufgenommen haben, stand plötzlich das Wort Auschwitz im Raum. Der Londoner Verleger George Weidenfeld zum Beispiel spottete damals, die Deutschen betrieben ihre Flüchtlingspolitik, «als könnte man damit die Schuld der Großeltern wieder tilgen. Hitler ausmerzen, indem die Deutschen endlich die Guten sind. Das ist Ignoranz.» Und der konservative «New York Times»-Kolumnist Ross Douthat ermahnte die Deutschen geradezu, «die närrische Illusion aufzugeben, Deutschland könnte sich von den Sünden der Vergangenheit durch einen rücksichtslosen Humanitarismus in der Gegenwart erlösen». Der Berliner Autor Peter Schneider schrieb damals: «Die Flüchtlinge dienen als Pro-

jektionsfläche für Lehren, die die Geschichte den Deutschen angeblich aufgegeben hat.» Das fand ich alles sehr sonderbar. Ich hatte immer gedacht, es sei geradezu die Pflicht der Deutschen, aus Auschwitz etwas zu lernen. Aber nun konnte man sogar vom Historiker Heinrich August Winkler lesen: «Zur deutschen Verantwortung gehört, dass wir uns von der moralischen Selbstüberschätzung verabschieden, die vor allem sich besonders fortschrittlich dünkende Deutsche aller Welt vor Augen geführt haben. Der Glaube, wir seien berufen, gegebenenfalls auch im Alleingang, weltweit das Gute zu verwirklichen, ist ein Irrglaube.» Winkler lehnte es ab, aus der Geschichte eine «deutsche Sondermoral» abzuleiten. Das war doch kurios: Auschwitz soll also sozusagen folgenlos bleiben? Das können diese Leute doch nicht im Ernst meinen. In Wahrheit ging es einfach um Tagespolitik. Aus diesen oder jenen Gründen fanden diese Kritiker es falsch, so viele muslimische Flüchtlinge aufzunehmen – also leugneten sie eine besondere, aus Auschwitz resultierende Verantwortung der Deutschen. Aber ich gehe jede Wette ein, dass sie bei der nächsten Gelegenheit Auschwitz gerne für Zwecke bemühen werden, die ihnen besser in den Kram passen. Das nenne ich Instrumentalisierung – und ich glaube, daran führt gar kein Weg vorbei, das ist unvermeidlich. Das ist das Wesen der Geschichte. Jeder Geschichte.

Ich finde, das hast du unübertrefflich genau und gründlich formuliert. Ich gebe zu, dass ich dir geradezu dankbar bin für diese Geschichtsbetrachtung. Und du weißt ja, dass ich Frau Merkel immer bewundert habe, weil sie die historische Aufgabe so formuliert hat. Dass sie eine Deutsche ist und dass durch ihren weltöffentlichen Satz «Wir schaffen das», dass dadurch Deutschland einmal gut wegkommt, das darf doch sein. Ich kann dazu nur sagen, dass ich auch in meinem doch eher vorgerückten Alter eine Fähigkeit noch nicht erlernen konnte: in aller Ruhe auszuhalten, missverstanden zu werden. Und wenn dann die ganze Nation tendenziös falsch verstanden wird, ist das auch nicht gerade tröstlich.

Ich weiß, wie sehr du unter diesen Vorwürfen gelitten hast. Ich war einmal bei einer Diskussionsveranstaltung mit dir in der Humboldt-Universität in Berlin. Es war ein langer Saal, vorne eine Tür, hinten eine Tür. Du warst auf dem Podium mit einem Professor, aber bevor ihr anfangen konntet, wurde die Veranstaltung von Studenten gestört, die dich beschimpft haben. Du bist durch die vordere Tür hinausgelaufen, in den Gang. Ich bin durch die hintere Tür und kam dir entgegen. Und du hast so laut gerufen, dass es in der ganzen Universität gehallt hat: «Hört denn diese Scheiße niemals auf!» Du warst außer dir vor Wut und Enttäuschung und Verletzung. Es war furchtbar.

Sie haben mich beschimpft?
Als was haben Sie mich beschimpft?

Als Antisemiten.

Ah ja. So war das. Die Parolenbengel.

Man hat dich schon vorher einmal so genannt.

Jakob, man hat mir so viel vorgeworfen. Immer das, was gerade nicht passte.

Ruth Klüger schreibt in ihrem Buch «weiter leben», sie hat dir diesen Vorwurf gemacht, da wart ihr beide jung und befreundet.

Es ist gleichzeitig der schlimmste und der seltsamste und der falscheste aller Vorwürfe. Was kann das Wort bedeuten, wenn man es auf jemanden münzt, der sein Leben lang den sehr jüdischen Schriftsteller Kafka bewundert und geliebt und gelesen hat?

Ich stelle mir vor, dass sie dir diesen Vorwurf aus ihrer Geschichte heraus geradezu machen musste. Es ist vielleicht ein Vorwurf, oder sagen wir: ein Verdacht, den nach Auschwitz alle Juden gegen alle Nichtjuden haben müssen, sicher gegen alle Deutschen.

Das sagst du, weil du die Erfahrung auch gemacht hast.

Ein Antisemit genannt zu werden? Ich habe das damals als harten Schlag in der Auseinandersetzung über politische Fragen verstanden. Mich hat die Verletzungsabsicht, die ich darin gesehen habe, mehr verletzt als der Vorwurf selbst. Ich fühlte mich verletzt, aber nicht getroffen.

Wenn wir darüber schon sprechen müssen, dann lass mich dir sagen, dass das nach der Paulskirche noch gar kein Thema war.

Nicht?

Nein, Entschuldigung, als Antisemit galt ich erst nachher.

Ah!

Im Jahr 2002.

Nach dem Roman «Tod eines Kritikers».

Ja. Das Eigenartige ist, dass ich heute weiß, dass ich die Paulskirchenrede nicht halten musste – aber diesen Roman, den musste ich schreiben.

Oje.

Ja!

Das Buch hatte geradezu katastrophale Auswirkungen. Ruth Klüger schrieb dir in der «Frankfurter Rundschau» einen offenen Brief, in dem es hieß: «Als eine Jüdin, die sich beruflich mit deutscher Literatur befasst und sich mit dir und deiner Familie befreundet glaubt, fühle ich mich von deiner Darstellung eines Kritikers als jüdisches Scheusal betroffen, gekränkt, beleidigt. Du würdest sicherlich antworten: Aber du bist doch nicht gemeint, ich hab doch nichts gegen Juden, nur gegen diesen einen, illegitime Macht Ausübenden, der zufällig Jude ist. Doch der Zufall hat zwar einen Platz in der Wirklichkeit, aber nicht in der Literatur. Sonst bräuchten wir die Literatur gar nicht.»

Ruth war meine Freundin, seit wir uns 1946 kennengelernt haben. Ich habe ihr Kafka erklärt. Wenn es einen Menschen gab, der hätte wissen müssen, dass ich das, was man mir vorwarf – ein Antisemit zu sein –, nicht sein konnte, dann war sie es.

Von Frank Schirrmacher bekamst du dazu auch einen offenen Brief. Er schrieb dir in der FAZ, es gehe hier nicht um die Ermordung des Kritikers als Kritiker: «Es geht um den Mord an einem Juden.» Besonders aber warf er dir diesen Satz vor: «Umgebracht zu werden passt doch nicht zu André Ehrl-König.» Auf dem Hintergrund der Tatsache, dass Reich-Ranicki der einzige Überlebende seiner Familie sei, schrieb Schirrmacher, halte er den Satz, «der das Getötetwerden oder Überleben zu einer Charaktereigenschaft macht, für ungeheuerlich».

Dieses Buch war meine Reaktion auf den Kritiker Marcel Reich-Ranicki, der der mächtigste Kritiker in Deutschland war, als Deutscher, nicht als Jude. Und gleichzeitig war es nie ein Geheimnis, dass er ein Jude war, und die Vorstellung, sein Judesein wäre für seine Arbeit bedeutungslos gewesen, ragt ins Phantastische. Mein Ehrl-König ist kein «jüdisches Scheusal», wie meine Freundin Ruth Klüger schrieb, die dann nicht mehr meine Freundin war, nachdem sie das geschrieben hatte. Er ist gar kein Scheusal. Ich hätte keine Lust, ein Buch über ein Scheusal zu schreiben. Dafür verbringe ich zu viel Zeit mit meinen Figuren. Aber das ist ein Gedanke, der den Kritikern nicht kommt. Ich habe Reich-Ranicki als einen Machtausübenden erlebt. Aber ich weiß auch, dass er sich zusammen mit seiner Frau anderthalb Jahre lang in einem Keller versteckt gehalten hat, in der ganzen grauenhaften Ohnmächtigkeit des jeden Tag um sein und ihr Leben Fürchtenden. Aber als Kritiker war er annähernd großmächtig – nicht allmächtig, denn es ist auch ihm nicht gelungen, mich aus dem Reich der Literatur zu verbannen, wie er es wohl gerne getan hätte.

Jan Philipp Reemtsma hat damals in der FAZ einen sehr interessanten Text über das Buch geschrieben, in dem es heißt: «Ist Walser darum ein Antisemit? Er ist niemand, dessen bisheriges Werk durch antisemitische Topoi geprägt wäre. Aber er ist jemand, der Roman belegt es, der ein antisemitisches Buch geschrieben hat.» Das ist in seiner ganzen Unentschlossenheit spannend. Reemtsma kannte dein Werk zweifellos. Er weiß, dass es darin keinen Antisemitismus gibt. Dennoch diagnostiziert er, du habest nun ein antisemitisches Buch geschrieben. Damit hat er, ohne es vielleicht selber zu bemerken, das Problem dorthin geführt, wohin es tatsächlich gehört: zur Frage, was man eigentlich unter «antisemitisch» versteht. Ich glaube, diese Frage ist viel schwieriger zu beantworten, als die Leute offenbar glauben, die mit diesem Begriff operieren. Ist der Gebrauch antisemitischer Topoi ein eindeutiges Zeichen von Antisemitismus? Oder anders: Liegt Antisemitismus immer vor, wenn ein Leser den Eindruck gewinnt, er liege vor? Oder noch anders: Unterliegt man als Autor der permanenten Pflicht, jederzeit jedem Antisemitismusverdacht vorzubeugen? Oder riskanter: Wäre eine Beschreibung Reich-Ranickis ohne den Gebrauch als antisemitisch zu bezeichnender Stereotype möglich gewesen?

Jakob, zur Sache: Meine Romanfigur ist alles andere als jüdisch. Ich habe die Figur ins Große gehoben: auf die Ebene Kennedy, Chaplin. Also wenn sich Reich-Ranicki gemeint fühlen konnte, dann musste er auch die Großartigkeit der Figur akzeptieren, mehrere Städte streiten sich darum, die Heimatstadt diese Figur zu sein. Das ist in Wirklichkeit nur Homer passiert. Mir ist Antisemitismus fremd. Wer jahrelang mit mir umgegangen ist, wer mich gelesen hat, der muss das wissen. So zum Beispiel Ruth Klüger! In der Wasserburger Muttermilch war kein Antisemitismus. Der Antisemitismus ist ein Problem der Juden und der Antisemiten – ich bin beides nicht und möchte mich für nicht zuständig erklären, abgesehen davon, dass ich jeden Juden jederzeit gegen jeden Antisemitismus in Schutz nehmen würde. Aber während ich das sage, weiß ich, dass dann später nur der erste Teil dieses Satzes zitiert wird, nicht der zweite. Ich bin dieser Verlogenheiten überdrüssig.

Bist du verbittert?

Wenn man mich das fragt, neige ich zu der Antwort, dass ich erfahrungsgesättigt bin.

11.

Ohne Gott fehlt mir etwas

Über Religion

Martin, dein «Springender Brunnen» beginnt mit dem Satz: «Solange etwas ist, ist es nicht das, was es gewesen sein wird.» Das ist ja nicht nur ein Sprachspiel. Da geht es um Gegenwartssehnsucht. Aber was kann man mit der Gegenwart anfangen?

Das will doch der erste Satz dieses Romans sagen. Ich erinnere mich gern an diesen Satz. Die Gegenwart als solche sei erst später, wenn sie Vergangenheit ist, erlebbar: Das ist gegenüber der Gegenwart ungerecht. So empfindet ein Schriftsteller, der andauernd vom Vergangenen lebt: andauernd! Von Kierkegaard habe ich dann gelernt, innen und außen inkommensurabel zu sehen. Die Gegenwart, das ist das Äußere. Das Innere, das sind Vergangenheit und Zukunft. Unser Ausdrucksproblem: das Äußere in ein Verhältnis zu bringen zum Inneren. Wenn das Innere überwiegt, kommt das Äußere zu kurz. Also, um zu deiner Frage zu kommen: Die Gegenwart – was kann man mit der Gegenwart anfangen? Das weiß jeder Mensch für sich. Gäbe es keine Gegenwart, dann hätten wir nichts, woran wir uns später erinnern können. Ich zum Beispiel erinnere mich gern daran,

wie das war, diesen Satz zu schreiben: Solange etwas ist, ist
es nicht das, was es gewesen sein wird. Ich erinnere mich
daran, dass mich eine Art Hochmut erfüllte. Ich weiß noch,
dass ich mir vorstellte, mancher Leser, der mit solchen
Sprachlichkeiten nichts zu tun hat, wird einen Roman, der
so beginnt, wahrscheinlich lieber nicht lesen. Und dass ich
dachte: Das ist gut so. Es wäre dann auch nicht sein Roman.
Aber dann wurde ich durch meinen amerikanischen Übersetzer David Dollenmayer eines Besseren belehrt. Er über-
setzte den Satz so: «As long as something is, it isn't what
it will have been.» Diese schöne Einfachheit beschämte
mich.

Also noch einmal zurück zur Frage: Gegenwart. Ich
übertreibe nur ein bisschen, wenn ich sage: Ich konnte mit
Gegenwart nie viel anfangen. Ja, schreibend lebte ich. Und
weil ich andauernd beschäftigt war mit dem, was ich noch
schreiben wollte, konnte ich mit dem Goethe-Satz, dass
man zum Augenblick sagen sollte, er sei so schön, nichts
anfangen, das habe ich eher versäumt als getan. Aber auch
das ist eine Ungerechtigkeit gegen alle Erinnerungen, die
mir sagen wollen, das Gegenteil sei genau so wahr. Nur ein
Beispiel: das Schwimmen! Schwimmen, das ist die reine,
schrankenlose Gegenwärtigkeit. Schwimmend sind wir im
Jetzt. Sind etwas Schwebendes, fast schwerelos, endlich
der Gleichgewichtsprobleme enthoben. Aber eben nur als
Schwimmende. Sobald wir wieder auf dem allzu festen Land
sind, triumphiert wieder die Schwere. Wir werden hinabge-
zogen und richten unseren Blick nach oben... Das schwimmende Schweben wird nicht mehr spürbare Erinnerung!

In einem späteren Buch wird stehen: sich zusammen-
falten, verkleinern, bis du ein Knäuel bist und hart. So redet

man sich, um sich klug vorzukommen, an dem Wichtigsten vorbei: Ohne Käthe hätte ich das alles nicht ertragen. Unser Verhältnis ist gewachsen wie ein Baum, der manchmal zu verdorren drohte, dann wieder mit Blättern und Blüten prangte, ein Baum, den es nur durch uns gibt, unser Lebensbaum, oder um durch Übertreibung realistisch zu werden: unser Liebesbaum.

Im «Letzten Rank» kommt ein Satz mehrmals vor: «Unfassbar sein wie die Wolke, die schwebt.»

Diese Stelle hast du dir gemerkt?

Sie hat mir gefallen.

Karl Barth hat gesagt, seine Theologie schwebe in der freien Luft. Das hat mir sogleich eingeleuchtet, als ich es gelesen habe.

Ich kenne mich bei Karl Barth nicht gut aus. Ich habe gelesen, dass er eine «gottferne Theologie» gedacht hat, für eine Welt, die sich an die Abwesenheit Gottes gewöhnt hat.

Er hat gesagt: «Religion ist Unglaube.» Das hat mich begeistert. Ich war ja auf ihn vorbereitet, ohne ihn gekannt zu haben. Vorbereitet durch Kierkegaard und Nietzsche. Kierkegaard lässt Religion aufhören, «sobald die Ungewissheit die Form der Gewissheit ist». Und der junge Nietzsche: «Eine Religion, die durch und durch wissenschaftlich erkannt werden soll, ist am Ende dieses Weges zugleich vernichtet.» Dazu passte Karl Barth, der sagt: «Es gibt für den

Theologen nächst dem Hören auf das Zeugnis der Bibel und
der Kirche kaum etwas so Fruchtbares wie das Hören auf
die Stimmen, die die Annahme dieses Zeugnisses glatt zu
verweigern scheinen.» Das heißt, der Glaube braucht den
Unglauben. Kierkegaard: «...dass der Glaube immer so groß
ist wie der Unglaube.» Kierkegaard redet also von einem
dialektischen Verhältnis von Glauben und Unglauben. Barth
fügt dem noch hinzu, dass es in der Religionsbewegung
eines Bewusstseins keinen Punkt des Anhaltens und Be-
weisenkönnens gibt. Jeder Punkt wird durch den nächsten
widerlegt und der wieder durch den nächsten. Jeder Punkt
ruft seinen Widerspruch hervor. Er hat gesagt, wenn man
einen fliegenden Vogel fotografiert, dann hat man nachher
nicht den Vogel im Flug, sondern einen im Bild stehenden
Vogel. Und so muss auch der Versuch misslingen, den Glauben an irgendeinem Punkt anzuhalten, um zu einem po-
sitiven Bekenntnis zu gelangen. In diesem Bild des Vogels
im Flug ist aber noch etwas anderes enthalten: Die Idee des
Kommenden, das ist eine Bewegung auf etwas hin, und das
ist die Zukunft. Der Glaube ist immer ein Glaube an die Zukunft und eine Sehnsucht nach der Zukunft. Überwindung,
Erlösung, das wird alles kommen. Karl Barths Zukunft,
in der sich die Herrlichkeit Gottes offenbart, ist natürlich
eine Zukunft ohne Zeit, eine Überwindung und Auflösung
der Zeit – und dadurch dann wieder dauernde Gegenwart.
Verstehst du, es wird keinen Zeitpunkt geben, an dem Gott
bekannt sein wird, keine historisch vorstellbare Zeit. Darum spricht Barth auch immer vom «unbekannten Gott»,
als der, an den man nur ohne Hoffnung auf Hoffnung hin
glauben kann. Und jetzt kommt es: Das ist genau der Gott
Nietzsches! Es ist ja ein Irrtum anzunehmen, dass Nietz-

sche Gott für tot erklärt hat – mitnichten, er hat nur den Gott des 19. Jahrhunderts für tot erklärt. Als ich Barths Buch über den Römerbrief gelesen habe, da habe ich darin Sätze gefunden, die ich sozusagen schon vorher erlebt hatte, die mich an Nietzsches «Zarathustra» erinnert haben. Der «Zarathustra» und das Paulusbuch – nie wurde so über unser Seelenleben geschrieben wie von Nietzsche und Barth. Dass die Gegenwart eine mangelhafte ist, auch das ist ein Gedanke, der beide vereint. Beider Blick ist auf das ewige Futurum gerichtet.

Mich hat einmal ein Verlag gebeten, einen Beitrag für ein Buch über Bertrand Russell zu liefern: «Warum ich kein Christ bin». Dazu sollte ich etwas schreiben. Also habe ich den Aufsatz verfasst «Theologie des Mangels», da konnte ich etwas formulieren, was bei mir mehr als einmal vorkommt. Der Russell ist ein glänzender Essayist, hochspannend, leuchtend. Ich habe geschrieben, wie herrlich es sich bei ihm liest, dass es keinen Gott gibt. Aber wenn das so ist, dass es keinen Gott gibt, dann fehlt er mir, habe ich geschrieben. Darum auch: Theologie des Mangels. Bei aller Feinheitsfolgerung vergessen wir doch nicht das Hauptwort: Gott. Ich sage: Gegen Gott ist, wer ohne ihn ist und ihn nicht vermisst. Und als irdische Wegweisung: Lass doch anderen ihren Gott. Beneide sie um ihren Gott. Grüß ihren Gott oder sag, sie sollen ihn grüßen.

Martin, ich weiß schon, warum ich mich nicht habe konfirmieren lassen. Aber als Literatur ist das wunderschön, was du da sagst.

Aber Jakob – es IST Literatur. Darum geht es. Religion ist
Literatur. Wer das anders sieht, der findet darin noch einen
Mehrwert, den ich nicht erleben kann. Es war wiederum Karl
Barth, der gesagt hat, dass Theologie unter allen Umständen
erzählerisch sein muss. Auch das habe ich schon gekannt.
Kierkegaard sagt genau das so: «Mein eigentümliches Verfahren liegt in der Gegensätzlichkeitsform der Mitteilung.»
Das ist die erzählerische Mitteilung, die indirekte, die kein
direktes Verständnis erlaubt. Ich habe Novalis zitiert: «Will
er aber von etwas Bestimmten sprechen, so läßt ihn die
launige Sprache das lächerlichste und verkehrteste Zeug
sagen.» Also «daß das verächtliche Schwatzen die unendlich
ernsthafte Seite der Sprache ist».

Deshalb hat doch Nietzsche früh erkannt, warum ein
Philosoph kein Professor sein kann: Er kann nicht jeden
Mittwoch vor Studenten stehen und sagen, was ihm irgendwann früher eingefallen ist. Die «herrlichste Freiheit, seinem Genius zu folgen, wann dieser ruft und wohin dieser
ruft», das ist die Bedingung für jede Sprachhandlung. Bei
Novalis hieß das: «in sich das zarte Wirken der Sprache zu
vernehmen». Direkte Mitteilung, so Kierkegaard, verhält
sich «immer nur zu einem Empfänger in Richtung auf sein
Wissen, nicht wesentlich zu einem Existierenden». Und
später unter dem Pseudonym Johannes Climacus formuliert
er noch: Selbst wenn er mit der indirekten Mitteilung keinen
erreiche, so dürfe er dann doch von sich sagen, «sich nicht
der geringsten Anpassung schuldig zu machen, um einen zu
bekommen, der ihn versteht». Er sagt sogar, es sei dann Gott
überlassen, ob, was er gemacht habe, Bedeutung haben solle
oder nicht.

Damit sind wir wieder bei der Literatur, nicht mehr als

Erklärung der Welt, sondern als Verklärung. Es geht nicht
um Welterklärung, sondern um Weltverklärung – Religion
und Literatur verklären die Welt.

Was bedeutet Verklärung?

Verklärung bedeutet, eine Sache erlebbar zu machen, ohne
dass Verständlichkeit zur Hauptbedingung werden muss.
Von allen Büchern meines Vaters, der ohne jeden Zweifel
ein Suchender war, war keines so zerlesen wie der Band der
Hölderlingedichte. Und Hölderlin ist die höchste Sprach-
möglichkeit zur Verklärung des sogenannten Irdischen.
Von der Antike bis ins Gegenwärtige gibt es eine Erlebnis-
fähigkeit, der sprachlich alles möglich ist. Ajax und Christus
und Paulus werden alle gemeinsam zu Sprache und zeugen
davon, dass es zwischen Religion und Literatur keinen Unterschied gibt. Die Weihnachtsgeschichte – wunderbarste
Literatur! Und das Buch Hiob!

*Auch die Esau-Geschichte ist für dich reine Literatur? Der
Text über den entwendeten Segen?*

O ja, diese Geschichte vor allem. Höchste und tiefste Literatur! Jakob und Esau sind die wunderbarsten Romanfiguren,
so wie Madame Bovary und Fürst Myschkin.

Aber ist es nicht mehr als Literatur?

Mehr als Literatur gibt es nicht, Jakob. Karl Barth schreibt
über die Esau-Geschichte in seinem Buch über den Römerbrief. Paulus will den Römern an diesem Beispiel Gottes

Gerechtigkeit demonstrieren. Gott erwählt sich Jakob noch vor dessen Geburt. Rechtfertigung kann man sich nicht verdienen, sie entspringt der reinen Gnade. Das ist die kirchliche Lehre. Esau hat nichts verbrochen und soll dennoch verworfen sein. Weil Gott, das Schicksal, wie auch immer, sagt: Ich schenke Erbarmen, wem ich will, und erweise Gnade, wem ich will.

Augustinus hat das dann später noch weiter radikalisiert. Er erklärt, dass Gott, indem er den einen bestraft, zeigt, was er dem anderen erlässt. Gnade ist nur das, was man nicht verdient.

Mir bedeutet das Wort Gnade nichts. Ich habe nie Gnade erlebt, erfahren, erahnt. Es ist ein Wort von früher. Aber das ist nicht schlimm. Denn als Roman funktioniert die Geschichte auch ohne Gott und Gnade. Uns dürstet nach Gerechtigkeit – aber wir blicken in die Unverständlichkeit des Seins. Augustinus, Kierkegaard, Nietzsche, Barth – das ist mein Kontinuum.

Du hast von Rechtfertigung gesprochen. Was ist das?

Wir haben das als Wort geerbt. Das Bedürfnis danach ist im Laufe der Jahrhunderte immer oberflächlicher geworden. Unter Intellektuellen ist es ganz verkommen. Es wurde Rechthaben daraus. Recht zu haben genügt zur Rechtfertigung. Wer recht hat, fühlt sich gerechtfertigt. Aber das ist es nicht. Wir können uns von Karl Barth die Erkenntnis erwecken lassen, dass es keine Rechtfertigung gibt – es sei denn eine von oben. Er hat gesagt: «Fehlt deinem Leben Rechtfertigung, die nur Gott selbst ihm geben kann, dann fehlt ihm jede Rechtfertigung.» Gut, aber damit hat er auch nur das Bedürfnis formuliert. Wer nur gerechtfertigt leben kann, kann gar nicht leben. Jakob, wenn du willst, lese ich dir einmal etwas aus Barths Buch über den Römerbrief vor, ja? Ich habe das in eine Rede eingebaut, die ich einmal in Harvard gehalten habe.

Bitte.

«Wer sich einmal rühmen, wer einmal als Mensch vor Menschen und vor Gott recht haben will, der wird sich auch der tiefsten Versenkung ins Nicht-Ich und Nicht-Sein immer noch rühmen (womöglich seiner Unsicherheit und Gebrochenheit) und – als Mensch (nur als Mensch) recht habend dastehen. Nein, der Boden des ‹Gesetzes der Werke› muss uns unter den Füßen zusammengebrochen sein. Kein ‹Werk›, auch nicht das feinste und geistigste, auch nicht ein negatives Werk kann mehr in Betracht kommen. Unsere Religion besteht in der Aufhebung unserer Religion, unser Gesetz ist die grundsätzliche Außerkraftsetzung alles menschlichen Erfahrens, Wissens, Habens und Tuns. Nichts Menschliches bleibt übrig, was mehr sein wollte als Hohlraum, Entbehren, Möglichkeit und Hinweis, als unscheinbarste unter den Erscheinungen dieser Welt, als Staub und Asche vor Gott, wie alles, was in der Welt ist. Der Glaube bleibt nur als Glaube übrig, ohne Selbstwert (auch ohne den Selbstwert der Selbstverleugnung!).»

Schön. Dabei fällt mir ein, dass es ja diesen Briefwechsel gibt zwischen Barth und der Theologin Charlotte von Kirschbaum, die seine Freundin war. Da redet er von der «Ermöglichung des Unmöglichen, das auch als Ermöglich-

tes unmöglich bleibt». Meint er da die Liebe oder die Religion?

Nun, das ist doch bürgerlichster Klartext. Man kann sich nicht rechtfertigen, unter keinen Umständen. Und das, wovon er da im Besonderen gesprochen hat, war eben auch nicht zu rechtfertigen – selbst wenn man es gesellschaftlich und finanziell und was weiß ich nicht wie sonst noch ermöglicht, dann bleibt es dennoch unmöglich.

Wie hat er sich denn aus der Affäre gezogen?

Na ja, er hat mit seiner Frau und seiner Freundin zu dritt unter einem Dach gewohnt.

Oh.

Jakob, was interessiert dich denn daran?

Interessiert dich das nicht? Ausgerechnet deinem Lieblings-theologen ist offenbar gelungen, woran alle deine Roman-figuren scheitern. Das finde ich interessant.

Ich gestatte mir da keine Einmischung ins Verständnis.

Aber das ist doch spannend: Wenn die Ermöglichung des Unmöglichen auch unmöglich bleibt, wenn man es ermöglicht – aber sie wohnen zu dritt unter einem Dach, dann ist offenbar doch eine Menge möglich, oder?

Barth hat hier einfach der bürgerlichen Moral recht gegeben. Sein Satz ist der Ausdruck höchster Bescheidenheit und Einsicht. Er erklärt, dass unmöglich bleibt, was er ermöglicht hat. Das ist vielleicht die höchste Form der Demut.

Es ist vor allem eine sehr lebbare Form der Demut.

Jakob, ich sehe an deiner Antwort, dass dir da etwas fehlt. Ich bin von Anfang an mit der Unmöglichkeit der religiösen Forderung konfrontiert worden – und zwar im Beichtstuhl. Darüber kannst du bei Atheisten die lächerlichsten Polemiken lesen. Und ich habe selbst einmal gesagt, dass meine Erinnerung mir manchmal den Eindruck erweckt, ich hätte mehr Zeit mit dem Beichten verbracht als mit dem Sündigen. Ich habe immer den Beichtspiegel heruntergebetet, die vorformulierten Sünden. Ich habe Gottes Namen leichtsinnig ausgesprochen. Ich habe Gottes Namen zornig ausgesprochen. Ich habe Unkeuschheit allein getan. Ich habe Unkeuschheit mit anderen getan. Ich hatte dafür nie eine persönliche Sprache. Ich wollte auch keine. Ich wusste damals gar nicht und habe es erst später erfahren, dass andere Kinder schon frei gesprochen haben. Dann wartest du darauf, dass dir der Pfarrer dein Bußwerk aufgibt, und auf sein «Ego te absolvo», die Lossprechung. Aber du musst eben die vollkommene Reue aufbringen, verstehst du? Denn die Absolution ist nur gültig, wenn deine Reue vollkommen ist – und dass sie vollkommen ist, bedeutet, dass du nie mehr begehen wirst, was du eben gebeichtet hast. Aber du weißt, du wirst es wieder begehen. Wenn ich aus dem Beichtstuhl kam, wenn ich durch das Dorf gegangen bin, wenn ich im Moos war, dann hinter dem Haus, dann wusste ich das. Dann begann mein innerer Dialektiksturm: Das bereust du, das bereust du nicht, das bereust du, das kannst du gar nicht bereuen, aber was bist du dann, ein Lügner? Hast du dir deine Absolution erschlichen? Eine neue Sünde fürs nächste Mal? Da wird der jüngste Mensch in eine Bewegung versetzt, die ich für sehr nützlich halte. Eine Seelengymnastik, die mir sehr förderlich vorkommt. Ich habe das Gespräch mit mir selbst gelernt. Ich bin mir selbst begegnet, in einem Innenraum. Als zwei Personen, mindestens. Ich war derjenige, der die Sünde begangen hat und der wusste, er würde sie wieder begehen. Und ich war derjenige, der das Versprechen abgegeben hatte, es nicht mehr zu tun. Das heißt bei Barth: die Ermöglichung des Unmöglichen.

Ist das nicht Erziehung zur Heuchelei, zur doppelten Buchführung?

Schon die Frage ist grotesk. Es gibt kein Leben ohne doppelte, dreifache, fünffache Buchführung. Es gibt kein einsträngiges Bewusstsein. Es gibt nichts ohne seinen Widerspruch. Und wenn man das nicht aushält und durch Argumentation und Rationalität ausräumen will, dann halbiert man den Menschen, das Leben, alles. Du nennst es Heuchelei – ich nenne es Bewusstseinsreichtum. Dass du gleichzeitig etwas bereust und es nicht bereust. Dass du in diesem Widerspruch existierst.

Ich sehe mich heute noch als Bub durchs Moos heimgehen auf der Suche nach der vollkommenen Reue ... Reue, verstehst du? Hast du schon einmal etwas vollkommen bereut? Ja oder nein?

Ja.

Also, siehst du! Ich bin nie ohne diesen Widerspruch geblieben. Fast alles, was für mich verändernd wichtig war, fast alles, was ich mehr tun musste als tun wollte, lässt sich in diesen Reuehorizont bringen.

Ja, vielleicht verstehe ich dich. deine Paulskirchenrede, wenn ich zu der noch einmal kommen darf, kann man als lange Beichte lesen. Als öffentliches Zwiegespräch mit dir selbst. Auch als Ringen um Reue. Aber die Öffentlichkeit wollte dir keine Absolution erteilen. Sie war der falsche Adressat.

Das ist jetzt der Gang deiner Gedanken.

Kennst du denn Reue?

Ich merke immer, wenn ich etwas bereuen können müsste, aber dann merke ich auch, dass ich immer zu wenig bereuen kann. Ich bin dann dagegen, dass etwas PASSIERT ist, aber ich kann nicht dagegen sein, DASS es passiert ist. Auf Schweizerisch gibt es ein Sprichwort: Ich bin kein ausgeklügelt Buch. Ich bin ein Mensch mit seinem Widerspruch. Das stammt von Conrad Ferdinand Meyer, der war Schweizer – und auf Schweizerisch reimt sich das besser.

Hast du ein schlechtes Gewissen?

Ein gutes Gewissen ist kein Gewissen. Ein Gewissen ist immer ein schlechtes. Und das Gewissen macht immer einsam. Die Unvorzeigbarkeit deiner tiefsten Wahrheit macht dich einsam.

Gibt es denn Erlösung?

Erlösung? Was wäre das denn? Nietzsche hat in der «Geburt der Tragödie aus dem Geiste der Musik» geschrieben, «dass nur als ein ästhetisches Phänomen das Dasein und die Welt ewig gerechtfertigt» erscheinen. Wenn es um Erlösung geht, dann ist das auch mein Satz! Was meint er? Er meint die Schönheit. Erlösung wird nur möglich durch Schönheit. Das fraglos Schöne erlöst dich, wenigstens eine gewisse Zeit lang – und während du durch ein Schönheitserlebnis erlöst bist, hast du kein Bedürfnis mehr nach Rechtfertigung. Also, Nietzsche spricht von Schönheit. Barth von Gnade. Vielleicht ist damit dasselbe gemeint. Das würde ich mir wünschen.

Ich will dir mal drei Sätze vorlesen von drei Autoren, die mir in ihrer Verklärungsleistung so wichtig sind wie keine anderen ...

Hölderlin, Kafka und ...?

Robert Walser.

Also, Hölderlin: «Meine Seele ist wie ein Fisch aus ihrem Elemente auf den Ufersand geworfen und windet sich und wirft sich umher, bis sie vertrocknet in der Hitze des Tages.»

Robert Walser: «Was soll ich mit den Gefühlen anfangen, als sie wie Fische im Sand der Sprache zappeln und sterben zu lassen.»

Franz Kafka: «Gestern und heute ein wenig geschrieben ... Es ist trotz aller Wahrheit böse pedantisch, mechanisch, auf einer Sandbank ein noch knapp atmender Fisch.»

Erklär mir einmal, wie es zu diesen drei Sätzen kommt, keiner hatte eine Ahnung von den anderen. Bürgerlich ge-

sprochen, ist das ein Ausdruck der erlebten, äußersten Verlassenheit. Und auf diese Verlassenheit haben sie als Dichter
geantwortet, sie haben die menschliche Existenz verklärt.
Hölderlins Hymnen sind nichts als schön. Kafkas «Prozess»
und «Schloss» – nichts als schön. Robert Walsers Prosa ist
voller Schönheitsbeispiele. Die Reaktion auf die Verlassen-
heitserfahrung war Literatur, war das Schöne. Darum hatte
ich gesagt: Jeder Roman wirft einen weißen Schatten. Religion und Literatur sind Sehnsucht nach Schönheit. Mein
August Feinlein sagt im «Muttersohn»: «Allein die Schönheit zählt. Das Jenseits muss schön sein. Sonst kannst du es
gleich vergessen.»

*Und darum beginnt dein «Sterbender Mann» auch mit dem
Satz «Mehr als schön ist nichts».*

Ja. Ich habe von Luther, den ich nicht gut kenne, einen Satz
behalten, und den auch nur dem Inhalt nach, der die Dialek-
tik der religiösen Erlebensart, wenn ich dieses Fremdwort
dafür gebrauchen darf, besser fasst als jeder andere: Wenn
die Sehnsucht groß genug ist, schmeckt sie manchmal nach
Erfüllung. Jakob, es ist doch beinahe alles, was schön ist in
unserer Denkgeschichte, in unserer Gefühlsgeschichte, von
der Religion geprägt. Die Musik, die Malerei – die Welt, unsere Welt, meine Welt, verdankt ihre Schönheitsgipfel und
Schönheitsnormalität der religiösen Gebundenheit. Wenn
ich mich an die erste Schönheit in meinem Leben erinnere,
dann war das die Musik in der Kirche in Wasserburg, vom
Chor oben herab. Davon bin ich mein Leben lang abhängig
geblieben. Es ist mir unbegreiflich, wie man gegen den Horizont, auf den hin das alles entstanden ist, ausrufen will:
Gott gibt es nicht.

*Aber kirchlich ist das nicht das Wahre. Religion darf doch
nicht zur reinen Ästhetik gerinnen, und sie soll doch auch
nicht in den Mystizismus führen, oder?*

Ach ja? Warum nicht? Der Mystizismus ist der konkreteste
Weg zu Gott.

*Ich habe es so verstanden, dass dein Vater in dieser Weise
die Religion erfahren hat. Er war offenbar sehnsüchtig auf
der Suche nach Spiritualität.*

Ja – und das als Gastwirt, als Kohlenhändler, als geschäftlich unmöglicher Mensch. Soweit ich weiß, hat er nie mit
meiner Mutter über Gott diskutiert. Ich glaube auch nicht,
dass er seine Art von religiöser Existenz mit ihrer streng
mittelalterlich-katholischen Religiosität in ein Verhältnis
hätte bringen können.

Ist dir etwas von der mütterlichen Frömmigkeit geblieben?

Als ich die «Ehen in Philippsburg» geschrieben hatte, habe
ich ihr ein Exemplar geschickt. Das habe ich später nicht
mehr gemacht. Damals aber schon noch. Sie wohnte in
Wasserburg, ich in Friedrichshafen. Sie hat angefangen,
das Buch zu lesen, und mir dann einen Brief geschickt, in
dem stand, sie sei nur bis zur hundertsten Seite gekommen,
weiter könne sie nicht. Aber dann ist ein Pfarrer aus Regensburg zu ihr gekommen und hat ihr gesagt, es sei ein
gutes Buch, sie könne es ohne Sorge weiterlesen, und erst
dann hat sie das auch getan. Ich weiß nicht, warum mir das
jetzt gerade einfällt: Ihre Frömmigkeit, die hat für mich die

einzige Auswirkung, dass ich nie aus der Kirche austreten kann. Weil ich das meiner Mutter nicht erklären könnte. Ich denke und mache sonst vielleicht viele Sachen, die ich nicht ohne Bedenken und Schwierigkeiten meiner Mutter mitteilen würde – aber dass ich aus der Kirche austrete? Absolut lächerlich!

Sag mal, hättest du ein Prediger werden können?

Es ist eigenartig, dass du das fragst. Es gab tatsächlich in meinem Aufwachsen eine Phase, da schien das denkbar. Einmal im Jahr gab es die Missionswoche – da kam von auswärts ein Franziskanerpater mit einer Flügelspannbreite von mehreren Metern und hat gepredigt. Und wie der gepredigt hat! Wir waren sonst unseren Pfarrer Rottenkolber gewohnt, Dr. Rottenkolber, der war nämlich promoviert, aber ein vollkommen unbegabter Geistlicher. Nichts, was er gesagt hat, war von irgendeinem Interesse für mich. Es gab aber einen Kaplan aus Nonnenhorn, der hieß Krummbacher. Das war ein ganz schüchterner Mensch. Er war kaum des Redens fähig. Er stand auf der Kanzel in seiner ganzen rhetorischen Unbegabtheit und hat uns miterleben lassen, wie schwer es ist, religiös zu sprechen. Davon war ich tief ergriffen. Es gibt also religiöse Begabungen auch ohne rednerische Begabung. Ich denke gerade an Maria Menz, der Name wird dir nichts sagen. Sie war eine Bauerntochter in Oberschwaben. Sie hat religiöse Gedichte geschrieben, die sind zentral und bedeutend und als Religionserlebnisse zutiefst wichtig. Ich war wirklich lebenslänglich mit ihr in Verbindung. Sie hatte dauernd Angst um mich. Wahrscheinlich, ganz sicher sogar, Angst um meine Seele. Sie fühlte sich irgendwie zuständig.

Wusste immer, was ich machen darf und was nicht, wenn ich eine Reise gemacht habe. Also diese Bauerntochter in ihrer zugleich bedürfnislosen und hoch anspruchsvollen Existenz ist für mich das Beispiel einer ganz einzigartigen und besonderen Seinsform. Ich glaube nicht, dass so etwas heute noch nachwachsen kann. Sie lebte aus der ganzen Fülle religiöser Traditionen, ohne von einer kanonisierten Dogmatik gefangen zu sein. Ihre Gedichte zeugen von der prinzipiellen Differenzlosigkeit von Literatur und Religion.

Denken wir doch noch einmal an Novalis: «Das verächtliche Schwatzen ist die unendlich ernsthafte Seite der Sprache.» Schreiben bedeutet, dem Genius der Sprache zu folgen.

Dein Percy sagt, am besten rede man unvorbereitet ...

Der Percy ist ein Fanatiker. Er sagt, es sei unanständig, vor unvorbereiteten Menschen vorbereitet zu sprechen. Weil die Heiligung des Augenblicks unüberholbar das Höchste ist, was es gibt. Dass Jetzt Jetzt ist. Aber er ist kein Schriftsteller, er ist ein Erweckungsprediger. Bei ihm ist sozusagen immer Pfingsten. Am See bei uns saßen einmal zwei Theologen, der eine war Michael Felder, Professor für Homiletik, Predigtlehre. Denen habe ich damals vom Percy erzählt. Und da haben sie mir beide – ich möchte nicht sagen, wie aus der Pistole geschossen – einen Psalm zitiert: «Tu deinen Mund weit auf, so will ich ihn füllen.» Der Michael Felder war drei Wochen vor seinem Tod – der ist mit 46 Jahren bei einem Spaziergang in Zermatt zusammengebrochen und war tot, Herzinfarkt – noch einmal auf der Terrasse und hat gesagt: «Ich habe über deinen Percy nachgedacht, ich will es jetzt

probieren, unvorbereitet predigen.» Mein Gott. Das war
wunderbar! Das war dann der einzige Mensch, der je etwas,
das er bei mir gelesen hat, verwirklichen wollte ... Alles Literatur.

Hilft denn die Religion?

Mich hat die Absolution am Sonntagmorgen in Unruhe versetzt. Aber ich habe nie eine dauernd hilfreiche Einwirkung
des positiv Religiösen erlebt. Abgesehen davon natürlich,
dass mich die Matthäuspassion in eine Stimmung versetzen
kann, die ich als religiös bezeichnen würde und die ich als
hilfreich empfinde.

*Du hast einmal in einem Interview gesagt: «Schlimm für
mich war das Erlebnis, dass die Religion meiner Mutter
– entschuldigen Sie die Formulierung – nichts genützt hat
beim Sterben.» Warum war das denn so?*

Das konnte ich sie nicht fragen. Ich habe nur gesehen, dass
sie Angst hatte.

Warum?

Na, du – junger Lackel ... wart doch einmal ab ...

*Es hätte doch sein können, dass sie ihre Seele ganz ruhig in
Gottes Hände legt und sagt: Nun trete ich meinem Schöpfer
gegenüber ...*

So war es aber nicht. Ich weiß schon, dass es mit dem Glauben nicht wie mit dem Investieren ist: Man kann sich seine
Erträge nicht bei Bedarf auszahlen lassen. Aber mit einer
gewissen Leidensentschädigung darf man doch als Gläubi-
ger schon rechnen – im Fall meiner Mutter, das habe ich mit
eigenen Augen gesehen, ging diese Rechnung aber nicht auf.
Sie wollte nicht sterben, sie hatte Angst vor dem Tod, sie hat
ihre zunehmende Schwächung mit Furcht und Ohnmacht
erlebt und fand dabei alles andere als Frieden bei ihrem
Gott. Ihr allerkatholischster Glaube spendete in der Krankheit keinen Trost, und das verstehe ich sehr gut. Jakob, ich
kann ewig mit dir und allen anderen über Tod und Leben
und Sterben und Überleben und Sterblichkeit und Unsterblichkeit diskutieren, und ich kann mich hundertfach
versuchen vorzubereiten auf den letzten Augenblick – aber
ich weiß, dass ich nicht vorzubereiten bin. Und ich kann mir
nicht, wie meine Mutter es konnte, damit helfen, dass es
einen Himmel gibt.

Gibt es keinen Himmel?

Der Himmel ist eine Schönheitserfindung, um uns das Denken an den Tod erträglicher zu machen.

Vielleicht gibt es einen Himmel.

Als Bedürfnis gibt es ihn. Mancher kann sich den eigenen
Verlust gar nicht anders erklären – Goethe zum Beispiel, er
hat an sich selber gedacht und kam zu dem Schluss, so etwas
Großartiges wie er könne gar nicht untergehen, also müsse
es schon allein deshalb eine Art von Unsterblichkeit geben.

Aber wenn ich darüber nachdenke, komme ich nur zu dem Ergebnis, dass meine Hosenträger unsterblich sind.

Darf ich mal etwas fragen? Hast du Beten gelernt?

Nein.

Als Kind?

Nein.

Kein Nachtgebet?

Nein.

Was war das Letzte vor dem Schlafengehen?

Gute Nacht sagen.

Kein Tischgebet?

Nein.

Jakob, Beten, ich muss dir das verständlich machen. Es passiert, plötzlich willst du beten. Nicht, weil du an etwas glaubst, du willst nur nicht mehr an das denken müssen, was dich gerade quält, durch Beten den Kopf füllen, nichts anderes mehr wissen als «Vater unser, der du bist im Himmel». Dann weißt du nicht mehr weiter, willst aber nichts Falsches sagen, hilfreich sind nur die Zeilen, die mühelos von selbst kommen, die passen, dein Bewusstsein ausfüllen, sobald du bei einer Zeile überlegen musst, ob sie genauso laute, wie sie dir eingefallen ist, wirkt sie nicht mehr bewusstseinsfüllend, Gedanken verhindernd, abblendend «Vater unser, der du bist im Himmel wie auf Erden…. jetzt und in der Stunde unseres Todes, Amen», diese Zeile ist wieder ganz sicher. Die kannst du wiederholen, an der ist nicht zu zweifeln. Etwas als Lippengebet zu kritisieren kommt mir inzwischen anmaßend vor. Wenn ich klug tun wollte, könnte ich sagen: Wir müssen jemand haben, zu dem wir sprechen können, wir sind auf Zwiesprache angelegt. Und so weiter …

Ich bin übrigens auch nicht getauft.

Gut, das ist ein Mangel, den man durch persönliche Entwicklung nahezu überwinden könnte. Aber wenn du als Kind Angst hattest, was hattest du dann für eine Hilfe?

Meine Schwester. Bei der bin ich untergeschlüpft.

Wie lange ging das?

Bis zwölf.

Und danach hattest du keine Angst mehr?

Doch, sehr viel.

Und?

Ich habe im Lauf langer Zeit gelernt, allein damit fertigzuwerden. Halbwegs.

Allein? Und wen hast du angerufen?

Angerufen?

Jakob, ja, nicht am Telefon.

Niemand.

Niemand! Du bist doch schon durch den Wald gegangen. Hattest du da nie Angst?

Im Wald? Nein.

Man hat dich nicht mit Geschichten infiltriert ...

... die den Wald haben bedrohlich werden lassen? Nein. Aber ich musste nicht in den Wald gehen, um Angst zu haben. Ich weiß schon, was Angst bedeutet.

Wie reagierst du auf Angst?

Ich kämpfe dagegen, immer.

Womit? Argumente? Empfinden? Erinnerungen?

Mit allen Mitteln. Wenn man Angst hat, muss man die Abhilfe in sich selber finden. Denn die Angst kommt ja von innen, nicht von außen. Ich habe gelernt, mit der Angst zu leben. Sie verschwindet ja nicht.

Meine Mutter hatte, ich sagte es ja schon, auch immer Angst.
Ihr ganzes Leben lang. Bis zum Tod. Angst bis zuletzt.

*Ich weiß noch, wie es war, als Rudolf starb. Er hatte eine
Lungenentzündung und lag im Krankenhaus. Überall standen die Apparate, und vor seinem Gesicht wurde ein sal-
ziger Nebel versprüht, damit das Atmen ihm leichter fiel.
Mal war sein Bewusstsein ganz klar, mal war es getrübt.
Die Übergänge waren nicht immer leicht auszumachen. Er
sprach von seiner Flucht aus der Ukraine. Das war eine Geschichte, die wir oft gehört hatten. Im Fragebogen der FAZ
hatte er das auch unter «Größte militärische Leistung der
Geschichte» eingetragen: «mein Rückzug aus der Ukraine».
Aber das war eben keine Heldengeschichte, sondern ein
unheimliches, albtraumhaftes Geschehen. Er hat das im
Krankenhaus noch einmal erzählt. Als würde er es gerade
erleben: Da sind die Schienen, da ist der Horizont, dahinten
ein Gehöft, es kommen Leute, sind sie Freund oder Feind?
Werden die Bauern ihn töten oder ihm helfen? Zwischen-
durch hat er immer gefragt: «Bin ich in Sicherheit?» Und die
Krankenschwester hat gesagt: «Ja, Sie sind in Sicherheit.»
Verstehst du. Damals war er 20 Jahre alt. Und kurz vor seinem Tod – er starb wenige Tage danach zu Hause – hat das
seine Gegenwart bestimmt. Einmal habe ich ihn gefragt,
ob er Angst habe. Da konnte er dann schon nicht mehr gut
sprechen. Er hat mich nur angesehen, mit einem Blick, als
wollte er sagen: Unsinn! Wovor denn? Das fand ich schon
damals ungeheuer beruhigend. Ich habe darüber nachgedacht und finde, es ist geradezu die Pflicht der Älteren,
vorauszugehen und den Nachkommenden zu signalisieren:
Es ist alles gut! Fürchtet euch nicht! Im Ernst. Seit ich das*

erlebt habe, habe ich das Gefühl, ich habe eine solche Pflicht gegenüber meinen Kindern.

Das ist ganz und gar deine Konstruktion. Offenbar liegt dir sehr an dieser Konstruktion. Ich muss sagen: Wenn mir etwas fremd ist, dann das. Ich weiß auch nicht, wie du beschreiben willst, was sich aus dieser Pflicht konkret für dich ergibt. Was willst du tun und sagen und schreiben, dass du das, was du formulierst, erfüllst? Hast du eine Ahnung davon, wie du dieser Pflicht gerecht werden kannst?

Keine Angst haben.

Du hast doch gerade gesagt, wie sehr du unter Angst leidest.

Ja, gerade darum, weil ich weiß, wovon ich rede ...

Aber da ist Angst doch ein sehr natürliches Ergebnis einer gewissen Lebenssituation – und du willst deine Kinder davor beschützen, bewahren.

Ich möchte nicht angstvoll in den Tod gehen! Und ihnen das zeigen.

Du hast doch nichts anzubieten.

Doch, das Beispiel.

Ich möchte deine Kinder schon heute vor der Illusion bewahren, dass sie da etwas erleben könnten, was ihnen selber hilfreich sein kann. Ich rede deswegen so, weil mir eine so beschriebene Pflicht nicht im Traum einfallen könnte. Pass auf, ich sehe das so: Du hast deine Angsterfahrungen, die sind hochwirklich und sehr wenig angenehm – und vor solcher Unannehmlichkeit möchtest du deine Kinder schützen. Eltern wollen ihren Kindern unter allen Umständen nützlich sein. Jedem Vater wird da etwas anderes einfallen. Dir ist dieses eingefallen. Darin zeigt sich eben dein Vatersein. Mir hätte es nicht im Traum einfallen können, dass ich meinen Kindern zu einer solchen Erleichterung verhelfen kann. Darum halte ich mich nicht für einen Rabenvater. Ich finde nur, ich kann meinen Kindern nicht helfen, bestimmten Leidenserfahrungen zu entkommen. Dass man sie in die Welt gesetzt hat, gut, da kann man sagen, das ist unverzeihlich. Danach kann man dann schon einiges gutmachen. Aber ihnen ihr eigenes Ende durch irgendeine Beispielhaftigkeit erträglicher zu machen, das ist eine Illusion. Es ist übrigens eine Illusion, die von meiner Mutter stammen könnte! Jeden Sonntag dachte sie ja, wenn sie gemerkt hat, dass mein Bruder und ich nach der Kirche nicht lange genug am väterlichen Grab gestanden sind: Gott, lass diese armen Kinder doch bitte nicht in den Abgrund des Unglaubens stürzen. Sie wollte uns mit allem ihr zur Verfügung stehenden Fanatismus einen Glauben erhalten, der ihr dann selber nicht geholfen hat. Das ist dasselbe, was du da von deiner Pflicht gsagt hast. Es spricht für eine gewisse elterliche Befindlichkeit, für die Kinder ist es null und nichtig.

Wer war dein erster Toter?

Oh, das war der Großvater, der tot im Bett lag, in das sich am Abend zuvor auch unser Knecht Nikolaus Anwander gelegt hatte, der mit der Nachtwache beauftragt war.

Der Schnauz.

Ja. Ich habe noch seine Redensart im Ohr, wie er gesagt hat: «Wenn i bloß ge Amerika wär.» Ich bin immer an seiner Hand gegangen. Mit ihm habe ich mehr Berührungserlebnisse als mit meinem Vater. Als er starb, war ich sieben. Dann starb eine Schwester meiner Mutter im Kloster, die Beerdigung war sehr eindrucksvoll.

Wie stellst du dir deine Beerdigung vor?

Morgens um fünf, in Wasserburg, außer Käthe und meinen Kindern keine Zeugen. Beerdigung einer Urne.

Würdest du dich als glücklichen Menschen bezeichnen?

Ich könnte sagen, wenn ich mir die Tatsächlichkeit meiner Erlebnisse mit ihrer Wahrscheinlichkeit vergleiche, dass ich wirklich Glück gehabt habe. Und jedes Mal ohne meine Beteiligung. Aber ich habe nie das Gefühl bekommen, ich sei ein glücklicher Mensch. Vielleicht hätte ich durch alles, was mir passiert ist, allmählich zu der Ansicht kommen müssen, ich sei ein glücklicher Mensch. Aber wie du zugeben wirst, sind das zwei vollkommen nicht zueinandergehörende Erscheinungen: Glück haben und glücklich sein. Natürlich ist man augenblicksweise, je weniger zurechnungsfähig, desto eher glücklich. Aber glücklich sein als Zustand, als Ja-Antwort auf eine solche Frage, das wäre mir unmöglich, das wäre grotesk. Genauso fremd wäre mir aber zu sagen: Ich bin ein unglücklicher Mensch. Ich habe dir schon gesagt, welches Wort sich bei mir dafür eingestellt hat: Unglücksglück.

Ich habe nur bemerkt, dass ich bisher – und es ist ja all-
mählich Zeit, einen Strich drunterzuziehen – durch nichts
in einen Bewusstseinszustand versetzt worden bin, den ich
so nennen würde: glücklich. Glück und Unglück sind wahrscheinlich kulturelle Errungenschaften, wobei das Glück
zweifellos beliebter ist. Aber es gibt das eine nicht ohne das
andere. Es gibt kein Glück ohne ein dazugehöriges Unglück.

Ich durchsuche gerade meine Papierberge nach verschiedenen Sachen und habe gestern einen Brief entdeckt,
sechs Seiten lang, von einer Frau, deren Name mir gar nicht
mehr geläufig war. Ein Brief, Jakob, unglaublich, nahe, verwandt, verständnisvoll. Das sagte alles natürlich mehr über
sie aus als über mich. Es war fabelhaft. Mit dieser Frau war
ich, als ich das las, seelisch total per du. Am Schluss des
Briefes sagt sie, ihr läge ein wenig an Gedankenaustausch,
so steht es da. Und ich dachte: Ja, das wäre schön! Mit so
jemandem möchte ich tatsächlich Gedanken austauschen.
Den Brief hat sie geschrieben, während sie «Muttersohn»
las. Solche Briefe sind für mich eigentlich das Wichtigste.
Dass ich in anderen einen Ton wecke, der aus meiner Erfahrung sein könnte. Das nennt man Verwandtschaft. Ein
Schriftsteller kann durch das, was er schreibt, Verwandte
entdecken. Da kann man sich noch so einsam fühlen, aber
da wird man erreicht. Ich weiß jetzt gar nicht, ob ich das
damals beantwortet habe.

12.

Was wir verschweigen

Über uns

Lieber Martin, dieses Buch heißt «Das Leben wortwört-lich». Es handelt von deinem Leben. Aber vieles sprechen wir nicht aus. Wir täuschen durch Verschweigen. Ist das gerechtfertigt?

Ich darf deine Frage korrigieren, wir unterhalten uns nur, um Fragen, die es geben kann, zu beantworten. Es gibt keine Fragen, die wir von vornherein, also prinzipiell nicht beant-worten. Wir täuschen nicht durch Verschweigen, sondern allenfalls aus Unvermögen. Oder so: Wenn wir nicht sagen können, was wir uns selber oder einander fragen, dann muss durch die Art des Nicht-sagen-Könnens immer ein Grund deutlich werden. Täuschen, das hieße ja absichtlich täuschen! Das tun wir doch wirklich nicht.

Du bist mein Vater.

Ein Umstand, der mich mit Freude erfüllt.

Als ich ein Kind war, wusste ich das nicht. Und du vielleicht auch nicht. Ich war beinahe 40, als wir uns das erste Mal begegnet sind, du beinahe 80 Jahre alt.

Ja, Jakob, wir waren beide zu alt.

Das war in München, im August 2005. Wir waren in einem Hotel verabredet. Ich saß in der Halle und habe auf dich gewartet. Du bist eine Treppe hinuntergekommen, und ich fand, dass du sehr groß bist.

Und ich fand dich mir ähnlich.

Da, wo alles anfangen sollte, versagt mir leider die Sprache.

Jakob, ich fürchte, diese Wirklichkeit leistet den Worten Widerstand. Mir würde es leichter fallen, unsere Geschichte zu erfinden, als sie erlebt zu haben. Wir sind unser eigener Roman. Aber ich kann dir eine einfache Frage stellen: Seit wann weißt du es denn?

Ja, das ist schwierig. Als ich in meinen Zwanzigern war, kam dieses Gerücht zu mir. Ich habe mir Bilder von dir angesehen, und dein Gesicht kam mir vertraut vor. Aber wenn dieses Gerücht wahr gewesen wäre, hätte die Geschichte meiner Kindheit plötzlich keinen Sinn mehr gemacht.

Warum?

Es wäre für meine Mutter von großem Vorteil gewesen, wenn sie die Frage der Vaterschaft rechtzeitig beantwortet hätte. Rudolf hat einen schlimmen Scheidungskrieg mit ihr geführt. Dem hätte sie sich entziehen können. Das wäre eine große Linderung gewesen. Ich konnte mir nicht erklären, warum sie geschwiegen hat. Also habe ich nicht geglaubt, dass es etwas zu verschweigen gab.

Ach, Jakob. Da konntest du offenbar noch annehmen, dass alle Menschen nach dem für sie Besten suchen und nicht dem für sie Notwendigen folgen. Inzwischen weißt du sicher, dass es Menschen gibt, die bleiben immer ihre eigenen Gefangenen, die entkommen niemals den schlimmen Bedingungen ihrer Ausgeliefertheit. Maria hat mich jahrelang auf dem Laufenden gehalten. Ich war für sie der Telefonsprechpartner. Es gab Jahre, da haben wir jeden Tag eine Stunde miteinander telefoniert. Das waren keine freundlichen Anlässe, über die sie sprechen wollte. Keine Glücksgeschichten. Trübseligkeitsorgien. Natürlich war ich da ihre Partei – aber es waren nur Gespräche am Telefon.

Es ist schwierig für uns, über Maria zu sprechen, für jeden von uns aus anderen Gründen.

Es ist schwierig für mich, wenn ich uns der Gefahr der Indiskretion aussetze. Es geht dabei einzig und allein um das Gelingen des Ausdrucks. Je weniger der Ausdruck gelingt, desto mehr würde unser Sprechen zur Indiskretion tendieren. Aber ich spreche gerne über Maria.

Dann erzähl mir von meiner Mutter.

Ja. Bevor ich sie in Person traf, ist sie als Literaturbetriebsgerücht erster Ordnung in mein Leben getreten, in meinen Gesichtskreis. Ich weiß nicht mehr, wer es erzählt hat, aber es ging die Geschichte, dass auf einem Schloss in Südtirol Nabokovs «Lolita» neu ins Deutsche gebracht wurde – von einer jungen Übersetzerin, die Maria Carlsson hieß. Sie hatte vorher «Justine» übersetzt, von Lawrence Durrell. Wie alt war Maria damals? 21, 22 Jahre? Ganz nüchtern betrachtet, war es eine hervorragende Idee von Ledig-Rowohlt, eine so junge und kluge Frau diese Bücher ins Deutsche holen zu lassen. Aber wer hätte das nüchtern betrachten können? Die Geschichte ging ja so, dass diese junge Frau Maria zusammen mit Ledig und Gregor von Rezzori auf diesem Schloss sitzt und übersetzt. Das ist ja ein Standbild. Die Faszination, die alle ergriff, die davon hörten, war enorm. Ich habe sie dann an dem Abend kennengelernt, als sie ihren künftigen Mann traf – aber damit meine ich nicht Rudolf, sondern Hans-Joachim Sperr, genannt Jack, den Feuilletonchef der «Süddeutschen Zeitung». Das war auf einer Party in Hamburg. Sie saß da auf einem Sofa und war schön, und er setzte sich dazu und sagte ihr, dass er wisse, wer sie sei. Seine Tochter Juliane, genannt Jane – das Bedürfnis aus deutschen Namen englische, sagen wir, amerikanische zu machen, war damals groß –, Jane, die sich später umgebracht hat, war also auch in Südtirol gewesen und hatte auf jenem Schloss in oder bei Meran ein paar Tage verbracht, und zwar mit Maria in einem Zimmer, und sie hatte ihrem Vater von Maria erzählt. Und das erzählte der jetzt Maria. Ich war, so kann man sagen, ein bisschen mit Jack befreundet, denn er druckte alles, was ich zu sagen hatte. Es war natürlich toll, dass die «Süddeutsche Zeitung» mir so offen stand. Wenn ich etwas über Bloch schreiben wollte oder über Uwe Johnson, habe ich den Jack angerufen. Sie hat ihn dann geheiratet, und er ist gestorben. Weißt du, woran?

An einer Blutvergiftung.

Ja, und wo hat er sich die geholt?

Beim Wandern.

Mit wem ist er gewandert?

Das weiß ich nicht.

Ich nehme doch an, mit Maria. Sie machen eine Gebirgs-wanderung, er trägt den falschen Schuh, aber er traut sich nicht zu sagen, wie sehr das schmerzt beim Gehen, aus sei-ner Männlichkeit heraus. Er bekommt eine Blutvergiftung und stirbt daran. Das ist ja fast so schön und leuchtend wie das Schloss in Südtirol.

Sie hat uns früher erzählt, er habe sich sozusagen umge-bracht. Er habe die Blutvergiftung mit Absicht unbehandelt gelassen und dabei zugesehen, wie er daran gestorben ist.

Davon weiß ich nichts. Ich weiß nichts, außer, dass er an Blutvergiftung gestorben ist.

Ja. Aber das beginnt ja langsam, als Entzündung, die sich ausbreitet, dann kommt das Fieber. Und da kann man ein-greifen – oder eben nicht. Und er hat nicht eingegriffen, sondern es geschehen lassen.

Gut, aber das geht mich nichts an. Ich habe nur den Tod mit-gekriegt, nicht das Leiden. Wann starb er?

1963.

Heilandzack!

Sie hat gesagt, er habe sich umgebracht aus Unglück dar-
über, dass sie ihn verlassen hat.

Hatte sie ihn denn schon verlassen und war zu Rudolf gegangen?

Das ging, glaube ich, ineinander über.

Ich dachte, sie sei erst zu Rudolf gegangen, als Jack schon tot
war. Gut, ich habe kein Recht, das aus meiner Perspektive zu
schildern, da beginnt dann tatsächlich die Indiskretion. Und
das betrifft auch, das sage ich, bevor du fragst, meine Verbindung mit Maria. Das ist eben der Unterschied zwischen
Roman und Wortwörtlichkeit.

Das respektiere ich.

Aber weißt du, ich habe sie nur als Inbegriff der Liebens-
würdigkeit kennengelernt. So viel Stil, so viel Innigkeit, so
wenig Oberfläche bei so viel Glanz. Und dann eben überhaupt nichts Gesellschaftliches. Nichts von dem, was man
bei einer Frau in dieser Umgebung, in dieser Stadt erwartet,
stattdessen nichts als ein Mädchen. Sie war die reine Mäd-
chenhaftigkeit. Ich kenne keinen anderen Menschen, Mann
oder Frau, der so wenig gesellschaftlich bedingt erscheint
wie sie. Bei jedem spürst du das Milieu. Nicht bei ihr.

Aber sie hatte ja auch kein Milieu.

Na ja, in Hamburg. Als Frau Sowieso an der Elbchaussee …

Da hat sie nie gewohnt, an der Elbchaussee.

Nicht?

Nein.

Ich vermisse Maria, seit sie nicht mehr erscheint, wenn ich in Hamburg bin. Das ist das Erlebnis eines Mangels. Sie war immer da. Sie hat von dir erzählt. Aber ich glaube nicht, dass ich damals schon von dir und mir gewusst habe. Leider habe ich für solche Sachen gar kein Gedächtnis. Vielleicht ist es auch unwichtig.

Kein Gedächtnis? Unwichtig?

Gut, ich erinnere mich, dass der Karasek in seiner Universalgeschwätzigkeit mich einmal gefragt hat, ob ich wisse, dass der Jakob Augstein mir gleich sähe. Das war wohl in den 80er Jahren. Damals wusste ich von dir und mir nicht als Nachricht, sondern als Gerücht.

Du bist dem Gerücht nicht nachgegangen – ebenso wenig wie ich. Auf diese Weise haben wir uns verpasst, Martin. Alle dachten, es sei zu ihrem Vorteil, die Wahrheit nicht zu kennen. Irgendwann habe ich gemerkt, dass das falsch ist. Dann habe ich meine Mutter gefragt und dir geschrieben.

Aber Jakob, welche Wirkung hat das Gerücht denn bis dahin bei dir getan? Wie bist du denn dem Rudolf begegnet mit diesem Gerücht in deinen Ohren? Damals lebte er ja noch.

Ich habe ihn sehr genau beobachtet und versucht, mir diese ganze Konstellation vorzustellen. Aber meine Phantasie reichte dafür nicht – und mein Mut auch nicht. Das alles überstieg deutlich meine Möglichkeiten. Ich war damals einer mehr als verworrenen Kindheit noch nicht entwachsen. Darum sage ich ja, es wäre an den sogenannten Erwachsenen gewesen, diese Sache zu klären. Erinnerst du dich an meinen ersten Brief?

Ich kann nicht behaupten, dass ich nur so getan hätte, als würde ich nicht darauf warten, dass du mir eines Tages schreibst.

Ist jetzt der richtige Moment für doppelte Verneinungen?

Mein lieber Jakob, als ich deinen Brief bekam, im Sommer 2005, da war das der Eintritt eines zugleich notwendigen und unerwarteten Ereignisses. Es war die Wirklichkeitswerdung eines Gedankens, den ich nicht zu denken gewagt hatte und darum auch nicht dachte. Du warst ja schon vorher sehr wirklich für mich. Ich wusste mehr über dich, als du ahnst. Denn Maria hat mich ja immer auf dem Laufenden gehalten. Ich habe dich sozusagen aus der Ferne beobachtet. Als ich also deinen Brief öffnete, war ich, das ist die Wahrheit, im selben Maße erfreut wie erschrocken.

Weißt du noch, was ich dir geschrieben habe?

Es fällt mir nicht mehr ein. Ich habe deinen ersten Brief lange gesucht, weil ich mich das auch gefragt habe. Nun finde ich ihn nicht mehr. Es sind so viele Kästen und Schachteln und Laden mit so vielen Papieren. Ein anderer wird das alles eines Tages in Ordnung bringen. Weißt du es denn nicht mehr selbst?

O doch. Ich habe dieses hier geschrieben: «Lieber Martin Walser, ich habe mit meiner Mutter jetzt geredet, und ich finde, wir sollten uns einmal sehen. Es wäre schön, wenn Ihnen daran läge. Mir liegt daran.» Mehr nicht.

Das war ja schon einiges. Und der Ton ist den Umständen entsprechend. Was habe ich geantwortet?

Du hast sehr schnell geantwortet, das hat mich gefreut. Aber was du geschrieben hast, weiß ich nicht mehr. Du hast meinen ersten Brief nicht mehr, ich deinen nicht. Das ist vermutlich kein Zufall. Es gab nur eine Sache, die ich mir gemerkt habe. Weil sie mich so verblüfft hat. Denn du hast auf eine Frage geantwortet, die ich gar nicht gestellt hatte: warum du dich nicht vorher gemeldet hattest. Offenbar hat dich das beschäftigt. Also hast du mir als Erklärung geschrieben, es gebe kein «Entkommen aus der Falle der Illegitimität».

Ich weiß, was ich damit meinte. Aber ich merke dir an, dass dich der Begriff stört.

Illegitim ist das, was nicht zu rechtfertigen ist. Aber wer muss hier wen rechtfertigen? Muss ich mich rechtfertigen? In deiner «Angstblüte» heißt es: «Wer sich rechtfertigt, klagt sich an.»

Das war nicht der Bedeutungsgehalt, den ich dem Wort damals geben wollte. Ich hatte nie das Gefühl, dass es an mir gewesen wäre, eine Begegnung mit dir zu suchen. Mir wäre das wie ein Übergriff vorgekommen, dir gegenüber, gegenüber Maria, aber auch gegenüber Rudolf.

Ich fand schon damals, dass die Sprache hier für sich selbst spricht.

Was du da machst, ist Traumdeutung im wachen Zustand – der Begriff der Illegitimität beschreibt hier keine höheren Gedanken an Rechtfertigung. Das ist nun wirklich ein Thema, mit dem ich mich auseinandergesetzt habe. Er ist hier der Sphäre des Rechts entnommen, nicht der der Philosophie oder der des Glaubens.

Gut, dann die Sphäre des Rechts. In diesem Zusammenhang stammt der Begriff aus dem 19. Jahrhundert, als von den «illegitimen Kindern» die Rede war. Früher hießen die noch «Bastarde». Später, im Bürgerlichen Gesetzbuch, war von den «unehelichen Kindern» die Rede, dann den «nichtehelichen» – und heute redet man, rein gesetzlich, von den «Kindern, deren Eltern nicht miteinander verheiratet sind».

Einfacher werden die Dinge nicht, indem man ihnen einen anderen Namen gibt, oder?

Naja – du hast noch von der «Falle» gesprochen. Das ist das Denken in alten Kategorien. Ich würde eine solche Situation so heute nicht beschreiben. Aber in deinem «Muttersohn» zitiert der Professor den Code Napoleon, Artikel 340: «La recherche de la paternité est interdite», die Erforschung der Vaterschaft ist verboten.

Ja, weil Percys Mutter ihm erzählt hat, es sei zu seiner Geburt kein Mann vonnöten gewesen. Das ist in dem Buch keineswegs metaphorisch gemeint. Sondern ganz unmittelbar. Obwohl man, wenn man will, es auch als die elegante Lösung des Problems beschreiben kann, über das du mit mir sprechen willst.

Elegant? Ich würde eher sagen: praktisch. Da trifft wirklich zu, was du über Literatur sagst: Dinge schöner beschreiben, als sie sind.

«Muttersohn» ist kein Buch über Abstammungsforschung – sondern ein Buch über den Glauben, über die menschliche Fähigkeit zu glauben. Aber dann verschwendet Percy doch den einen oder anderen Gedanken an seinen denkbaren Vater. Du sagst: «Denken in alten Kategorien.» Ich erlaube mir, von diesem Wort auf einen Umweg gebracht zu werden. Weißt du, dass das griechische Wort Kategorie im Lateinischen eine Zeitlang als «Praedicamentum» wiedergegeben wurde? Das ist das gleiche Wort, das später im Englischen die Bedeutung unseres «Dilemmas» angenommen hat. Und damit haben wir es hier zu tun: mit einem Dilemma. Unser Buch heißt ja «Das Leben wortwörtlich», aber ich spüre, wie mich hier, an diesem Punkt, die Sprache verlässt. Die Wahrheit selbst zieht sich hier ihre Lüge heran, und im Willen zur Lüge liegt wiederum ein Stück Wahrheit.

Ausweichen gilt jetzt nicht. Mich interessiert das Motiv der verbotenen Vatersuche. Zu diesem napoleonischen Artikel gibt es einen alten erläuternden Kommentar, in dem es heißt, die Feststellung der Vaterschaft käme sowohl einer Schande des Rechts gleich als auch einer Auflösung der Gesellschaft. Das ist interessant: Die Wahrheit löst auf, anstatt zu festigen.

Es fällt dir heute leicht, das so zu sehen und zu sagen.

Nein, verzeih, da irrst du dich. Das Gegenteil ist der Fall. Ich habe sozusagen am eigenen Leib die Erfahrung gemacht, dass die Wahrheit befreit. Und ich sehe an anderen, dass die Lüge nicht nur unterdrückt – sie macht krank.

Wenn wir hier schon so reden, darf ich dann auch etwas fragen?

Sicher.

Warum hast du das Abstammungsthema deinerseits öffentlich gemacht. Das hast du doch, oder?

Ja, ich glaube, es war im Jahr 2009. Der Grund liegt doch auf der Hand: Es wussten so viele Menschen davon, und ich hatte damals noch kleine Kinder. Hätte ich die in der Lüge ihrer Großeltern aufwachsen lassen sollen? Oder hätte ich ihnen die Wahrheit sagen und sie gleichzeitig auffordern sollen, mit niemandem darüber zu sprechen? Mich wundert, dass niemand, der mir diese Frage stellt, von allein auf die Antwort kommt. Aber das ist ja kennzeichnend. An die Kinder denken alle immer zuletzt.

Nimmst du übel?

Ihr habt es mir überlassen, alles zu klären. Warum müssen die Kinder hinter den Eltern aufräumen?

Ja, das ist eine Ungerechtigkeit. Aber es ist keine unübliche Ungerechtigkeit. Ich gebe zu, dass ich immer glücklich war, dass meine Mädchen Mädchen sind. Ich habe es als eine gewisse Bequemlichkeit in meinem Leben erlebt, dass ich von revoltierenden Söhnen verschont geblieben bin. Töchter revoltieren auch, aber eben subtiler, anspruchsvoller. Sie wollen nicht mehr Macht, sondern mehr Wahrheit.

Du hast geschrieben, der Fahrer denkt nachts an seinen Chef, aber nicht umgekehrt, und das sei das Abbild der Abhängigkeit. Zwischen Eltern und Kindern gibt es eine solche Abhängigkeit auch.

Du redest von der Abhängigkeit des Kindes. Aber meine Abhängigkeit von meinen Töchtern kam mir immer vollkommen vor. Und wenn das möglich ist, dann ist sie im Lauf der Zeit nur noch unmittelbarer geworden. Das kann ich umgekehrt, zum Glück, von meinen Töchtern nicht sagen. Je älter die Kinder werden, desto kultureller wird ihr Verhältnis zu ihren Eltern – während die Bindung der Eltern an ihre Kinder immer die reinste Natur ist.

Aber Martin, es geht um Verantwortung, oder? Wer ist das Kind? Wer ist der Erwachsene? Du hast an einer anderen Stelle in unseren Gesprächen einen Punkt aus dem Nicht-Erwachsenwerden gemacht. Das ist ein hübscher Gedan-

ke – *von Erwachsenen für Erwachsene. Gegenüber dem
Kind zählt das nicht.*

Jetzt klingst du älter als ich – und ich habe gerade meinen
90. Geburtstag begangen.

*Du hast einmal vor langer Zeit in dein Tagebuch diesen Ge-
danken geschrieben: «Das Kind kennt keine Gegenseitigkeit. Es möchte einseitig aufgenommen und bevorzugt werden. Es möchte nichts geben, nur nehmen. Alle sollten seine
Eltern sein. Alle seine Mutter. Sie sollten sich reißen darum, seine Mutter sein zu dürfen.» Wenn man das in Ruhe
liest und dich ein bisschen kennt, dann wundert man sich
nicht, diese Stelle nur um ein einziges Wort abgewandelt im
«Letzten Rank» wiederzufinden, in deinem jüngsten Buch:
«Er kannte keine Gegenseitigkeit. Er wollte einseitig aufgenommen und bevorzugt werden. Er wollte nichts geben,
nur nehmen. Alle sollten seine Eltern sein. Alle seine Mutter.
Sie sollten sich reißen darum, seine Mutter sein zu dürfen.»
Dein Er ist ein ewiges Kind.*

Ach, Jakob. Man sucht doch immer den Rückweg in die Ver-
antwortungslosigkeit. Ich habe, als ich jung war, erkannt,
dass eigentlich für alles ein geradezu unvorstellbarer Mut
notwendig ist – außer für das Schreiben. Du hast das Wort
von der «Illegitimität» vorhin in den Zusammenhang der
Rechtfertigung gebracht. Du willst, dass ich mich rechtfertige, oder – noch besser – du willst, dass ich dich rechtfertige. Aber wir sind hier nicht bei Kafka, Jakob. Du hast
das Gefühl, dir sei Unrecht geschehen. Und in dem Maße, in
dem du dieses Gefühl in dir hast wachsen lassen, desto mehr

hast du das Gefühl, du seiest im Recht. Und zwar immer. Es steht mir nicht zu, dich vor den Konsequenzen zu warnen. Ich zitiere dir nur einen Satz aus «Mein Jenseits»: «Dass ich im Unrecht sei, das zeigt nur, dass er jünger ist und noch glaubt, recht zu haben sei möglich.»

Fehlt jetzt noch, dass du mir mit dem Zitat aus «Jakob von Gunten» kommst, das ich mal bei dir gelesen habe: dass wir die Überhebung, die uns beseelt, am unerbittlichen Felsen harter Arbeit zerschmettern sollen.

Nicht die schlechteste Idee, oder? Aber Jakob, wenn wir darüber reden, dann merke ich, dass ich nur noch vorsichtig sein will. Und ich merke, wie erlebnisschädigend das ist. Ich erwische mich dabei, wie ich fürchte, dass jemand, der keine Ahnung von uns hat, ein mitgeteiltes Detail für das Ganze nimmt.

Du hast eben von revoltierenden Söhnen und Töchtern ge-sprochen. Ich konnte gar nicht revoltieren, da meine Mutter mit Rudolf Augstein schon nicht mehr zusammenlebte, als ich sehr klein war. Und, wo wir bei Kafka sind: Ich habe als junger Mensch Kafkas «Urteil» gelesen und den «Brief an den Vater». Und dann kommt da so eine Stelle: «Ich erinnere mich zum Beispiel daran, wie wir uns öfters zu-sammen in einer Kabine auszogen. Ich mager, schwach, schmal, du stark, groß, breit. Schon in der Kabine kam ich mir jämmerlich vor, und zwar nicht nur vor dir, sondern vor der ganzen Welt, denn du warst für mich das Maß aller Dinge.» Ich habe versucht, da war ich 15, 16 Jahre alt, mir vorzustellen, wie ich mit einem derart anwesenden Vater

zurechtgekommen wäre. Und dann war ich beinahe erleichtert, dass mir das erspart geblieben ist. Heute halte
ich das für eine ziemlich traurige Erleichterung. Allerdings
kann man sich auch ohne Vater der Welt der Erwachsenen
ohnmächtig ausgeliefert fühlen.

Die Erniedrigung der Kindheit sollte mehr als aufgewogen
werden durch die Liebe der Eltern, oder? Ich konnte nach
Lage der Dinge dafür bei dir nicht in Frage kommen. Ich
habe aber selber erlebt, dass man die Macht der Eltern noch
spürt, wenn man etwas in seinem Leben anfangen will, das
sie besser nicht erführen, und wenn sie es doch erfahren,
dann werden sie es nicht billigen, und den Schmerz dieser
Missbilligung spürt man schon im Voraus.

Mir geht es mehr um Ohnmacht als um Erniedrigung.

Jakob, ich glaube nicht, dass du dich als Kind ohnmächtig
gefühlt hast. Das ist eine Empfindung, die du als Erwachsener hast, wenn du dich an deine Kindheit erinnerst. Und als
Erwachsener hast du dich als alles andere als ohnmächtig
erwiesen.

Als ich auf dich zukam, auf euch alle, auf deine Familie, da
habt ihr mir sehr geholfen. Ihr habt mich von Herzen willkommen geheißen. Du, Käthe, deine Töchter. Ich fand es
nicht selbstverständlich.

Das war es aber.

Weißt du, dass ich meinen Kindern den Bodensee gezeigt habe? Wir waren in Wasserburg, im Malhaus, und haben uns die Walser-Ausstellung angesehen, im ersten Stock mit den Fenstern zum See.

Ja, ich weiß. Ich habe euch dahin geschickt. Siehst du, Jakob, ich habe von dir zu wenig erfahren. Aber ich habe das Interesse, das man als Vater von selbst hat, dass es dir gutgehen soll. Und dass ich von dir mehr erfahre, sodass ich nachher, ohne dass ich mich an etwas Bestimmtes erinnern muss, ein Gefühl dafür haben kann, wer du bist. So wie es mir durch langjährige Erfahrung mit den Töchtern geht: Ich frage mich, ob es ihnen gutgeht, und ich prüfe, mit welcher Deutlichkeit sie mir gegenwärtig sind. Einen Menschen zu kennen, das bedeutet, sich darüber im Klaren zu sein, wie viel er dir selber mitgeteilt hat und wie viel sich dir unwillkürlich erschlossen hat. So glaube ich von jeder Tochter zu wissen, wer sie ist. Das wusste ich von dir nicht. Wenn wir uns getroffen haben, habe ich dich jedes Mal sozusagen wiedererkannt. Und habe jedes Mal gestaunt. Jetzt werde ich nicht mehr staunen. Das kommt von unserem Gespräch. Du bist mir jetzt näher, als du je warst. Du bist durch diese Gespräche erlebbar geworden. Du bist jetzt da, auch wenn du fort bist. Ich habe andauernd etwas davon, dass es dich gibt. Das darf mich doch froh machen! Jakob, ich muss dich aber jetzt doch noch etwas fragen.

Ja?

Wir haben uns ein Jahr lang immer wieder getroffen, und du hast aus unseren wortwörtlichen Gesprächen dieses Buch geschrieben. Mit aller notwendigen Gründlichkeit.

Aber dieses letzte Gespräch im Buch, das haben wir so nie geführt.

Es hat so, wie du es hier aufschreibst, nicht stattgefunden. Du hast es dir beinahe ganz ausgedacht.

Warum?

13.

Novalis

Es ist eigentlich um das Sprechen und Schreiben
eine närrische Sache; das rechte Gespräch ist ein
bloßes Wortspiel. Der lächerliche Irrtum ist nur zu
bewundern, dass die Leute meinen – sie sprächen
um der Dinge willen. Gerade das Eigentümliche der
Sprache, dass sie sich bloß um sich selbst beküm-
mert, weiß keiner. Darum ist sie ein so wunderbares
und fruchtbares Geheimnis, – dass wenn einer bloß
spricht, um zu sprechen, er gerade die herrlichsten,
originellsten Wahrheiten ausspricht. Will er aber
von etwas Bestimmten sprechen, so lässt ihn die
launige Sprache das lächerlichste und verkehrteste
Zeug sagen. Daraus entsteht auch der Hass, den so
manche ernsthafte Leute gegen die Sprache haben.
Sie merken ihren Mutwillen, merken aber nicht, dass
das verächtliche Schwatzen die unendlich ernsthafte Seite der Sprache ist. Wenn man den Leuten
nur begreiflich machen könnte, dass es mit der
Sprache wie mit den mathematischen Formeln sei
– Sie machen eine Welt für sich aus – Sie spielen nur
mit sich selbst, drücken nichts als ihre wunderbare

Natur aus, und ebendarum sind sie so ausdrucksvoll – ebendarum spiegelt sich in ihnen das seltsame
Verhältnisspiel der Dinge. Nur durch ihre Freiheit
sind sie Glieder der Natur, und nur in ihren freien
Bewegungen äußert sich die Weltseele und macht sie
zu einem zarten Maßstab und Grundriss der Dinge.
So ist es auch mit der Sprache – wer ein feines
Gefühl ihrer Applikatur, ihres Takts, ihres musika-
lischen Geistes hat, wer in sich das zarte Wirken
ihrer innern Natur vernimmt und danach seine
Zunge oder seine Hand bewegt, der wird ein Prophet
sein, dagegen, wer es wohl weiß, aber nicht Ohr
und Sinn genug für sie hat, Wahrheiten wie diese
schreiben, aber von der Sprache selbst zum besten
gehalten und von den Menschen, wie Kassandra
von den Trojanern, verspottet werden wird. Wenn
ich damit das Wesen und Amt der Poesie auf das
deutlichste angegeben zu haben glaube, so weiß ich
doch, dass es kein Mensch verstehn kann, und ich
ganz was albernes gesagt habe, weil ich es habe sagen
wollen, und so keine Poesie zustande kommt. Wie,
wenn ich aber reden müsste? und dieser Sprachtrieb
zu sprechen das Kennzeichen der Eingebung der
Sprache, der Wirksamkeit der Sprache in mir wäre?
und mein Wille nur auch alles wollte, was ich müsste, so könnte dies ja am Ende ohne mein Wissen und
Glauben Poesie sein und ein Geheimnis der Sprache
verständlich machen? und so wär ich ein berufener
Schriftsteller, denn ein Schriftsteller ist wohl nur ein
Sprachbegeisterter?

ANHANG

Aktenzeichen: 2 c KLs-So 193/42 (II 250/42) BArch R 3001/ 7
159683

Im Namen des Deutschen Volkes !

Das Sondergericht 2 bei dem Landgerichte München I erlässt in der Strafsache gegen

G i e r e r Guido und 8 And.
weg.Verbr.g.d.Kr.W.VO.

in der öffentlichen Sitzung vom 16.Oktober 1942 in Lindau, an der teilgenommen haben:

1. der Vorsitzer: Senatspräsident Dr.Stepp,
2. die Beisitzer: Landgerichträte Dr.Linder und Dr.Eder,
3. der Staatsanwalt: Dr.Guntermann,
4. der Urkundsbeamte: J.Sekr.Obermeier,
folgendes

U r t e i l :
===============

1. G i e r e r Guido, geboren am 25.9.1886 zu Hege, LKr.Lindau, verh. Metzgermeister zu Wasserburg a.B.,

2. G i e r e r Katharina, geb.Schmid, geboren am 16.Januar 1889 zu Wasserburg a.B., LKr.Lindau, Metzgermeisterehefrau in Wasserburg a.B.,

3. W e i s e Wilhelm, geboren am 14.März 1890 zu Gera/Thür.. verh. Hotel- pächter in Wasserburg a.B.

4. W a l s e r Auguste, geb.Schmid, geb.am 8.Juli 1900 zu Kümmertsweil- ler, LKr.Tettnang, verw.Gastwirtin in Wasserburg a.B.,

5. L a n z Elisabeth, geb.Marte, geboren am 9.Januar 1890 zu Nonnenborn, LKr.Lindau, verh.Gastwirtin in Nonenborn a.B.

6. P r e s t e l e Kreszenz, geb.Schnell, geb.am 6.5.1876 zu München, verw.Hausbesitzerin in Wasserburg a.B.

7. S c h n i t z l e r Luise, geboren am 18.Juni 1901 zu Burg, LKr.Krumbach, ledige Kaffeewirtin in Wasserburg a.B.,

8. R e i g e r Ludwig, geb.am 1.Juni 1888 zu Pammering, LKr.Wasserburg a.Inn, verh.Gastwirt in Lindau - Schachen, sind schuldig eines fortgesetzten Verbrechens des kriegsschädlichen Verhaltens,

9. H a g e n Wilhelm, geboren am 14.August 1880 zu Wasserburg am Boden- see, LKr.Lindau, verh.Landwirt und Fleischbeschauer in Wasserburg a.B. ist schuldig eines fortgesetzten Verbrechens der Beihilfe zu einem fortgesetzten Verbrechen des kriegsschädlichen Verhaltens und werden verurteilt:

- 2 -

1) G i e r e r Guido zur Zuchthausstrafe von   (fünf) 5 Jahren
2) G i e r e r Katharina zur Zuchthausstrafe von (zwei) 2 Jahren
3) W e i s e zur Gefängnisstrafe von   (zwei) 2 Jahren
4) W a l s e r zur Gefängnisstrafe von   (acht) 8 Monaten
5) L a n z zur Gefängnisstrafe von (ein Jahr und sechs) 1 Jahr 6 Monaten
6) P r e s t e l e zur Gefängnisstrafe von   (acht) 8 Monaten
7) S c h n i t z l e r zur Gefängnisstrafe von   (drei) 3 Monaten
8) R e i g e r zur Gefängnisstrafe von   (neun) 9 Monaten
9) H a g e n zur Zuchthausstrafe von   (drei) 3 Jahren

 Den Angeklagten Guido G i e r e r und H a g e n werden die bürger-
lichen Ehrenrechte aberkannt und zwar
G i e r e r Guido auf die Dauer von 5 Jahren
H a g e n auf die Dauer von 3 - drei Jahren
 Die Angeklagten haben die Kosten des Verfahrens zu tragen.

G r ü n d e :

I.

 1.) Die Angeklagten Eheleute Guido und Katharina G i e r e r betreiben in Wasserburg a.B. eine Metzgerei. Da es sich um das einzige derartige
Unternehmen im Orte handelt, geht das Geschäft sehr gut. Der Umsatz betrug
im Jahre 1938 ca. 60 - 70 000 RM, stieg in den Jahren 1939 auf 70 000 und
1941 auf 90 000 RM an. Im Jahre 1941 ist er wieder etwas zurückgegangen.
Der Angeklagte Gierer, der jetzt 56 Jahre alt ist, schlachtete sämtliche
Tiere selbst. Es half ihm dabei sein jetzt 15½ Jahre alter Sohn, der Metz-
gerlehrling ist. Guido Gierer hat seit Kriegsbeginn, den 1.September 1939
bis 26.August 1941 eine grosse Anzahl von Tieren ohne Genehmigung der be-
wirtschaftenden Behörde, ohne Schlachtscheine, schwarz geschlachtet. Die Tiere wurden von dem Fleischbeschauer Hagen beschaut. Sie wurden zur Schlacht-
steuer angemeldet und auch versteuert. Im einzelnen handelte es sich um folgende Tiere:

a) 76 Kälber mit einem Durchschnittlebendgewicht von 60 kg, einem Schlachtgewicht von 37,5 kg, einem Gesamtschlachtgewicht von   2850 kg.

b) 21 Kühe mit einem Durchschnittlebendgewicht von 450 kg, einem Schlachtgewicht von 225 kg, einem Gesamtschlachtgewicht von   4725 kg.

c) 46 Schweine mit einem Durchschnittlebendgewicht v.100 kg, einem Schlachtgewicht von 80 kg, einem Gesamtschlachtgewicht von   3680 kg.

d) 9 Schafe mit einem Durchschnittlebendgewicht von 65 kg, einem Schlachtgewicht von 32,5 kg, einem Gesamtschlachtgewicht von   292.5 kg.

 Sonach wurden insgesamt 152 Tiere geschlachtet und eine Fleischausbeute
von insgesamt 11547.5 kg = ca 230 Ztr. erzielt. Als Umrechnungssatz zwischen

- 3 -   8

Lebend- und Schlachtgewicht wurde bei Kälbern 5/8, bei Kühen 1/2,
bei den Schweinen 4/5 und den Schafen 1/2 zu Grunde gelegt.

2.) Die Mitangeklagte Katharina G i e r e r hat das Fleisch
im Laden verkauft, wobei sie wusste, dass es sich um Schwarzschlachtungen
handelte. Sie hat das Fleisch an ihre gesamte Kundschaft abgegeben, wobei sie nur teilweise Marken verlangt hat. Durch die Ermittlungen konnte
ein Teil ihrer Abnehmer festgestellt werden und zwar diejenigen, die im
grösserem Umfange ihr Fleisch von der Metzgerei Gierer bezogen haben.
Wenn die Angeklagte auch nicht im einzelnen von jedem Tier gewusst hat,
dass es schwarz geschlachtet war, so war sie doch über den Umfang der
Schwarzschlachtungen im wesentlichen im Bilde, da sie oder ihr Ehemann
abwechselnd die Schlachtscheine besorgt haben und da es niemals Meinungs-
verschiedenheiten über Erlaubtheit der Schlachtungen gegeben hat. Die Angeklagte hat in den meisten Fällen Abrechnungen über das verkaufte Fleisch
erteilt, auf Grund ^{deren} der Sachverständige Prüfer Dr.Maurus den Bezug
von Fleisch ohne Marken errechnen konnte, da in den Aufschreibungen meist
auch die Markenschuld angegeben war. Natürlich können im Laufe der Zeit
einzelne Abrechnungen verloren gegangen sein, aber der wesentliche Teil
der Aufschreibungen war noch vorhanden und konnte als Grundlage für die
Berechnungen des Dr.Maurus dienen.

3.) Die Schwarzschlachtungen konnten im Laufe der 2 Jahre deshalb
einen derartigen Umfang annehmen, weil der Fleischbeschauer Hagen, der
schon seit dem Jahre 1903 die Fleischbeschauertätigkeit ausübt und der
auch die Schlachtsteuerhilfsstelle verwaltet, sich bei der Beschau der
Tiere oder des Fleisches die Schlachtscheine nicht hat vorlegen lassen.
Er hat, sofern er sich überhaupt nach den Schlachtscheinen erkundigt hat,
sich mit der Auskunft der Eheleute Gierer, insbesondere der Frau Gierer,
dass die Schlachtscheine nachkommen, zufrieden gegeben. Nun ist allerdings durch die Hauptverhandlung erwiesen worden, dass im Bezirk des Vieh-
wirtschaftsverbands Kempten, wozu auch der Betrieb Gierer gehört hat, die
Ausstellung der Schlachtscheine zum mindest noch bis Mitte 1940 sehr im
Argen lag. Es hat sehr lang gedauert, bis die Schlachtscheine kamen, meist
kamen sie verspätet. Dieser Umstand wurde vielfach zu weiteren Schwarzschlachtungen ausgenützt. Statt dass der verspätet übersandte Schlachtschein wegen der bereits erfolgten Schlachtung von Hagen entwertet worden
wäre, wurde der Schein für eine neue Schlachtung benutzt. Mag Hagen in dem
einen oder anderen Falle auf Vorlage des Schlachtscheines gedrängt haben,
auf jeden Fall hat er nie einen verspätet eingegangenen Schlachtschein

- 4 -

wegen der bereits erfolgten Schlachtung entwertet. Er hat in keinem Falle
eine Anzeige an den Viehwirtschaftsverband erstattet , wenn 3 Tage nach
der Schlachtung der Schlachtschein nicht vorgelegt wurde. Durch sein Unter-
lassen hat er den Eheleuten Gierer Beihilfe zu ihren Schwarzschlachtungen geleistet.

4.) Der Angeklagte W e i s e ist Pächter des Hotels Krone in Wasserburg. Er hat im Laufe der Zeit bis in den August 1941 hinein in grösserem
Umfange Fleisch von der Metzgerei Gierer gekauft. Insgesamt handelte es
sich dabei um 64 Ztr. Fleisch- und Wurstwaren. Er hat nur für einen Teil
dieser Waren Marken abgegeben. Wie der Angeklagte bei seiner richterlichen
Vernehmung am 20.September 1941 zugegeben hat, hat er 30 - 35 Ztr. Fleisch-
und Wurstwaren ohne Marken, also schwarz bezogen. Da der sachverständige
Prüfer Dr.Maurus unter Einrechnung von 8% Schwund rund 40 Ztr. errechnet
hatte, konnte das Gericht unter Zugrundelegung des Geständnisses des Angeklagten den Bezug von 35 Ztr. Fleisch- und Wurstwaren ohne Marken als erwiesen ansehen. Dass im übrigen die vorhandenen Aufschreibungen der Mitange-
klagten Gierer ziemlich vollständig vorliegen, ergab eine Stichprobe, die
Dr.Maurus vorgenommen hat. Er hat aus den Büchern des Angeklagten Weise die
Abgabe von Bezugscheinen in der Zeit vom 2.6. - 2.9.1941 festgestellt, und
diese mit den Aufzeichnungen der Frau Gierer verglichen, wobei sich fast eine vollständige Übereinstimmung ergeben haben. Weise hat das Fleisch in seinem
Betrieb hauptsächlich durch Ausgabe grösserer Portionen verbraucht. Der Angeklagte Weise war wegen dieser Straftaten in der Zeit vom 20.September bis
17.Oktober 1941 in Untersuchungshaft.

5.) Die Witwe Walser ist Besitzerin der Bahnhofswirtschaft in Wasserburg. Sie hat im Laufe der 2 Jahre von der Metzgerei Gierer rund 21 Ztr.
Fleisch- und Wurstwaren gekauft. Sie hat zugegeben, etwa 3 - 4 Ztr. ohne Marken bezogen zu haben. Die Angeklagte Gierer hat angegeben, dass bei Frau Walser die Markenablieferung im allgemeinen sehr gewissenhaft durchgeführt wurde
und dass diese Angeklagte mehr wie 5 Ztr. Fleisch und Wurst ohne Marken nicht
bekommen hat. Wenn auch nach den Aufschreibungen der Frau Gierer der Sachverständige Dr.Maurus für rund 16 Ztr.keine Markenabgabe festgestellt hat, so
konnte doch nicht mit Sicherheit festgestellt werden, dass Frau Walser mehr
wie 5 Ztr. ohne Marken bezogen hat. Diese Menge konnte dem Urteil zu Grunde
gelegt werden. Das Fleisch wurde an die Gäste in grösseren Portionen, als auf
die abgegebenen Marken getroffen hätte, abgegeben.

6.) Die Angeklagte Ehefrau Lanz ist Besitzerin des Gasthofes Engel in
Nonnenhorn. Sie hat im Laufe der beiden Jahre von der Fa.Gierer rund 51½ Ztr.
Fleisch- und Wurstwaren bezogen. Die Angeklagte hat zugegeben, nur 8-10 Ztr.

ohne Marken bekommen zu haben. Der Sachverständige Dr.Maurus hat bei der
ersten Nachprüfung für 39 und bei der zweiten Nachprüfung für 37 Ztr.
keine Markenbuchungen festgestellt. Die Angeklagte Gierer hat Frau Lang
als die schlechteste Markenablieferin bezeichnet und in glaubhafter Weise
angegeben, dass Frau Lang oft nicht die Hälfte der Marken, vielfach weniger, in keinem Falle aber mehr wie die Hälfte der notwendigen Marken abgegeben hat. Das Gericht ist daher der Überzeugung, dass die Angeklagte Lang
nicht zu stark belastet wird , wenn es den Schwarzbezug von rund 25 Ztr.
Fleisch- und Wurstwaren annimmt. Das Fleisch wurde an die Gäste des Hotels
abgegeben, die grössere Portionen erhielten, als auf die Marken getroffen
hätten.

  7.) Die 66 Jahre alte Angeklagte Prestele ist Besitzerin der Pension
Primbs in Wasserburg. Bei Beginn des Krieges war der Betrieb vorübergehend
geschlossen. In der Zeit von März bis anfangs Oktober 1940 hatte die Angeklagte die Pension wieder geöffnet. Seit Oktober 1940 wird die Pension von
der Angeklagten als Mütterheim geführt. In den fraglichen 2 Jahren hat die
Angeklagte von der Metzgerei Gierer rund 41 Ztr. Fleisch- und Wurstwaren
bezogen. Davon sind nach den Feststellungen von Dr.Maurus auf Grund der Aufzeichnungen der Frau Gierer rund 24 Ztr. durch Marken nicht gedeckt. Die
Angeklagte hat zugegeben, schätzungsweise etwa 5 Ztr. Fleisch- und Wurstwaren ohne Marken bezogen zu haben, ohne allerdings genaue Angaben machen
zu können. Da diese Angeklagte der Frau Gierer angesonnen hat, 2 Bücher
über den Fleischbezug zu führen, eines über den durch Marken gedeckten und
eines über den markenfreien Bezug und mit Rücksicht auf die Feststellungen
des Dr.Maurus dürfte die Angeklagte nicht zu stark belastet sein, wenn bei
ihr ein Schwarzbezug von rund 5 Ztrn.Fleisch- und Wurstwaren angenommen
wird . Das Fleisch wurde an die Gäste in zu grossen Portionen abgegeben.

  8.) Die ledige Angeklagte Luise Schnitzler ist Inhaberin des Kaffee
Schnitzler in Wasserburg. Die Angeklagte hat nach ihren Angaben von der Metzgerei Gierer im Laufe der 2 Jahre rund 30 Ztr. Fleisch- und Wurstwaren bezogen. Nach ihrem Geständnis hat sie etwa 2 Ztr. ohne Marken bezogen. Frau
Gierer hat bekundet, dass die Angeklagte nicht mehr wie 2 Ztr.bezogen hat.
Daher hat das Gericht der Verurteilung den Schwarzbezug von 2 Ztr.Fleisch -
und Wurstwaren zu Grunde gelegt. Das Fleisch wurde im Betrieb der Angeklagten durchAusgabe grösserer Portionen verbraucht.

  9.) Der Angeklagte Reiger ist Pächter des Gasthofes Schachen in Lindau-
Schachen. Er hat nach den Feststellungen des Dr.Maurus im Laufe der 2 Jahre
von der Fa.Gierer rund 18 Ztr.Fleisch- und Wurstwaren bezogen. Nach den

- 6 -

Feststellungen des Sachverständigen sind nach Abrechnung von 6% Schwund
etwa 9 Ztr. durch Marken nicht gedeckt. Der Angeklagte hat zugegeben, schätzungsweise etwa 6 Ztr. Fleisch- und Wurstwaren ohne Marken bezogen und
in Form grösserer Potionen an seine Gäste abgegeben zu haben. Dieses wurde
der Verurteilung zu Grunde gelegt.
                                              II.

Dieser Sachverhalt ist erwiesen auf Grund des Geständnisse und Teilgeständnisse der Angeklagten in Verbindung mit den Bekundungen des Zeugen
und Sachverständigen Dr.Maurus, des Sachverständigen Veterinärrat Dr.Pfei-
ler von Lindau und des Zeugen Oberzollsekretär Zeller. Im Gegensatz zu den
früheren Geständnissen einiger Angeklagter über einen grösseren markenlo-
sen Bezug von Fleisch- und Wurstwaren gegenüber dem Zeugen Zeller wurden
in der Hauptverhandlung die Geständnisse nicht mehr aufrecht erhalten, da sie angeblich unter Einschüchterungsversuchen durch den Zeugen Zeller erfolgt sei-
en, was jedoch der Zeuge in Abrede stellte, da weitere Beweismittel für einen grösseren Umfang der Straftaten, als festgestellt, nicht vorhanden waren und da auch durch eine weitere Prüfung des Sachverständigen Dr.Maurus
andere Feststellungen nicht mehr getroffen werden können, hat das Gericht
die Angeklagten lediglich in dem angeführten Umfang, der sich im wesentlichen
aus dem Geständnis der Angeklagten ergab, als überführt angesehen. Ebenso
konnte nicht mehr festgestellt werden, dass sich die Eheleute Gierer der
Schlachtsteuerhinterziehung schuldig gemacht haben. Die Staatsanwaltschaft
hat auch die Anklage in dieser Richtung im Laufe der Hauptverhandlung zurückgenommen. Wenn auch im einzelnen Einwendungen gegen die Vollständigkeit der
Aufschreibungen der Frau Gierer erhoben wurden, wenn insbesondere von einzelnen Angeklagten behauptet wurde, dass sie regelmässig jede Woche Marken an
Frau Gierer abgeliefert hätten, so sind diese Einwendungen mit Rücksicht auf
die Geständnisse oder Teilgeständnisse der Angeklagten bedeutungslos. Im übrigen hat die Beweisaufnahme auch ergeben, dass Frau Gierer sich vielfach ver-
geblich bemüht hat, von den Fleischabnehmern Marken zu bekommen. Was die Einwendungen der Angeklagten gegen die oben angeführten Umrechnungssätze zwischen
Lebend- und Schlachtgewicht anlangt, so hat das Gericht die ständig üblichen
Umrechnungssätze angewandt. Es handelt sich dabei um Durchschnittssätze. Mag
in dem einen oder anderen Falle wegen der schlechten Qualität der Tiere der
Satz etwas zu hoch sein, so sind auch Tiere geschlachtet worden, die sicherlich auch diesen Durchschnittssatz überschreiten, sodass die Umrechnung auf
Grund der angeführten Sätze für die Angeklagten durchaus keine ungerechtfer-
tigte Benachteiligung darstellt.

- 7 -   10

III.

Kälber, Kühe, Schweine und Schafe unterliegen der öffentlichen Bewirtschaftung, ebenso das Fleisch dieser Tiere. Die Tiere sind zu Gunsten
der Hauptvereinigung der deutschen Viehwirtschaft beschlagnahmt. Schlachtungen dürfen nur auf Grund von Schlachtscheinen der zuständigen bewirt-
schaftenden Stelle vorgenommen werden. Fleisch darf nur auf Marken oder
Bezugschein abgegeben werden. Das Fleisch der geschlachteten Tiere gehört
zum lebenswichtigen Bedarf der Bevölkerung. Durch die nicht genehmigten
Schlachtungen und die Abgabe ohne Marken wurde das Fleisch dem geregelten
Verteilungsgang der öffentlichen Bewirtschaftung entzogen und dadurch beiseite geschafft. Die beiseite geschafften Mengen von 2 - 230 Ztrm. waren
in allen Fällen derart grosse, dass dadurch die Deckung des Bedarfs der
Bevölkerung gefährdet wurde. Mit den beiseitegeschafften Fleischmengen
hätte eine grosse Anzahl von Personen längere Zeit im vorgeschriebenen Umfange mit Fleisch versorgt werden können. Die sämtlichen Angeklagten wussten,
dass die genaue Einhaltung der Bewirtschaftungsvorschriften die unerläss-
liche Voraussetzung für das wirtschaftliche Durchhalten Deutschlands in
diesem Kriege ist. In verwerflicher Gleichgültigkeit haben sie sich über
die Belange der Allgemeinheit hinweggesetzt und haben ihre Straftaten 2
Jahre lang fortgesetzt. Mag zu Beginn des Krieges falsch verstandene Gutmütigkeit der Anlass ihrer Straftaten gewesen sein, im Laufe der Zeit ist
aber sämtlichen Angeklagten die unbedingte Notwendigkeit der Einhaltung
der Kriegsvorschriften klar geworden. All dieser Umstände waren sich die
lebenserfahrenen und geschäftsgewandten Angeklagten bewusst. Sie haben
alle auf Grund eines einheitlichen Gesamtvorsatzes gehandelt. Sonach sind
die angeklagten Eheleute Guido und Katharina Gierer, Weise, Walser, Lans,
Prestele, Schnitzler und Reiger überführt fortgesetzt Rohstoffe und Er-
zeugnisse, die zum lebenswichtigen Bedarf der Bevölkerung gehören, beiseite
geschafft und dadurch böswillig die Deckung dieses Bedarfs gefährdet,
Hagen den Eheleuten Gierer zu der von ihnen begangenen Straftat durch Rat
und Tat wesentliche Hilfe geleistet zu haben. Die ersteren 8 Angeklagten
waren daher wegen eines fortgesetzten Verbrechens des kriegsschädlichen
Verhaltens nach § 1 Abs.1 Kr.W.VO., Hagen war wegen eines fortgesetzten
Verbrechens der Beihilfe zu einem fortgesetzten Verbrechen nach § 1 Abs.1 Kr.W.VO.
zu verurteilen. § 49 StGB.

IV.

Beim Strafmass waren folgende Gesichtspunkte zu beachten. Es ist
ein Gebot der Gerechtigkeit und entspricht durchaus dem gesunden Volks-
empfinden, die Strafen nach den Masstäben und Gesichtspunkten festzusetzen,

- 8 -

die z.Zt. der Begehung der Straftaten üblich waren. Wenn dieser Gesichts-
punkt nicht beachtet würde, wäre die Höhe der Strafe möglicherweise von
Zufälligkeiten abhängig, die nicht von Angeklagten zu vertreten sind, z.
B. wenn sich ohne Verschulden des Angeklagten ein Verfahren ungewöhnlich
lange hinauszieht. Im vorliegenden Falle sind die Straftaten der Angeklagten Ende August 1941 beendet gewesen, es sind also nicht die jetzigen
strengen Massstäbe an die Straftaten zu legen, sondern die Massstäbe, die
vor mehr als einem Jahr regelmässig angewendet wurden. Daher konnte sich
das Sondergericht nicht entschliessen, die Straftat des Angeklagten Guido
Gierer trotz Beiseiteschaffens von ca. 230 Ztrn.Fleisch als todeswürdiges
Verbrechen anzusehen, umsowenig als dieser Angeklagte im Gegensatz zu den
meisten Schwarzschlachtern sich keiner Steuerhinterziehung schuldig gemacht
hat. Strafmildernd wirkte bei sämtlichen Angeklagten die bisherige Unbe-
straftheit und das Geständnis, bezw. das Teilgeständnis. Straferschwerend
wirkte die lange Dauer der Straftaten, der Umstand, dass sich die strafba-
ren Handlungen noch bis in den August 1941 hinein erstreckten, also mehrere
Monate nach der auffallenden Kürzung der Fleischrationen im Juni 1941, wo
doch jedem einsichtigen und verantwortungsbewussten Volksgenossen der Ernst
der Ernährungslage klar geworden war.

　　　Bei den einzelnen Angeklagten waren noch folgende besondere Strafzumes-
sungsgründe zu beachten. Guido Gierer war die Seele des Geschäftes, seine
Ehefrau hatte eine untergeordnete Tätigkeit, Prestele ist bereits 60 Jahre
alt, Schnitzler hat sich nur im verhältnismässig geringen Umfang strafbar
gemacht, Hagen hat sich in gröblichster Weise über die ihm wohlbekannten
Bestimmungen hinweggesetzt. Sonach erschienen insbesondere unter Berücksich-
tigung der Menge der beiseitegeschafften Fleisch- und Wurstwaren folgende
einzelnen Strafen schuldangemessen:

Bei Guido Gierer eine Zuchthausstrafe von	5 Jahren,
bei Katharina Gierer eine Zuchthausstrafe von	2 Jahren,
bei Weise eine Gefängnisstrafe von	2 Jahren,
bei Walser eine Gefängnisstrafe von	8 Monaten,
bei Lanz eine Gefängnisstrafe von	1 Jahr 6 Monaten,
bei Prestele eine Gefängnisstrafe von	8 Monaten,
bei Schnitzler eine Gefängnisstrafe von	3 Monaten,
bei Reiger eine Gefängnisstrafe von	9 Monaten,
bei Hagen eine Zuchthausstrafe von	3 Jahren.

Wegen der gröblichen Verletzung der öffentlichen Belange und der damit
bewiesenen Ehrlosigkeit war es angebracht, dem Angeklagten Guido Gierer die

11

- 9 -

bürgerlichen Ehrenrechte auf die Dauer von 5 Jahren und Hagen auf die
Dauer von 3 Jahren abzuerkennen. Ferner war es angebracht, gegen die
beiden Angeklagten Haftbefehl zu erlassen. Ein Anlass dem verurteilten
Weise die kurze Untersuchungshaft anzurechnen, lag nicht vor.

Kostenentscheidung §§ 464 ff StPO.

Der Vorsitzer: Die Beisitzer:

L. S. gez. Dr. Stepp,   Dr. Linder,   Dr. Eder,

Senatspräsident,   Landgerichtsräte.

+ Bei Gierer Guido kommen noch folgende strafmindernde Gesichtspunkte
dazu. Er hat längere Zeit an Soldaten, die von der Front zurückge=
kehrt waren, Wurstwaren ohne Marken abgegeben. Ferber wurden in der
Wasserburger Gegend stossweise Volksgenossen aus den zu Beginn des
Krieges geräumten Gebieten, ferner später aus den luftgefährdeten
Westgebieten untergebracht. Jnfolge der nicht rechtzeitig einge =
troffenen Schlachtscheine stand nicht genügend Fleisch zur Ver=
sorgung dieser unvermittelt eingetroffenen Volksgenossen zur
Verfügung. Gierer wurde daraufhin sogar von Parteiführeren be =
deutet, dass er unter allen Umständen an diese Volksgenossen
Fleisch abzugeben habe.

12 §

Berlin W 8, den 31. März 1943
Voßstraße 4
Fernruf: Ortsverkehr 12 00 54
          Fernverkehr 12 66 21

**Kanzlei des Führers
der NSDAP.**

Haupt- Amt für Gnadensachen

Aktenzeichen: III f 358/43
              III f 359/43
              III f 360/43
Dr.Ps/La.

An den
Herrn Reichsminister d. Justi
B e r l i n   W 8
Wilhelmstrasse 65

Reichsjustizministerium
31. MRZ.1943   93
Abt.   Gen.

Betrifft: Gnadensache Centa P r e s t e l e , Luise
          S c h n i t z l e r , Auguste W a l s e r ,
          Wasserburg/Bodensee.

In der Anlage übersende ich drei Gnadengesuche vom 24. November 1942 für die Obengenannten sowie drei Stellungnahmen des Sachbearbeiters für Gnadensachen bei der Gauleitung Schwaben vom 3. März 1943, drei Gnadenhefte und 1 Band Akten - 2 c KLs 193/42 - des Landgerichts München I, 1 Band Ermittlungsakten der Zollfahndungsstelle München und eine Blattsammlung betreffend Willy Weise, Wasserburg.

Durch Urteil des Sondergerichts München I vom 16. Oktober 1942 - 2 c KLs-So 193/42 (II 250/42) - wurden Centa Prestele zu einer Gefängnisstrafe von acht Monaten, Luise Schnitzler zu einer Gefängnisstrafe von drei Monaten und Auguste Walser zu einer Gefängnisstrafe von acht Monaten wegen ~~eines fortgesetzten Verbrechens~~ kriegsschädlichen Verhaltens verurteilt

Aus den Strafakten habe ich die Überzeugung gewonnen, dass die drei Verurteilten nicht aus Gewinnsucht den Einkauf der aus Schwarzschlachtung stammenden Fleischmengen vorgenommen haben, sondern um in der Lage zu sein, ihre Gäste besser bewirten zu können. Gutmütigkeit und Leichtsinn haben offenbar alle inneren Hemmungen überwinden lassen. Die Verfehlungen der Verurteilten können auch deshalb milder beurteilt werden, weil sie in eine Zeit fallen, in der die Ernährungslage des Deutschen Volkes noch nicht so angespannt war wie heute.

b.w.

IV g 23 1292. 43

Frau Prestele, Schnitzler und Walser erfreuen sich nach
den mir vorliegenden Berichten der örtlich zuständigen
Parteidienststellen eines besonders guten Rufes. Auf die
Ausführungen der zuständigen Ortsgruppe der NS.-Frauen-
schaft in den beiliegenden Gnadengesuchen darf ich besonders hinweisen.

Danach erscheint es angezeigt, die Straftaten bei der
Entscheidung der Gnadenfrage als einmalige Entgleisung
zu beurteilen. Ich halte deshalb die Bewilligung gross-
zügiger Gnadenerweise für vertretbar und schlage vor,
bezüglich Prestele und Walser die erkannte Freiheitsstrafe nur zur Hälfte zu vollstrecken, bezüglich der
gegen Schnitzler erkannten Freiheitsstrafe jedoch in
voller Höhe bedingte Strafaussetzung unter Auferlegung
einer angemessenen Geldbusse zu bewilligen, da diese
Verurteilte am wenigsten an den Straftaten beteiligt
war.

Die Entscheidung bitte ich mir mitzuteilen.

Heil Hitler!
Im Auftrag

Anlagen:

3 Gesuche
3 Stellungnahmen
3 Gnadenhefte Gns 2199/42
            Gns 2198/42
            Gns 2197/42
1 Bd.Akten 2 c KLs 193/42
1 Bd.Ermittlungsakten
1 Blattsammlung

Beglaubigte Abschrift.   **18**

Der Oberstaatsanwalt München I
        (berichtende Behörde)
                                        München , den 14. Mai   1943.
                                        Fernsprecher:

Geschäftsnummer   Gns. 2198/42

Ohne Verfügung ---   An den Herrn Reichsminister der Justiz

Auf die Verfügung vom 7.4.1943
        IV g²³ 1292/43 (Bl.7 Gn.H.)   **Berlin W 8**

Anlagen: 1 Gnaden- und   durch die Hand   Wilhelmstraße 65.
         1 Vollstreckungsheft   des Herrn Generalstaatsanwalts

                                             in M ü n c h e n .

Gesuch des R.A. Dieterlen (Ravensburg) (Bl.1Gn.H.)
        und der NS-Frauenschaft Wasserburg a.B.(Bl.4 Gn.H.)
um bedingten Straferlass für Walser Auguste
    aus Wasserburg a.B.

---

l. De Verurteilten 1. Name, Vorname, Beruf; Wohnort, Geburtstag. 2. Vorstrafen (Registerauszug
nach dem neuesten Stande beifügen). 3. Familienverhältnisse. 4. Wirtschaftliche und sonstige für die
Entscheidung bedeutsame persönliche Verhältnisse.

Rand bleibt frei

                1. W a l s e r Auguste, Gastwirtin in Wasserburg am
                    Bodensee, geb. 8.7.1900

                2. nicht vorbestraft

                3. verwitwet

                4. Mitglied der NSDAP und der NS-Frauenschaft.

Vordruck Nr. 92.
Bericht in Gnadensachen.   IV g²³ 1292ª/43 W.

II. 1. Kurze Darstellung der Straftat, Zeit der Tat, angewendetes Strafgesetz. 2. Wann und wie ist der Schaden wieder gutgemacht worden?

Die Verurteilte bezog bis Ende August 1941 für
ihre Gastwirtschaft in Wasserburg a.B. etwa 5 Ztr.
Fleisch und Wurst ohne Marken von dem Metzger Gierer
in Wasserburg a.B., der Schwarzschlachtungen in großem
Umfange vornahm.

1 fortgesetztes Verbrechen gegen die Kriegswirt-
schaftverordnung.

III. 1. Erkennendes Gericht und Aktenzeichen. 2. Tag a) des Erkenntnisses, b) der Rechtskraft. 3. Erkannte Strafen (auch Nebenstrafen, Maßregeln der Sicherung und Besserung, sonstige Sicherungsmaßnahmen).

1. Sondergericht München   2 KLs-So 193/42

2. a) 16.10.1942
   b)

3. 8 Monate Gefängnis.

19

. 1. Lage der Vollſtreckung, Gründe etwaigen Strafausſtandes, Dauer der Unterſuchungshaft. 2. Strafberechnung.
3. Bezeichnung der Strafanſtalt.

Strafvollstreckung eingestellt (Bl.3 des Gnadenheftes)

. Begründung des Geſuchs (kurze Wiedergabe).

Die Verurteilte, die aus Nachgiebigkeit gegenüber
ihren Gästen ohne Eigensucht gehandelt habe, müßte im Falle
der Strafverbüßung ihr Geschäft schließen. Sie betreibe neben
der Wirtschaft noch eine Kohlenhandlung,deren Schließung sich
für die Versorgung der Bevölkerung sehr nachteilig auswirken
müßte. (Bl.1, 2 des Gnadenheftes)

. Äußerungen der von der Gnadenbehörde gehörten Stellen.

Der Gerichtsvorsitzende wendet sich gegen einen Gnaden-
erweis (Bl.3 des Gnadenheftes). Die Kanzlei des Führers
der NSDAP schlägt vor, nur die Hälfte der Strafe zu vollstrek
ken (Bl.6 Rs des Gnadenheftes).

VII. Antrag der Gnadenbehörde mit Begründung.

Ablehnung zur Zeit. Bei der Art der Tat und der Höhe
der Strafe halte ich die Verbüßung wenigstens der
halben Strafe für erforderlich.

Die Strafakten habe ich mit Formblattbericht in
der Gnadensache der Mitverurteilten Prestele Kreszenz
(Gns. 820/43) vorgelegt.

I.V.

Der Generalstaats-   Mü., d. 19.5.43 gez.Dr.Bovermann.
anwalt
- 3 b 9903 -

Mit 1 weiterer Fertigung, 2 Heften   Beglaubigt:
vorgelegt dem
Herrn   _Tiefenbacher_
Reichsminister der Justiz   Justizangestellte.
Berlin W 8
zur Verf.vom 7.4.1943 - IV g^{23} 1292/43 -.   Beglaubigt:
Dem Berichtsvorschlag trete ich bei
gez.: H e i m   Justizangestellte.

VIII. Stellungnahme des Reichsministers der Justiz.

IX. Entscheidung ~~des Führers und Reichskanzlers~~ (des Reichsministers der Justiz).

20   12

DRMdJ   Berlin, den 1. Juni 1943.
IV g 23 1292 a /4 3.

Sachbearbeiter: Min.Rat Dr.Joel.

1.)   An
          die Kanzlei des Führers der NSDAP.
          - Hauptamt für Gnadensachen -   Abg. - 4. JUN 1943

          Betrifft: Gnadensachen Centa Prestele, Luise Schnitzler
          Zu Nr.III f - 358-360/43.   und Auguste Walser.

          ⟨Durch Erlaß vom 1.6.43 habe ich einen Gnaden-
          erweis für die Vu.Prestele und Walser abgelehnt, der
          Gnadenbehörde jedoch anheimgegeben, nach Vollstreckung
          eines angemessenen Teiles der Strafen erneut die Gnaden-
          frage zu prüfen. Der Vu.Schnitzler habe ich bedingte
          Strafaussetzung mit dreijähriger Bewährungsfrist unter

Fg 65 a

          Auferlegung einer Buße von 500 RM bewilligt.⟩
                              Heil Hitler!
                                  J.A.

2. An den H.GStA. in München.   Abg. - 4. JUN 1943

                                                    Zur Kanzl
          Betr.: wie zu 1.
          Zu Nr. 3 b 10718, 9902, 9903 vom 19.5.43.

                    Einrücken aus 1 von ⟨bis⟩

                              J.A.

3. Weitere Verfügungen
   s.Bl.8 R., 10 R. u.12 R.

4. AK.